上海市人民政府决策咨询研究基地"黄建忠工作室"成果

中国自由贸易试验区研究蓝皮书

（2021）

黄建忠　蒙英华　赵　玲　编著

中国商务出版社
CHINA COMMERCE AND TRADE PRESS

图书在版编目（CIP）数据

中国自由贸易试验区研究蓝皮书. 2021 / 黄建忠，
蒙英华，赵玲编著. —北京：中国商务出版社，2022.8（2023.9重印）
　　ISBN 978-7-5103-4348-3

　　Ⅰ.①中… Ⅱ.①黄…②蒙…③赵… Ⅲ.①自由贸
易区—研究报告—中国—2021 Ⅳ.① F752

中国版本图书馆 CIP 数据核字 (2022) 第 114894 号

中国自由贸易试验区研究蓝皮书（2021）

ZHONGGUO ZIYOU MAOYI SHIYANQU YANJIU LANPISHU (2021)

黄建忠　蒙英华　赵　玲　编著

出　　版：中国商务出版社		
社　　址：北京市东城区安定门外大街东后巷 28 号	邮政编码：100710	
责任部门：发展事业部（010-64218072）		
责任编辑：刘玉洁		
直销客服：010-64515210		
总 发 行：中国商务出版社发行部（010-64208388　64515150）		
网购零售：中国商务出版社淘宝店（010-64286917）		
网　　址：http：//www.cctpress.com		
网　　店：https://shop162373850.taobao.com		
邮　　箱：295402859@qq.com		
排　　版：北京宝蕾元科技发展有限责任公司		
印　　刷：北京九州迅驰文化传媒有限公司		
开　　本：787 毫米 × 1092 毫米　1/16		
印　　张：15.5	字　　数：315 千字	
版　　次：2022 年 10 月第 1 版	印　　次：2023 年 9 月第 2 次印刷	
书　　号：ISBN 978-7-5103-4348-3		
定　　价：98.00 元		

作 者

黄建忠　蒙英华　赵　玲

车春鹂　段鹏飞　陈　华

"黄建忠工作室"简介

　　"黄建忠工作室"是上海市人民政府决策咨询研究基地之一，工作室的主要研究方向是"中国（上海）自由贸易试验区制度创新"。工作室主要依托上海对外经贸大学的应用经济学科，现有核心研究人员65名，分设了"自由贸易试验区理论与制度创新""货物贸易""服务贸易""国际商务与物流电商""金融开放与风险防控"等研究室和数据库中心，已经建成若干贸易文献数据库、贸易专业数据库，以及国际视频会议中心。上海对外经贸大学的应用经济学科是上海市一流学科和重点建设的Ⅰ类高原学科，二级学科国际贸易学获得上海市重点学科称号，产业经济学、金融学分别为上海市教委重点学科，国际经济与贸易、物流管理入选国家级一流专业建设点，应用经济学科招收博士研究生。

　　本工作室注重"政产学研"结合，科研成果直接为中华人民共和国商务部（简称商务部）、上海市政府和地方企业的决策服务。2013年自工作室成立以来，首席专家与核心团队经过申报竞标取得教育部哲学社会科学重大课题攻关项目2项（黄建忠："要素成本上升背景下的中国外贸中长期发展趋势研究"；孙海鸣："全球大宗商品定价权与国际经贸格局演变"）、国家社科基金重大项目1项（黄建忠："构建面向全球的高标准自由贸易区网络研究"）、国家社科基金一般项目与自科基金项目20余项，承接中宣部、商务部、上海市人大常委会、上海市发展研究中心、浦东改革发展研究院、福建省自贸办、山东省威海市和荣成市等单位多项课题，参与上海自由贸易试验区第三方评估工作，2014—2020年连续编制出版了《中国自由贸易试验区研究蓝皮书》，出版了《服务贸易评论》《探索建设自由贸易港蓝皮书2017》等著作，在国内外权威学术刊物上发表论文数十篇。同时，众多咨询研究报告的成果被中央和地方政府有关部门采纳。

　　本工作室与国内众多著名高校、地方性政策研究部门特别是各个自由贸易试验区政府及民间研究机构建立了广泛联系，包括：WTO教席（中国）研究院，上海市社会科学创新研究基地、上海发展战略研究所"孙海鸣工作室""王新奎工作室"，上海高校智库、上海高校知识服务平台——上海对外经贸大学、上海国际贸易中心战略研究院等；在国外，本工作室也与美国、澳大利亚、新西兰、德国、法国、波兰、斯洛伐克等国的一些院校建立了合作关系。

本工作室颇具特色的研究领域和社会服务能力得到了政府和社会的高度认可。在当前国家新一轮开放战略背景下，本工作室将继续服务国家和地方重大战略，不断发挥研究优势，进一步拓展研究领域，以期为国家和地方经济社会发展作出更大贡献。

目　录

第一章 RCEP 与中国自由贸易试验区创新试验[①]

第一节 RCEP的签订对中国服务贸易开放的影响

2020年，新冠肺炎疫情在全球蔓延，国际贸易和投资大幅萎缩，产业链、供应链循环受阻，经济全球化遭遇逆流，单边主义、保护主义上升。据WTO统计数据显示，与往年相比，2020年全年新签署的自由贸易协定多达37项，这说明各国在受到疫情和贸易保护主义冲击的背景下，都开始高度重视产业链和供应链的稳定性发展问题。同时，在WTO进程受阻的背景下，各国希望通过加强区域间的双边或多边制度性合作来降低各自面临的风险，并获得更多的发展机遇。

2020年11月15日，第四次区域全面经济伙伴关系协定领导人会议举行，东盟10国以及中国、日本、韩国、澳大利亚、新西兰15个国家，正式签署《区域全面经济伙伴关系协定》（Regional Comprehensive Economic Partnership，RCEP），标志着全球规模最大的自由贸易协定正式达成。RCEP之所以被视为全球规模最大的自贸协定，是因为其覆盖22亿人口，约占世界总人口的30%，15个成员2019年GDP规模达25.6万亿美元，占全球经济总量的29.3%，区域内贸易额10.4万亿美元，占全球贸易总额的27.4%。RCEP的签署充分体现了各成员反对单边主义、保护主义的鲜明态度，共同发出了支持自由贸易和多边贸易体制的声音，RCEP全体成员共同承诺降低关税、开放市场、减少壁垒，坚定支持经济全球化。RCEP在亚太区域经济一体化进程中发挥着里程碑式的作用，并将为区域和全球经济增长注入强劲动力。

---

① 蒙英华，经济学博士，上海对外经贸大学教授。全国高校国际贸易学科协作组服务贸易论坛副秘书长、上海市国际贸易学会常务理事。专注于服务业与服务贸易问题的研究，近年相继在《管理世界》《经济研究》《财贸经济》等CSSCI期刊发表学术论文40余篇，出版《服务贸易提供模式研究》《海外华商网络与中国对外贸易》《自贸试验区背景下中国文化贸易发展战略研究》等专著3部，主持国家社会科学基金、教育部青年项目、国侨办青年课题等项目。承担本章的撰写工作。

RCEP由东盟于2012年发起，历经8年、31轮正式谈判，于2019年11月整体结束谈判。签署RCEP，是地区国家以实际行动维护多边贸易体制、建设开放型世界经济的重要一步，对深化区域经济一体化、稳定全球经济具有标志性意义。RCEP是以发展中经济体为中心的区域自贸协定。15个成员纵跨南北半球两大洲，既有日本、澳大利亚等发达经济体，也有柬埔寨、老挝等经济欠发达国家，各国在投资、竞争、知识产权等领域的政策存在差异。RCEP是最难进行谈判的区域自贸区协定之一。据国际智库的测算，到2025年，RCEP可望带动成员出口、对外投资存量、GDP分别比基线多增长10.4%、2.6%和1.8%；到2030年，RCEP有望每年带动成员出口净增加5190亿美元、国民收入净增加1860亿美元。美国彼得森国际经济研究所预测，2030年RCEP成员的出口总额将达到5190亿美元、国民收入将超过1860亿美元。

一、中国与RCEP其他成员之间的服务贸易规模对比

2020年，在全球疫情严峻、保护主义、单边主义抬头、国际贸易大幅度萎缩的背景下，中国国家主席习近平在2020年全球服务贸易峰会上强调了服务业开放与合作的重要性，倡议加强服务贸易发展对接。世界贸易组织发布《2019年全球贸易报告》指出，服务贸易已成为国际贸易中最具活力的组成部分，其作用在未来几十年内还将继续增强。就RCEP而言，中国对120多个服务部门做出开放承诺，在入世的基础上，新增了22个服务部门，可以预期RCEP将从服务等方面全方位推动我国对外开放的进程。RCEP协定达成以后，区域内的各国国家资源、技术合作、服务资本合作、人才合作等都将更加便利，将为很多高新技术企业带来出口的机会，比如东南亚各国对自己的物流系统、支付系统、仓储系统的建设投资，都会带来巨大的市场机会。因此，以下拟通过分析RCEP签订对中国自由贸易试验区的服务贸易发展所造成的影响。

RCEP的签署，为我国服务贸易的发展提供了广阔的市场前景。首先是因为RCEP整合、拓展了15个国家的多个自由贸易协定，统一了区域内有关国际贸易规则，提高了亚太经济一体化、贸易自由化程度。在服务贸易方面，15个缔约方通过正面或负面清单模式，在金融、电信和专业服务领域作出了更高水平的开放承诺。其中，中国服务贸易开放新增22个部门，并提高金融、法律、建筑、海运等37个部门的开放承诺水平；其他成员也将在建筑、医疗、房地产、金融、运输等服务部门提高开放承诺水平，开放度高于各自"10+1"自贸区协定的开放承诺水平。其次，区域内各国是近些年世界经济中最具活力的部分，对扩展我国服务贸易市场具有重要作用。除我国外，RCEP其他14个经济体的服务贸易出口从2006年的3458.6亿美元增长到2019年的8373.1亿美

元，年均增长速度超过7%；服务贸易进口自2006年的4124.3亿美元提高到2019年的8130.9亿美元，年均增速为5.4%，远高于世界同期平均增长速度，进出口占世界服务贸易比重自2006年的12.7%上升到2019年的13.8%。最后，中国是RCEP成员中服务进口规模最大的国家。我国服务贸易传统出口市场以香港特别行政区及美国、日本、爱尔兰等发达经济体为主，如果想进一步提高国际市场占有率，就会面临着发达经济体的竞争，而RCEP成员中绝大部分是发展中国家，对调整我国服务贸易进出口结构、重塑我国在国际价值链、供应链中的地位具有重要意义。

此前东盟已与中国、日本、韩国等国签署了多个"10+1"自贸协定，中国、日本、韩国、澳大利亚、新西兰5国之间也有多对自贸伙伴关系。相比之下，RCEP的服务贸易和投资开放水平高于"10+1"协定，RCEP将发挥区域内经贸规则"整合器"的作用，同时，知识产权、电子商务、竞争政策、政府采购等现代化议题也被纳入其中。

对中国而言，RCEP是在中国签订的区域自由协定中开放水平最高的，RCEP将增强国际国内两个市场、两种资源的联通性，使我国能够更加有效地融入全球产业链、供应链、价值链中，推动产业转型升级和经济高质量发展，促进国内国际双循环，推动加快构建新发展格局。同时，以RCEP的签署为契机，进一步拓展我国自由贸易区网络，推动中国－柬埔寨自贸协定尽快生效，加快推进中欧投资协定谈判，推进中日韩、中国－海合会、中国－挪威、中国－以色列等自贸协定的谈判进程，进一步升级我国与东盟、新加坡、韩国、新西兰等现有自贸协定，积极做好与其他经济体自贸安排可行性研究等前期准备工作，持续扩大我国自贸伙伴"朋友圈"。

（一）中国服务贸易的发展情况

1.中国服务进、出口规模变化

如表1-1和图1-1所示，2010—2019年，中国服务贸易发展迅速，服务进、出口总额增长了近一倍。同期，中国服务进口数额大幅提升，特别是2010—2014年中国服务进口的增幅较大；而中国服务出口发展较为平缓，除2011年和2018年外，其他时间中国服务出口的年增长率都没有超过10%。另外，中国服务贸易长期保持逆差态势。

表1-1　中国服务进、出口规模变化（2010—2019年）

年份	服务进出口总额（百万美元）	出口		进口		顺差（百万美元）
		数额（百万美元）	环比增长率（%）	数额（百万美元）	环比增长率（%）	
2010	371740	178339	——	193401	——	−15062

续表

年份	服务进出口总额（百万美元）	出口		进口		顺差（百万美元）
		数额（百万美元）	环比增长率（%）	数额（百万美元）	环比增长率（%）	
2011	448891	201047	12.73	247844	28.15	−46797
2012	482876	201576	0.26	281300	13.50	−79724
2013	537614	207006	2.69	330608	17.53	−123602
2014	652024	219141	5.86	432883	30.94	−213742
2015	654175	218634	−0.23	435541	0.61	−216907
2016	661626	209529	−4.16	452097	3.80	−242568
2017	695679	228090	8.86	467589	3.43	−239499
2018	796605	271451	19.01	525154	12.31	−253703
2019	783872	283192	4.33	500680	−4.66	−217488

数据来源：WTO数据库，https://data.wto.org/。

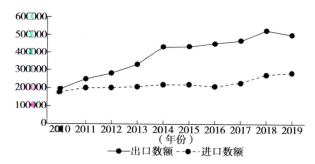

图1-1　中国服务进、出口变化趋势（2010—2019年，单位：百万美元）

数据来源：WTO数据库，https //data.wto.org/。

2.中国分服务部门的进、出口特征

见表1-2所示，2010—2019年，中国服务出口在结构上变化较大，2010年中国服务出口主要依靠旅游和运输两个部门，到2019年这两个部门所占比重显著下降，其中旅游部门占总服务出口比重从42.03%降低至13.68%，下降幅度最大；而计算机及信息、其他商业服务的出口所占比重显著增加。中国服务进口主要体现在运输和旅游服务两个部门上，2019年这两个部门进口所占比重达到了70%以上，其中变化最大的是运输部门，占总服务进口从2010年的40.07%增加到2019年的21.24%。

表1-2 2019年中国分服务部门进、出口规模及2010、2019年比重变化

行业	出口			进口		
	金额（百万美元）	占总服务出口比重（％）		金额（百万美元）	总服务进口比重（％）	
	2019年	2010年	2019年	2019年	2010年	2019年
运输	45966	31.38	18.25	104723	40.07	21.24
旅游	34458	42.03	13.68	250740	34.76	50.86
通信	2397	1.12	0.95	1782	0.72	0.36
建筑	27962	13.30	11.10	9277	3.21	1.88
保险	4772	1.58	1.89	10760	9.98	2.18
金融	3904	1.22	1.55	2466	0.88	0.50
计算机及信息	51387	8.49	20.40	25079	1.88	5.09
专利权使用费	6644	0.76	2.64	34328	8.26	6.96
其他商业服务	73247	0.00	29.07	49775	0.00	10.10
个人文化及娱乐	1196	0.11	0.47	4073	0.24	0.83
总计	251933			493003		

数据来源：WTO数据库，https：//data.wto.org/。

3.中国分服务贸易进出口市场结构

我国服务贸易传统进出口市场范围包括中国香港及美国、新加坡、日本、爱尔兰等发达经济体（见表1-3所示），2018年排在第一位的中国香港，其占中国的服务贸易出口规模的22.7%。在中国的服务贸易出口中，排名前十位的国家和地区占总服务出口总额的67.5%；而进口额排名前十位的国家和地区占服务进口总额的73.3%，其中，中国香港占比超过了19.5%。2018年，我国与"一带一路"沿线国家和地区的服务贸易额为1217亿美元，占比15.4%。目前，我国已经签订了《中国–中东欧国家服务贸易合作倡议》《金砖国家服务贸易合作路线图》等协议，为我国与"一带一路"沿线国家和地区服务贸易的进一步发展奠定了基础。

表1-3 2018年我国服务贸易进出口市场结构（单位：亿美元）

排名	出口目的地	出口额	进口来源地	进口额
1	中国香港	616.4	中国香港	1022.6
2	美国	384.1	美国	869.1
3	新加坡	152.6	日本	381.6

续表

排名	出口目的地	出口额	进口来源地	进口额
4	日本	132.6	爱尔兰	302.9
5	爱尔兰	132.3	澳大利亚	260.4
6	韩国	113.6	德国	232.9
7	英国	87.1	加拿大	229.4
8	德国	85.5	英国	223.9
9	中国台湾	54.0	韩国	168.2
10	瑞士	43.9	俄罗斯	157.7

资料来源：根据商务部网站数据整理。

（二）RCEP其他成员服务贸易发展情况

RCEP其他成员的服务业发展呈现迅速增长趋势，例如，2007—2017年，韩国服务业年均增长率为2.9%；2017年澳大利亚、日本服务业占GDP的比重分别为67.0%、68.8%，服务业吸纳的就业人数占总就业均超过60%（见表1-4和表1-5所示）。

表1-4　RCEP其他成员服务贸易规模（2006—2013年，单位：亿美元）

经济体		年份							
		2006	2007	2008	2009	2010	2011	2012	2013
东盟	出口	1343.7	1680.9	1916.6	1760.6	2149.0	2536.5	2758.2	3034.4
	进口	1571.5	1839.4	2173.9	1887.4	2262.2	2627.5	2878.7	3153.0
日本	出口	1093.9	1205.0	1410.1	1208.7	1344.1	1408.3	1369.4	1352.3
	进口	1414.1	1585.4	1788.7	1557.3	1647.0	1756.6	1847.0	1708.7
韩国	出口	570.1	714.1	910.5	725.4	829.5	905.6	1031.3	1033.2
	进口	700.5	844.5	973.6	818.8	969.2	1026.2	1081.9	1096.5
澳大利亚	出口	353.0	436.2	482.3	442.0	519.0	580.9	585.6	579.1
	进口	357.4	453.8	525.0	468.3	577.1	695.2	741.9	756.4
新西兰	出口	97.9	116.4	115.7	101.9	115.6	132.9	131.2	134.8
	进口	80.8	95.8	103.9	85.8	102.3	121.1	124.1	126.6

资料来源：根据联合国贸易和发展会议（UNCTAD）数据计算。

表1-5 RCEP其他成员服务贸易规模（2014—2019年，单位：亿美元）

经济体		年份						年均增长率（%）	世界市场占比（%）
		2014	2015	2016	2017	2018	2019		
东盟	出口	3161.1	3198.9	3358.5	3687.3	4261.5	4429.7	9.6	7.2
	进口	3343.2	3222.9	3214.6	3533.1	3917.7	3972.3	7.4	6.8
日本	出口	1637.9	1626.4	1758.1	1868.8	1935.4	2050.6	5	3.3
	进口	1924.2	1752.9	1861.8	1930.4	2008.4	2035.9	2.8	3.5
韩国	出口	1119.0	975.0	948.1	897.0	990.6	1024.3	4.6	1.7
	进口	1151.9	1121.2	1121.5	1264.4	1288.0	1264.2	4.6	2.2
澳大利亚	出口	590.8	548.8	580.3	651.3	693.3	699.8	5.4	1.1
	进口	710.3	637.1	624.2	684.2	830.6	715.3	5.5	1.2
新西兰	出口	146.2	147.8	155.8	166.1	172.6	168.7	4.3	0.27
	进口	131.9	117.7	120.2	131.0	139.4	143.2	4.5	0.25

资料来源：根据联合国贸易和发展会议数据计算。

二、RCEP针对服务贸易作出的相关规定

RCEP以全面、现代、高质量和普惠的自贸协定为目标，对标国际高水平自贸规则，形成了区域内更加开放、自由、透明的经贸规则，涵盖货物贸易、服务贸易和投资领域等，协定文本长达14000万多页。RCEP涵盖20个章节，既包括货物贸易、服务贸易、投资等市场准入实际操作内容，也包括贸易便利化、知识产权、电子商务、竞争政策、政府采购等大量规则内容。可以说，RCEP涵盖了贸易投资自由化和便利化的方方面面。货物贸易零关税产品数量在整体上超过90%，大幅度降低了区域内的贸易成本和商品价格。RCEP服务贸易开放承诺涵盖了大多数服务部门，显著高于目前各方与东盟现有的自贸协定开放承诺水平。投资方面，15方均采用负面清单对制造业、农林渔业、采矿业等领域投资作出较高水平的开放承诺，政策的透明度明显得到提升。15方还就中小企业、经济技术合作等作出规定，并纳入知识产权、电子商务、竞争政策、政府采购等现代化议题，以适应知识经济、数字经济发展的需要。

服务贸易的规定主要在RCEP第八章（其中包含金融服务、电信服务和专业服务三个附件），共25条，致力于各成员减少对其跨境服务贸易的限制性、歧视性措施，为缔约方进一步扩大服务贸易创造了条件，包括最惠国待遇、市场准入承诺表、国民待遇、

当地存在、国内法规等规则。除此之外，第九章"自然物临时移动"以及第十章"投资"都涉及服务贸易内容。RCEP签署后，区域间服务贸易、自然人移动、投资活动等范围将进一步扩大。针对服务贸易，RCEP主要达成如下相关条款：

（一）定义及适用范围

本章所称的"服务贸易"是指向其他缔约方领土内、向其他缔约方的消费者、通过其他缔约方的商业存在（包括法人、分支机构或代表处）或自然人存在（"自然人"包括该缔约方国民或在该缔约方拥有永久居留权的自然人）提供的服务。本章所称的"一缔约方措施"是指缔约方政府和主管机关（或非政府机构行使前者权力时）所采取的措施。

本章规定不适用于政府采购、提供补贴或赠款、行使政府职权、沿海贸易及空运服务（但涉及航空器修理和维护服务、空运服务的销售和营销、计算机订座系统服务、专业航空服务、地面服务以及机场运营服务的除外）。本章规定不适用于拟进入的缔约方从事就业的自然人，也不适用于与国籍、公民身份、永久居留或永久雇佣相关的措施。

（二）各缔约方作出《服务具体承诺表》和《服务和投资保留及不符措施承诺表》

RCEP要求各缔约方（经济最不发达国家可自愿确定）列明对服务的具体措施，以及对服务和投资保留及不符的措施，就国民待遇、市场准入等规则作出承诺，向其他缔约方发送及在网络上公布列有中央政府级别现行措施的完整的、准确的、但无约束力的透明度清单，并在必要时进行更新。RCEP还对承诺表提交及批准的过渡期期限和程序、承诺表的修改等方面进行了规定。

日本、韩国、澳大利亚、新加坡、文莱、马来西亚、印度尼西亚等7个成员国采用负面清单方式承诺；中国等其他8个成员国采用正面清单承诺，并将于协定生效后6年内转化为负面清单。就开放水平而言，15方均作出了高于各自"10+1"自贸协定水平的开放承诺。中国的服务贸易开放承诺达到了在已签自贸协定中的最高水平，承诺服务部门数量在我国入世承诺约100个部门的基础上，新增了研发、管理咨询、制造业相关服务、空运等22个部门，并提高了金融、法律、建筑、海运等37个部门作出的开放承诺水平。RCEP其他成员对中国重点关注的建筑、医疗、房地产、金融、运输等服务部门都作出了高水平的开放承诺。

总体而言，与GATS承诺相比，中国在RCEP项下的新增承诺主要集中在商业服务方面，即与健康相关的服务和社会服务，娱乐、文化和体育服务以及运输服务等四大类。其中，商业服务涉及的分部门最多，包括自然科学研究与开发服务、市场调研服务、与管理咨询相关的服务、与采矿业有关的服务、人员安置与提供服务、建筑物清洁服务、印刷服务；与健康相关的服务和社会服务中，主要涉及医疗、养老服务两个分部门；娱乐、文化和体育服务中，新增承诺集中于体育和其他娱乐服务中的体育活动宣传服务（CPC 96411）、体育活动组织服务（CPC 96412）、体育设施经营服务（CPC 96413）、其他体育服务（CPC 96419）等分部门中；运输服务则主要集中于公路运输以及航空运输中空运服务的销售与营销、机场运营服务、机场地面服务和通用航空服务中。

（三）金融服务、电信服务、专业服务

服务贸易章节除市场开放及相关规则外，还包含了金融服务、电信服务和专业服务三个附件，对金融、电信等领域作出了更全面和高水平的开放承诺，对区域内专业资质互认作出了合作安排。

金融服务附件首次被引入新金融服务、自律组织、金融信息转移和处理等规则，就金融监管的透明度作出了高水平的开放承诺，在预留监管空间、维护金融体系稳定、防范金融风险的前提下，为RCEP各方金融服务的提供者创造了更加公平、开放、稳定和透明的竞争环境。

金融服务附件同时为RCEP各成员防范金融系统的不稳定性提供了充分的政策和监管空间。除第八章《服务贸易》规定的义务外，该附件还包括一个稳健的审慎例外条款，以确保金融监管机构保留制定支持金融体系完整性和稳定性措施的能力。本附件还包括RCEP各成员要承担金融监管透明度义务，缔约方承诺不得阻止开展业务所涉及的信息转移或信息处理问题，以及提供新金融服务。本附件还规定RCEP缔约方可通过磋商等方式讨论解决国际收支危机或可能升级为国际收支危机的情况。RECP中的金融服务附件代表了中国金融领域的最高开放承诺水平，这些规则不仅有助于我国金融企业更好地拓展海外市场，而且将吸引更多境外金融机构来华经营，从而为国内金融市场注入活力。

电信附件制定了一套与电信服务贸易相关的规则框架。在现有的"10+1"协定电信附件基础上，RCEP还包括了监管方法、国际海底电缆系统、网络元素非捆绑、电杆、管线和管网的接入、国际移动漫游、技术选择的灵活性等规则。这些RCEP规则将推动区域内信息通信产业的协调发展，带动区域投资和发展重心向技术前沿领域转移，促进区域内产业创新融合，从而带动区域内产业链和价值链的提升和重构。

专业服务附件对RCEP成员就专业资质问题的开展交流作出了一系列安排。安排主要包括加强有关承认专业资格机构之间的对话，鼓励各方就共同关心的专业服务的资质、许可或注册等问题进行磋商，鼓励各方在教育、考试、经验、行为和道德规范、专业发展及再认证、执业范围、消费者保护等领域制定互相接受的专业标准和准则。

（四）程序性保障

RCEP要求各缔约方保证其对本章规定的影响服务贸易的措施用合理、客观和公正的方式进行管理，设立司法、仲裁行政机构或程序，应申请人请求迅速审查相关行政决定，并在有正当理由的情况下提供适当救济。各缔约方对服务贸易的资质要求、技术标准和许可要求等不应构成不必要的壁垒，并规定用适当的程序来落实许可或资质要求。对必须要求获得授权的服务贸易，各缔约方应当保证该授权的程序和费用是合理的、公正的。RCEP还对各缔约方在其他缔约方领土内所获的教育、经历、许可或证明等方面的承认问题作出规定。RCEP司时约定：各缔约方应当保证其领土内的垄断服务提供者不以与本章规定的义务不一致的方式行事；应在其他各缔约方请求充分的前提下，积极考虑取消可能限制服务贸易的商业惯例等。RCEP签署后，区域内各国的服务贸易范围将进一步得到扩大。同时，RCEP服务贸易规则对标国际化将提升相关制度水平，使得各缔约方之间的贸易规则更加标准化。

（五）各缔约方作出《自然人临时移动具体承诺表》

各缔约方分别在RCEP附件四《自然人临时移动具体承诺表》中列明了允许临时入境的自然人的类别、所需资质要求及移民手续，只要自然人符合承诺表列明的类别和要求，各缔约方就应当允许其临时入境。

各方承诺对于协定区域内各国的投资者、公司内部流动人员、合同服务提供者、随行配偶及家属等各类商业人员，在符合条件的前提下，可获得一定居留期限，享受签证便利，以利于其开展各种贸易投资活动。RCEP将承诺表的适用范围扩展至服务提供者以外的投资者、随行配偶及家属等协定下所有可能跨境流动的自然人类别，总体水平均超过各成员在现有自贸协定缔约实践中的承诺水平。

中国承诺在符合具体条件和限制的前提下允许商务访问者、公司内部流动人员、合同服务提供者、安装和服务人员、随行配偶及家属（仅拓展至也对该类别作出承诺的缔约方）五类自然人临时入境。

各缔约方以承诺表的形式为缔约方之间的自然人临时入境建立了透明的标准和简化了手续，体现了RCEP各缔约方之间的优惠贸易关系，进一步促进了缔约方之间商品、技术、服务、资本和人员的跨境流动。

（六）投资方面

与服务贸易相关的条文主要涵盖服务投资保护规则，其中包含第五、七、九、十一、十二、十三条，相关内容（见表1-6所示）：

表1-6　RCEP第十章（投资方面）中适用于服务贸易模式三（商业存在）的相关条款

第五条	投资待遇	应依照习惯国际法中外国人最低待遇标准给予涵盖的投资者，用公平公正待遇来保证其安全
第七条	高管与董事会	不得对高管国籍设定要求，可对董事会成员的国籍设定要求，但不得有实质性地损害投资者控制其投资的行为
第九条	转移	允许与投资相关的转移自由且无延迟地进出其境
第十一条	损失的补偿	对因武装冲突、内乱或者国家紧急状态等造成的投资损失进行补偿
第十二条	代位	承认关于投资的任何权利或者诉请的代位或转让
第十三条	征收	不得对投资进行直接征收或者国有化

三、RCEP框架下对跨境电子商务的相关规定及中国应对

近年来，各国讨论制定电子商务国际规则的热情空前高涨，世界贸易组织（WTO）中的76个成员纷纷提交电子商务提案。2019年1月25日，包括中美欧等国家和地区成员国在内、代表世界贸易90%份额的76个WTO成员签署了《关于电子商务的联合声明》，启动WTO电子商务诸边谈判。自2019年3月谈判正式启动以来，参与电子商务谈判的成员方已达到83个，提交了近50份提案，内容广泛涉及电子商务的传统问题和数字贸易新规则，不少成员提出了具体建议。总体看来，我国现阶段的跨境电子商务仍处于数字贸易的初级阶段，而数字贸易是跨境电子商务未来发展的高级形态。我国数字产业化快于产业数字化进程，与发达国家数字化开始于制造业服务化、信息化特点明显不同，我国的数字化直接起步于数字产品制造和数字产品服务，数字产业化为产业数字化奠定了良好的发展环境，甚至直接构成了产业数字化发展的软性基础设施条件。因此，与美国提案中着力倡导"数字贸易"新规则的动机不同，中国向WTO提交的提案主要目标是改善跨境电子商务的国际贸易环境，这些提案强调电子商务诸边谈判应和WTO多边讨论相互补充，有助于支持多边贸易体制、重振WTO谈判功能等，这些提案集中强调通过互联网进行的跨境货物贸易及相关支付和物流服务，同时关注服务贸易数字化趋势。我国建议的谈判问题和领域包括澄清"与贸易相关的电子商务"的含义及未来规则的适用范围、建立合理的电子商务交易环境、创造安全信任的电子商务市场环境等。因此，美国提案

侧重于对数字信息的跨境自由流动及对软件源代码和算法的保护，而我国目前重点仍在发展以互联网为平台的跨境货物贸易，数字产品尚处于起步阶段。

近年来，得益于国家政策大力推动、数字技术广泛应用和"中国制造"品质不断提升，叠加疫情催生全球'宅经济'快速兴起，跨境电子商务作为国际贸易新兴业态得到了蓬勃发展，在全球进出口贸易、链接本国市场与国际市场，促进全球资源优化配置中的作用日益凸显，成为中国商品输出海外的有效渠道和企业"走出去"的重要通道。RCEP庞大的市场需求将为中国跨境电商带来前所未有的发展机遇，中国各大电商巨头将依托其已有优势在RCEP成员的跨境电商领域得到快速发展。因此，RCEP的签署为跨境电子商务发展活跃的亚太地区率先提供了范围全面、水平较高的电子商务多边规则，也为中国跨境电子商务的发展提供了诸多机遇和挑战。RCEP由20章和4个市场准入承诺表附件组成，包括原产地规则、海关程序和贸易便利化、服务贸易、投资、知识产权、电子商务等。其中涉及数字贸易的相关条款如下：

① 要求各缔约方展开合作、分享信息和经验以更好地发展电子商务。

② 要求各缔约方接受无纸化贸易，承认电子签名的法律效力，鼓励使用可交互操作的电子认证。

③ 确保未经消费者同意，商家不得发送电子商业信息，并提供追索权保护。

④ 要求各缔约方不得将涵盖的人使用该缔约方领域内的计算机设施或者将此设施置于缔约方领土之内，作为在该缔约方领土内进行商业行为的条件。

⑤ 非必要禁止数字本地化，RCEP在考虑到数据流动开放的渐进性前提下，原则上承认数据自由流动对数字经济的价值。

⑥ RCEP尚未对数字产品的待遇问题作出明确规定。

⑦ 各缔约方应充分认识开展网络安全合作的重要性。

当前，全球经贸规则正处于调整期。与此同时，中国正在构建融入全球贸易投资规则重建的新路径，探索适合发展中国家的国际数字贸易规则。中国应当正确看待RCEP等超大型自由贸易区带来的数字贸易规则新变化，以及其对我国自由贸易试验区建设带来的压力和挑战，积极参与规则的重建与推进，从被动的接受者逐步成为重要的参与者和构建者，对具体的贸易、投资以及跨领域规则等进行区别对待，以扩大中国在不同治理平台上关于数字贸易规则的话语权。中国应当以提高数字经济与贸易竞争力为核心，建设数字贸易大国。比较而言，目前中国的数字贸易政策比较严格，与以美国为代表的其他发达经济体存在较大分歧。然而，未来数字贸易自由化已是大势所趋，中国在国际数字贸易规则谈判中将面临重大挑战，具体包括缺少完备的网络信息安全检测技术以及完整的信息管理配套法律、知识产权制度需要进一步完善、信息科技类企业的对外投资面临的技术安全问题等。中国应当在做好国内基础设施建设工作的前提下，秉持"求同存异"的态度努力在国际谈判中提出并推行"中式模板"。上海作为我国新一轮开放型经济的战略高地，上海自贸试验区作为衔接更高标准国际贸易投资规则的试验田，在数字贸易、服务贸易、外商投资负面清单管理等诸多方面肩负着改革、创新和政策试验职能，因此需要密切跟踪和紧密对接国际数字贸易规则的走势和动向，通过先行先试开放特别管理措施，为建立国际数字规则的中国方案的制订和实施提供有力支撑。同时，RCEP将推动中国服务外包业务的发展，加快推进数字化、高端化的服务外包产业的进场，其中主要包括云外包、平台外包、数字制造外包和中医药服务研发外包等方面的建设，推动中国服务外包企业"走出去"占领国际市场，为中国企业"走出去"提供云服务。另外，打造面向RCEP数字贸易中心的时机已经来临，抢抓这一机遇建立面向RCEP成员的数字贸易试验区势在必行，尤其是要关注数字经济、智能制造、大数据、人工智能和智慧城市等方面。

根据WTO预测，到2030年，数字技术将促进全球贸易量每年增长1.8%到2%。中国应充分利用在5G、云计算、人工智能等新兴技术领域已积累的基础优势，大力发展数字内容贸易并提升传统服务贸易的数字化水平；加速服务外包转型升级，持续推动离岸服务外包向全球价值链中高端攀升，进一步夯实服务贸易产业基础。在全球经济和贸易受疫情影响的特殊时期，为"稳外贸"提供新支点，上海要进一步夯实在服务贸易进、出口领域的重要地位，打造数字贸易试验区，打造全国数字经济先导区、示范区，聚焦"基础设施建设、数字产业化、产业数字化、数字化治理、数据价值化和数字贸易发展"六大方向，实施基础设施保障建设工程、数字技术创新筑基工程、数字产业协同提升工程、农业工业服务业数字化转型工程等重点工程。

第二节　RCEP成员的服务业FDI发展现状、竞争力及合作潜力研究

2020年11月15日，由东盟发起、历时八年的RCEP正式签署，这项协定是当今世界上涵盖人口最多、涉及经济体量与贸易规模最大的自由贸易协定，具有很大的发展潜力。RCEP共计15个成员，包括中国、日本、韩国、澳大利亚、新西兰5国以及东盟10国。目前，6个东盟成员和4个非东盟成员正式提交核准书，达到协定生效门槛。根据协定约定，RCEP于2022年1月1日对已正式提交核准书的10国生效。RCEP不仅是目前全球最大的自贸协定，而且是一个全面、现代、高质量和互惠的自贸协定。

服务业在国民经济中具有重要地位，根据2016—2020年的《世界对外投资报告》，

世界服务业对外直接投资总额占所有部门对外投资总额的50%左右。RCEP协定不仅涵盖货物贸易，还包括服务贸易、投资等市场准入、经济技术合作、知识产权、电子商务等领域。有关服务部门的开放是RCEP的重要模块之一，本节将针对RCEP成员就本国对外直接投资（Outward Foreign Direct Investment，简称OFDI）和外商对内直接投资（Inward Foreign Direct Investment，简称IFDI）两部分内容分别进行分析，对探究RCEP成员服务业直接投资现状、分析RCEP成员服务业直接投资发展潜力具有重要的现实意义。

一、RCEP成员的服务业FDI发展情况

（一）RCEP成员的服务业FDI总体情况

RCEP成员服务业FDI（Foreign Direct Investment，简称FDI，外国直接投资）总体情况见表1-7和表1-8所示。在服务业FDI的规模和比重上，RCEP成员之间整体差距较大，发展并不均衡。

中国作为世界第二大经济体，有着良好的营商环境，并拥有大量优秀的企业，不论在服务业IFDI还是服务业OFDI上，都有着较好的表现。2014—2020年，中国的服务业IFDI和服务业OFDI规模在所有RCEP成员中保持在前两位水平，而前两位的总量也较为接近。2020年中国服务业IFDI总量是107200百万美元，服务业OFDI总量是106797百万美元。此外，2019年服务业IFDI占中国所有部门IFDI总量的69%，服务业OFDI占中国所有部门OFDI总量的74%，服务业投资占比在结构上高于世界平均水平（50%）。相比之下，日本和韩国的服务业OFDI金额明显高于服务业IFDI金额，两国更加倾向于进行服务业的对外投资；从结构上看，2019年日本和韩国的服务业IFDI及OFDI的占比接近世界平均水平。澳大利亚的服务业IFDI金额明显高于服务业OFDI金额；从结构上看，2019年澳大利亚服务业IFDI占所有部门IFDI总量的22%，占比较低；其服务业OFDI金额在2014—2018年变化较小，波动平稳，但在2019年其服务业OFDI金额为负值，说明对外投资的资金发生了撤资变化。

在东盟国家中，泰国的服务业对外直接投资和服务业引进外商投资金额比较接近，2019年泰国服务业IFDI金额为49934百万美元，服务业OFDI金额为49808百万美元；在结构上，服务业IFDI与服务业OFDI分别占所有部门总量的84%和91%，这说明服务业在对外直接投资和吸引外资上占据了主导地位。除泰国外，由于其他东盟9国的服务业OFDI的数据不可获得，因此以下只分析服务业的IFDI。在东盟10国中，各国服务业的IFDI发展情况也千差万别。2019年IFDI总量超过10亿美元的只有马来西亚、泰国、

新加坡，其他国家的IFDI金额较少；2019年服务业IFDI金额最高的是泰国，达到49934百万美元，最低的是缅甸，仅有0.50百万美元。在结构上，2019年服务业IFDI占比超过60%的有马来西亚、泰国、柬埔寨和老挝；占比为40%~60%的国家有印度尼西亚；占比小于40%的国家有菲律宾、新加坡、文莱、缅甸以及越南。

表1–7　RCEP成员服务业IFDI总体情况（单位：百万美元）

国家		服务业IFDI情况							2019年IFDI总量	2019年服务业占比（%）
		2014年	2015年	2016年	2017年	2018年	2019年	2020年		
中国		74096	81138	83891	89011	85850	95273	107200	138135	69
日本		6519	−686	5473	−882	−1428	7092	9370	13728	52
韩国		4426	1285	3312	6320	7873	6729	−	12589	53
澳大利亚		3195	6563	13224	15344	40808	8114	−	36151	22
新西兰		−	−	−	−	−	−	−	−	−
东盟10国	泰国	61835	45387	48173	49124	50254	49934	43940	59405	84
	印度尼西亚	1373	307	2114	1702	613	236	497	456	52
	马来西亚	594	1732	3654	3420	1099	1894	2617	1299	146
	菲律宾	−46	788	141	187	1372	28	116	240	12
	越南	48	−6	−93	242	237	183	168	488	37
	新加坡	5271	5099	5381	6981	6833	5742	8165	15673	37
	文莱	15	−23	58	−10	−59	4	−23	59	8
	柬埔寨	20	43	6	15	21	41	28	47	86
	老挝	2	1	19	6	29	7	6	8	88
	缅甸	89	9	78	43	−36	0.5	3	−34	−1

数据来源：中国数据来自《中国统计年鉴》，日本数据来自日本贸易振兴机构（JETRO）https：//www.jetro.go.jp/en/reports/statistics/，韩国及澳大利亚数据来自OECD数据库，泰国数据来自泰国中央银行（Bank of Thailand），其他东盟成员数据来自东盟秘书处。

注：标注"–"的表示数据缺失。

表1–8　RCEP成员服务业OFDI总体情况（单位：百万美元）

国家	服务业OFDI情况							2019年OFDI总量	2019年服务业占比（%）
	2014年	2015年	2016年	2017年	2018年	2019年	2020年		
中国	92091	105984	153955	121103	108418	101450	106797	136908	74
日本	55274	77255	89962	101592	69977	112199	32708	232800	48

国家		服务业OFDI情况							2019年OFDI总量	2019年服务业占比（%）
		2014年	2015年	2016年	2017年	2018年	2019年	2020年		
韩国		9943	12296	18234	27856	24486	28903	–	50981	57
澳大利亚		452	6528	6063	9623	7363	–5579	–	5397	–103
新西兰		–	–	–	–	–	–	–	–	–
东盟10国	泰国	61589	39895	45385	42666	42008	49808	49174	54615	91
	印度尼西亚	–	–	–	–	–	–	–	–	–
	马来西亚	–	–	–	–	–	–	–	–	–
	菲律宾	–	–	–	–	–	–	–	–	–
	越南	–	–	–	–	–	–	–	–	–
	新加坡	–	–	–	–	–	–	–	–	–
	文莱	–	–	–	–	–	–	–	–	–
	柬埔寨	–	–	–	–	–	–	–	–	–
	老挝	–	–	–	–	–	–	–	–	–
	缅甸	–	–	–	–	–	–	–	–	–

数据来源：中国数据来自《中国统计年鉴》，日本数据来自日本贸易振兴机构（JETRO）https：//www.jetro. go.jp/en/reports/statistics/，韩国及澳大利亚数据来自OECD数据库，泰国数据来自泰国中央银行（Bank of Thailand），其他东盟成员数据来自东盟秘书处。

注：标注"–"的表示数据缺失。

（二）RCEP各成员的服务业FDI分部门发展情况

1.中国

2014—2016年中国服务业IFDI增长迅速，但在2016—2020年逐年下滑；而服务业OFDI在2014—2020年呈现出稳步增长趋势（如图1-2所示）。

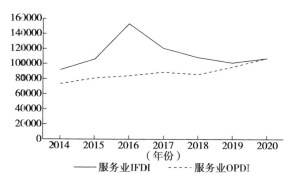

图1-2　中国服务业FDI发展情况（单位：百万美元）

数据来源：中国统计年鉴。

中国服务业分部门IFDI的发展情况如表1-9和图1-3所示。外商对中国房地产业的投资兴趣一直是非常高的，在所有服务部门中常年占据第一的位置（除2017年与2020年外），但从趋势上看，2014—2020年外商对中国房地产业投资金额呈现递减趋势，投资金额从2014年的34626百万美元减少到2020年的20331百万美元，占比也从近50%下降到19%。外商对租赁和商务服务业的投资金额逐年稳步提升，2020年外商对该部门的投资金额达到26562百万美元，占比达到25%，在所有服务部门中排第一位。外商对科学研究和技术服务业、批发和零售业的投资规模一直在提高，2020年两者占比分别为17%和11%。外商对信息传输、软件和信息技术服务业的投资金额在2017—2020年出现较大增幅，这与中国在2017年修订的《外商投资指导目录》中将信息传输、软件和信息技术服务业从限制外商投资产业目录中移除有关。此外，2015—2020年外商对金融业的投资金额一直在下降，2015年外商对金融业的投资金额在所有服务部门中排第二，到2020年仅排第6位，占比只有6%。其余的服务部门受到外商准入的限制，外商直接投资金额较小，波动也较小。

表1-9　中国服务业分部门IFDI流量情况（单位：百万美元）

行业	2014年	2015年	2016年	2017年	2018年	2019年	2020年
批发和零售业	4456	4186	5089	5588	9767	9050	11844
交通运输、仓储和邮政业	2755	3836	8442	20919	4727	4533	4998
住宿和餐饮业	9463	12023	15870	11478	901	972	824
信息传输、软件和信息技术服务业	650	434	365	419	11661	14682	16431
金融业	4182	14969	10289	7921	8704	7132	6482
房地产业	34626	28995	19655	16856	22467	23472	20331
租赁和商务服务业	12486	10050	16132	16739	18875	22073	26562
科学研究和技术服务业	3255	4529	6520	6844	6813	11168	17940
水利、环境和公共设施管理业	573	433	422	570	474	522	568
居民服务、修理和其他服务业	718	721	490	567	562	542	308
教育	21	29	94	77	74	222	281
卫生和社会工作	78	143	254	305	302	272	235
文化、体育和娱乐业	823	789	267	698	523	630	396
公共管理、社会保障和社会组织	9	0	0	31	0	2	0
总计	74095	81137	83889	89012	85850	95272	107200

数据来源：中国统计年鉴。

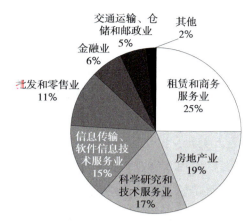

图1-3 2020年中国各服务业部门IFDI占比情况[①]

数据来源：中国统计年鉴。

中国服务业分部门OFDI发展情况如表1-10和图1-4所示。中国服务业的OFDI以对租赁和商务服务业、批发和零售业、金融业三个部门的投资为主，中国企业对这三个部门的投资金额在2020年占所有中国服务业OFDI的76%。其中，对租赁和商务服务业的投资金额在2014—2020年一直保持在第一位，从趋势上看，2016—2020年，对该部门的投资金额逐年减少，到2020年的投资金额为38727百万美元，占比为36%。中国对批发和零售业、金融业这两个部门的投资金额在2014年到2020年之间波动不大，变化较为平稳，2020年对这两个部门的投资金额分别为22998百万美元和19663百万美元。

表1-10 中国服务业分部门OFDI流量情况（单位：百万美元）

行业	2014年	2015年	2016年	2017年	2018年	2019年	2020年
批发和零售业	18291	19218	20894	26311	12238	19471	22998
交通运输、仓储和邮政业	4175	2727	1679	5468	5161	3880	6233
住宿和餐饮业	2545	723	1625	−185	1354	604	118
信息传输、软件和信息技术服务业	3170	6820	18660	4430	5632	5478	9187
金融业	15918	24246	14918	18785	21717	19949	19663
房地产业	6605	7787	15247	6795	3066	3418	5186
租赁和商务服务业	36831	36258	65782	54273	50778	41875	38727
科学研究和技术服务业	1669	3345	4238	2391	3802	3432	3735
水利、环境和公共设施管理业	551	1368	847	219	179	270	157
居民服务、修理和其他服务业	1652	1599	5424	1865	2228	1673	2161

[①] 注：本文中此类服务部门IFDI（OFDI）占比情况没有考虑资金回流的情况，即按照除去投资金额小于0的部门数据来计算对外直接投资净流入（净流出）的情况。

续表

行业	2014年	2015年	2016年	2017年	2018年	2019年	2020年
教育	14	62	285	134	573	649	130
卫生和社会工作	153	84	487	353	525	227	638
文化、体育和娱乐业	519	1748	3869	264	1166	524	−2134
公共管理、社会保障和社会组织	–	–	–	–	–	–	–
总计	92091	105984	153955	121103	108418	101450	106797

数据来源：中国统计年鉴。

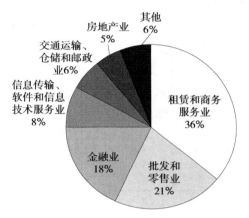

图1-4　2020年中国各服务业部门OFDI占比情况

数据来源：中国统计年鉴。

2. 日本

图1-5是日本服务业的FDI整体情况。从规模上看，日本对外服务业的投资金额要远大于外资对日本的服务业投资金额。从趋势上看，日本对外投资服务业（OFDI）在2014—2019年整体呈现上升趋势，在2019年达到最高值112199百万美元，但在2020年出现了较大下滑。日本引入服务业投资（IFDI）的变化较为稳定，在一定范围内上下波动。

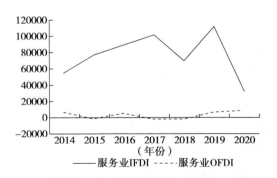

图1-5　日本服务业FDI发展整体情况（单位：百万美元）

数据来源：日本贸易振兴机构（JETRO），https：//www.jetro.go.jp/en/reports/statistics/。

日本服务业分部门 IFDI 情况如表 1—11 和图 1—6 所示。外商对日本服务业的投资范围主要集中在金融和保险业上，在 2017—2020 年投资金额逐年上升，到 2020 年，在所有外商投资净流入的部门中，在金融和保险业上的投资金额占比高达 85%，达到 11655 百万美元。另外，外商在 2014—2020 年连续 7 年撤回对批发和零售业的投资资金，其他服务业部门的投资金额变化趋势并不明显。

表 1—11   日本服务业分部门 IFDI 流量情况（单位：百万美元）

行业	2014 年	2015 年	2016 年	2017 年	2018 年	2019 年	2020 年
运输业	-854	586	1480	767	51	210	240
通信业	1733	1015	1036	-668	-3483	-300	-417
批发和零售业	-2447	-3940	-2414	-5346	-5167	-6268	-3750
金融和保险业	7516	1516	3479	1526	6360	11855	11655
房地产业	225	-135	367	426	715	300	-184
其他服务	347	272	1525	2413	95	1295	1826
总计	6520	-686	5473	-882	-1429	7092	9370

数据来源：日本贸易振兴机构（JETRO），https：//www.jetro.go.jp/en/reports/statistics/。

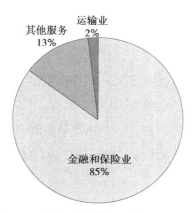

图 1—6   2020 年日本各服务业部门 IFDI 占比情况

数据来源：日本贸易振兴机构（JETRO），https：//www.jetro.go.jp/en/reports/statistics/。

日本服务业分部门的 OFDI 情况如表 1—12 和图 1—7 所示。日本对金融和保险业的投资金额一直比较稳定，在 2014—2020 年维持在 200 亿美元以上（2016 年 OFDI 金额较低，为 8617 百万美元）。除 2020 年出现撤资的情况外，日本 OFDI 中对金融和保险业的投资占比高达 63%，远大于对其他部门的投资。日本 OFDI 中对批发和零售业的投资金额一直处于较高水平，在 2020 年排到第二位，占比达 19%。对通信业的投资金额在 2014—2018 年逐年上升，在2018年达到37860百万美元，并在所有部门中排第一位，但是在2018—2020年持续降低，2020年日本对通信业的OFDI金额为−22174百万美元，说明期间大量投资资金被撤回日本。日本OFDI中对运输业和房地产业的投资金额一直比较平稳，波动较小。

表1−12 日本服务业分部门OFDI流量情况（单位：百万美元）

行业	2014年	2015年	2016年	2017年	2018年	2019年	2020年
运输业	1576	8098	2144	1188	2195	2189	1950
通信业	7753	11806	17702	23507	37860	5869	−22174
批发和零售业	18619	13598	18725	28478	13667	58160	10642
金融和保险业	19226	34613	8617	32915	25604	37048	34847
房地产业	1529	3716	5180	6465	3845	10871	2552
其他服务	6571	5425	37594	9039	−13195	−1938	4891
总计	55274	77255	89962	101592	69977	112199	32708

数据来源：日本贸易振兴机构（JETRO），https://www.jetro.go.jp/en/reports/statistics/。

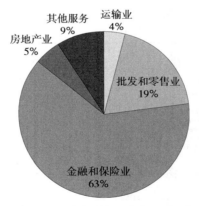

图1−7 2020年日本各服务业部门OFDI占比情况

数据来源：日本贸易振兴机构（JETRO），https://www.jetro.go.jp/en/reports/statistics/。

3.韩国

从图1−8可以看出，韩国服务业的IFDI和OFDI都呈上升趋势，服务业OFDI规模要远大于服务业IFDI。

韩国服务业分部门的IFDI情况如表1−13和图1−9所示。从规模上看，外商主要投资集中在韩国的金融和保险业、批发和零售业（含汽车和摩托车的修理）、信息和通信业以及房地产业领域，对这些部门的投资金额在2019年占比达到88%。此外，外商对这三个部门的投资金额在2014—2019年间呈现上升趋势。

图1-8 韩国服务业FDI发展整体情况（单位：百万美元）

数据来源：OECD数据库。

表1-13 韩国服务业分部门IFDI流量情况（单位：百万美元）

行业	2014年	2015年	2016年	2017年	2018年	2019年
批发和零售业（含汽车和摩托车的修理）	480	755	1029	1042	937	1849
交通运输、仓储业	307	465	315	193	117	89
住宿和餐饮业	-776	626	770	808	281	342
信息和通信业	968	540	511	756	2822	1523
金融和保险业	40	-749	151	2100	2057	1933
房地产业	514	-279	148	912	907	618
科学研究和技术服务业	4200	-34	309	401	128	249
行政和支持服务活动	-1614	0	0	72	378	49
公共管理、社会组织	0	0	0	0	0	0
教育	-41	46	21	14	12	63
卫生和社会工作	-2	0	0	0	0	0
艺术、娱乐和休床活动	27	-55	-14	16	233	31
其他服务活动	324	-29	72	6	1	-17
总计	4427	1286	3312	6320	7873	6729

数据来源：OECD数据库。

韩国服务业分部门的OFDI情况如表1-14和图1-10所示。韩国的对外投资服务业主要集中在金融和保险业、批发和零售业（含汽车和摩托车的修理）以及房地产业领域，2019年韩国对外投资服务业中有90%的资金流向这三个部门。首先，韩国对外投资对金融和保险业的投资金额最多，占比达61%，且从2014年起，韩国对该部门OFDI的投资金额一直在上升；其次，对批发和零售业（含汽车和摩托车的修理）的投资中在2014—2017年逐年上升，在2017—2019年逐年减少；最后，对房地产业的投资金额则维持在一定范围内，变化较小。

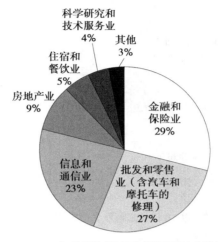

图1-9　2019年韩国各服务业部门IFDI占比情况

数据来源：OECD数据库。

表1-14　韩国服务业分部门OFDI流量情况（单位：百万美元）

行业	2014年	2015年	2016年	2017年	2018年	2019年
批发和零售业（含汽车和摩托车的修理）	1885	2911	4504	11683	5606	4488
交通运输、仓储业	505	238	1002	1027	718	688
住宿和餐饮业	238	180	401	209	110	427
信息和通信业	411	377	1191	2175	851	309
金融和保险业	5359	6044	5343	9507	12837	17713
房地产业	924	1998	4996	2521	3448	3885
科学研究和技术服务业	242	136	519	458	949	810
行政和支持服务活动	315	348	177	−336	−204	113
公共管理、社会组织	0	1	0	258	0	0
教育	−2	25	11	126	13	35
卫生和社会工作	11	45	69	175	182	120
艺术、娱乐和休闲活动	49	−9	9	5	−26	312
其他服务活动	6	2	13	47	3	4
总计	9943	12296	18235	27855	24487	28904

数据来源：OECD数据库。

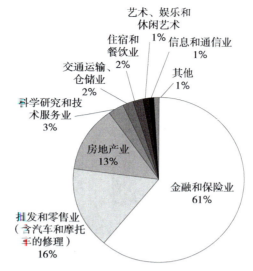

图1-10　2019年韩国各服务业部门OFDI占比情况

数据来源：OECD数据库。

4.澳大利亚

如图1-11所示，澳大利亚服务业的IFDI金额要明显高于OFDI，从整体上看，2014—2018年澳大利亚金额服务业的IFDI金额逐年上升，在2019年发生转折，服务业IFDI金额出现显著下降趋势。相比之下，澳大利亚的服务业OFDI金额在2014—2019年之间变化较小，在2017—2019年略微下滑。

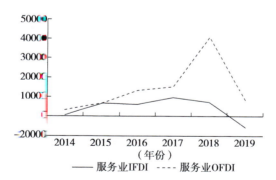

图1-11　澳大利亚服务业FDI发展整体情况（单位：百万美元）

数据来源：OECD数据库。

澳大利亚服务业分部门IFDI情况如表1-15和图1-12所示。从图表中可以看到，2019年，在外商对澳大利亚服务业各部门的投资范围中，投资金额最多的是信息和通信业，占比达到30%，投资占比在10%～20%之间的有批发和零售业（含汽车和摩托车的修理）、交通运输仓储业以及住宿和餐饮业，而对其他部门的投资金额较小。从趋势上看，变化比较大的是外商对金融和保险业的投资金额，2014—2018年逐年上升，并在2018年达到最大值为24995百万美元，远多于其他服务部门，是所有服务部门中获得投资金额最多的，但是在2019年获得的IFDI金额大幅降低，仅有477百万美元。

表1-15　澳大利亚服务业分部门IFDI流量情况（单位：百万美元）

行业	2014年	2015年	2016年	2017年	2018年	2019年
批发和零售业（含汽车和摩托车的修理）	3874	−2097	2193	2032	4547	1594
交通运输、仓储业	882	5677	3710	631	861	1085
住宿和餐饮业	1420	−824	−25	270	1764	967
信息和通信业	−1595	784	−306	1379	2712	2563
金融和保险业	−11716	3791	5360	9221	24995	477
房地产业	10655	−	−	−	5505	519
科学研究和技术服务业	−172	307	842	969	834	770
行政和支持服务活动	−572	−250	−	360	−	510
公共管理、社会组织	−	−	−	−	149	−
教育	0	−	−	−	−486	−
卫生和社会工作	418	−825	1449	483	−72	−409
艺术、娱乐和休闲活动	2	−	−	−	−	−
其他服务活动	−	−	−	−	−	38
总计	3196	6563	13223	15345	40809	8114

数据来源：OECD数据库。

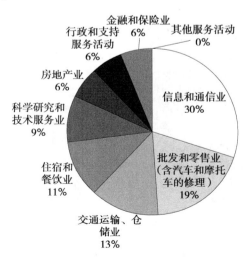

图1-12　2019年澳大利亚各服务业部门IFDI占比情况

数据来源：OECD数据库。

　　澳大利亚服务业分部门OFDI情况如表1-16和图1-13所示。从发展趋势上看，2015—2018年澳大利亚对外投资资金多流向金融和保险业，投资其他服务部门的金额较少。2019年，澳大利亚服务业OFDI为负值，意味着OFDI净流出，这主要与金融和保险业、房地产业两个部门中投资资金被撤回有关。2019年，澳大利亚对外投资的资金主要流向卫生和社会工作领域，占比达到71%，其余是行政和支持服务活动、批发和零售业（含汽车和摩托车的修理）等部门。

表1-16　澳大利亚服务业分部门OFDI流量情况（单位：百万美元）

行业	2014年	2015年	2016年	2017年	2018年	2019年
批发和零售业（含汽车和摩托车的修理）	-103	917	998	-297	2814	209
交通运输、仓储业	25	152	-198	-216	47	60
住宿和餐饮业	—	—	4	90	—	—
信息和通信业	—	—	-427	477	258	—
金融和保险业	-1284	5604	4919	6819	3581	-5435
房地产业	193	—	-334	2402	374	-2098
科学研究和技术服务业	—	60	—	-264	-150	—
行政和支持服务活动	-339	—	599	612	131	253
公共管理、社会组织	0	—	0	0	0	0
教育	0	—	—	—	—	—
卫生和社会工作	1961	-204	503	—	308	1389
艺术、娱乐和休闲活动	—	—	—	—	—	44
其他服务活动	0	0	0	0	—	—
总计	453	6529	6064	9623	7363	-5578

数据来源：OECD数据库。

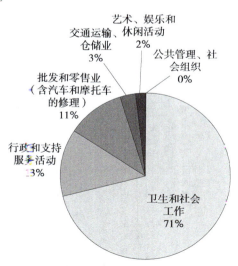

图1-13　2019年澳大利亚各服务业部门OFDI占比情况

数据来源：OECD数据库。

5.新西兰

由于数据可得性的限制，只能得到新西兰部分服务部门的IFDI存量情况（见表1-17所示）。根据新西兰统计局相关报道①，在所有产业（包括非服务业部门）中，外商投资金额最多的是金融和保险业，截至2019年3月31日，外商对金融和保险业的投资额达到384亿美元。

表1-17 新西兰部分部门IFDI存量情况（单位：百万美元）

行业		2014年	2015年	2016年	2017年	2018年	2019年
部分服务业	金融和保险业	30675	32838	34255	35044	38587	38410
	零售贸易业	4879	6701	5373	6097	5887	6050
	批发贸易业	3980	4501	4994	5187	5913	6758

数据来源：根据新西兰统计局相关报道整理得到，https://www.stats.govt.nz/。

6.泰国

如图1-14所示，泰国服务业的FDI发展整体上较为平稳，服务业IFDI与服务业OFDI流量较为接近。

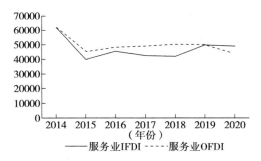

图1-14 泰国服务业FDI发展整体情况（单位：百万美元）

数据来源：Bank of Thailand，https://www.bot.or.th/。

泰国服务业分部门IFDI情况如表1-18和图1-15所示。可以发现，除了其他服务活动这一项，外商主要投资首先集中在泰国的金融和保险业以及批发和零售业（含汽车和摩托车的修理），对这两个部门的投资金额占所有服务业部门的20%，其次是房地产业、交通运输和仓储业。从发展趋势上看，2014—2020年，泰国服务业各部门IFDI流量都在一定范围内平稳波动。

---

① Stats NZ Tatauranga Aotearoa. Foreign direct investment in New Zealand continues to increase[EB/OL]. 2019-9-26[2021-12-20]. https://www.stats.govt.nz/news/foreign-direct-investment-in-new-zealand-continues-to-increase.

表1-18 泰国服务业分部门IFDI流量情况（单位：百万美元）

行业	2014年	2015年	2016年	2017年	2018年	2019年	2020年
批发和零售业（含汽车和摩托车的修理）	1116	2175	3154	2010	2199	464	4175
交通运输、仓储业	−38	144	150	−45	33	−19	153
住宿和餐饮业	109	187	803	45	287	115	86
金融和保险业	3848	4900	3115	4470	5307	7180	4240
房地产业	1479	1658	1632	2212	3151	2672	1772
其他服务活动	55321	36321	39319	40432	39277	39523	33514
总计	61835	45385	48173	49124	50254	49935	43940

数据来源：Bank of Thailand，https://www.bot.or.th/。

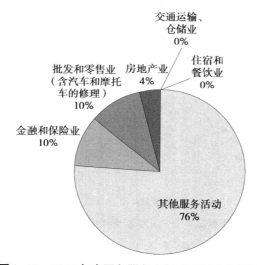

图1-15 2020年泰国各服务业部门IFDI占比情况

数据来源：Bank of Thailand，https://www.bot.or.th/。

泰国服务业分部门OFDI情况如表1-19和图1-16所示。泰国对外投资服务业资金首要流向金融和保险部门，2020年，对金融和保险业的投资金额占比达到23%，其次是批发和零售业（含汽车和摩托车的修理），占比仅有8%。从发展趋势上看，投资金额变化比较大的部门是金融和保险业。泰国对金融和保险业的投资金额在2014—2018年较为稳定，在2018—2020年有显著提高，其投资金额从2018年的1125百万美元提高到了2020年的11011百万美元。

表1-19　泰国服务业分部门OFDI流量情况（单位：百万美元）

行业	2014年	2015年	2016年	2017年	2018年	2019年	2020年
批发和零售业（含汽车和摩托车的修理）	621	651	4262	1016	476	669	3844
交通运输、仓储业	43	80	284	71	57	49	161
住宿和餐饮业	49	60	173	363	178	669	29
金融和保险业	2070	1914	2057	1096	1125	8500	11011
房地产业	193	368	204	413	894	289	183
其他服务活动	58614	36823	38404	39707	39277	39633	33946
总计	61590	39896	45384	42666	42007	49809	49174

数据来源：Bank of Thailand，https：//www.bot.or.th/。

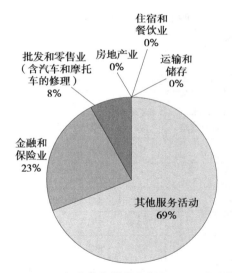

图1-16　2020年泰国各服务业部门OFDI占比情况

数据来源：Bank of Thailand，https：//www.bot.or.th/。

7.印度尼西亚

印度尼西亚服务业的IFDI情况如图1-17所示，2014—2020年服务业IFDI流量经历了较大的波动，2016年有较大的IFDI资金流入，在此之后的2016—2020年，投资金额呈现出逐年下降的趋势。

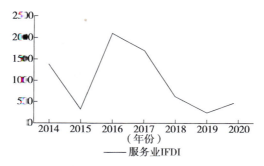

图1-17　印度尼西亚服务业IFDI发展整体情况（单位：百万美元）

数据来源：东盟秘书处网站，https://data.aseanstats.org/。

印度尼西亚服务业分部门的IFDI流量情况如表1-20和图1-18所示。外商对印度尼西亚服务业的投资主要集中在批发和零售业（含汽车和摩托车的修理）、金融和保险业、房地产业以及信息和通信业上，对其他服务部门的投资额较少。2020年，分别有49%、32%、2%、13%的资金流向了这四个部门。从发展趋势上看，对房地产业的投资额明显具有减少趋势；对金融和保险业的投资额在2014—2017年投资额逐年提高，在2017年之后出现下降趋势。

表1-20　印度尼西亚服务业分部门IFDI流量情况（单位：百万美元）

行业	2014年	2015年	2016年	2017年	2018年	2019年	2020年
批发和零售业（含汽车和摩托车的修理）	58	-102	315	61	718	88	244
交通运输、仓储业	9	-14	19	5	-12	-20	3
住宿和餐饮业	1	0	7	-1	0	0	0
信息和通信业	3	0	62	42	4	-34	65
金融和保险业	-225	-231	980	1091	250	432	160
房地产业	1526	680	688	345	-304	-223	9
科学研究和技术服务业	2	32	9	142	-5	9	9
行政和支持服务活动	0	0	0	0	0	0	0
公共管理与国防、强制性社会保障	0	0	0	0	0	0	0
教育	0	0	0	0	0	0	0
卫生和社会工作	0	0	0	1	-2	1	0
艺术、娱乐和休闲活动	0	0	0	0	1	0	0
其他服务活动	0	-59	34	14	-37	-17	5
总计	1374	306	2114	1700	613	236	495

数据来源：东盟秘书处网站，https://data.aseanstats.org/。

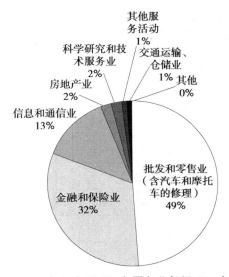

图1-18 2020年印度尼西亚各服务业部门IFDI占比情况

数据来源：东盟秘书处网站，https：//data.aseanstats.org/。

8.马来西亚

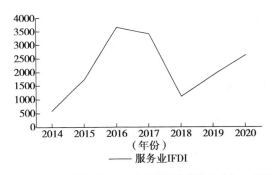

图1-19 马来西亚服务业IFDI发展整体情况（单位：百万美元）

数据来源：东盟秘书处网站，https：//data.aseanstats.org/。

如图1-19所示，2014—2020年，马来西亚服务业的IFDI在一定范围内上下波动。如表1-21和图1-20所示，从分部门来看，在所有部门中，外商主要投资首先集中在马来西亚的金融和保险业领域，2020年对金融和保险业的投资金额占比达到84%，其次是房地产业（10%）、批发和零售业（含汽车和摩托车的修理）（4%）等。从发展趋势上看，外商对金融和保险业的投资金额整体呈现出上升趋势，越来越多的资金流向该部门，而对房地产业的投资金额则逐年减少。

表1-21　马来西亚服务业分部门IFDI流量情况（单位：百万美元）

行业	2014年	2015年	2016年	2017年	2018年	2019年	2020年
批发和零售业（含汽车和摩托车的修理）	139	314	245	104	79	35	110
交通运输、仓储业	210	179	9	−88	−387	−120	−54
住宿和餐饮业	4	7	48	−12	−28	−1	7
信息和通信业	519	185	98	46	9	277	−256
金融和保险业	−377	−268	1430	581	909	1010	2579
房地产业	1507	1407	1357	1962	298	387	317
科学研究和技术服务业	5	−27	289	164	6	102	−145
行政和支持服务活动	4	10	6	3	12	3	3
公共管理与国防、强制性社会保障	0	0	0	0	0	0	0
教育	1	1	1	0	1	0	0
卫生和社会工作	3	1	1	1	1	1	1
艺术、娱乐和休闲活动	−1	0	6	0	6	0	0
其他服务活动	−1420	−76	164	659	193	201	54
总计	594	1733	3654	3420	1099	1895	2616

数据来源：东盟秘书处网站，https：//data.aseanstats.org/

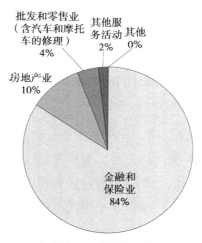

图1-20　2020年马来西亚各服务业部门IFDI占比情况

数据来源：东盟秘书处网站，https：//data.aseanstats.org/。

9.菲律宾

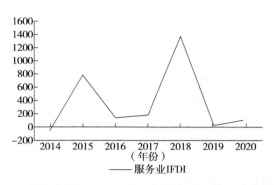

图1-21 菲律宾服务业IFDI发展整体情况（单位：百万美元）

数据来源：东盟秘书处网站，https://data.aseanstats.org/。

根据图1-21所示，菲律宾服务业IFDI流量在2015和2018年有两个波峰，从表1-22可以知道，2015年有较大的投资金额流向金融和保险业，2018年有较大的投资金额流向金融和保险业以及科学研究和技术服务业。从图1-22中可以看出，外商对菲律宾的服务业投资主要集中在批发和零售业（含汽车和摩托车的修理）、金融和保险业、房地产业、科学研究和技术服务业上，对其他部门的投资金额很少。

表1-22 菲律宾服务业分部门IFDI流量情况（单位：百万美元）

行业	2014年	2015年	2016年	2017年	2018年	2019年	2020年
批发和零售业（含汽车和摩托车的修理）	0	−34	−96	21	242	59	38
运输和储存	0	3	17	3	−6	5	12
住宿和餐饮业	0	0	2	0	22	3	2
信息和通信业	0	3	9	0	−19	−3	5
金融和保险业	0	806	116	75	632	−138	17
房地产业	−46	0	0	48	55	47	30
科学研究和技术服务业	1	11	92	40	458	58	9
行政和支持服务活动	0	0	0	0	0	0	0
公共管理与国防、强制性社会保障	0	0	0	0	0	0	0
教育	0	0	0	0	0	0	1
卫生和社会工作	0	0	0	0	0	0	0
艺术、娱乐和休闲活动	0	0	0	0	1	0	0
其他服务活动	0	0	0	0	−13	−4	3
总计	−45	789	140	187	1372	27	117

数据来源：东盟秘书处网站，https://data.aseanstats.org/。

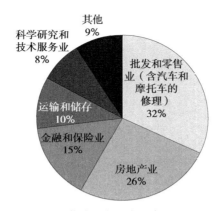

图1-22　2020年菲律宾各服务业部门IFDI占比情况

数据来源：东盟秘书处网站　https://data.aseanstats.org/。

10.越南

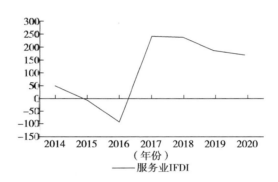

图1-23　越南服务业IFDI发展整体情况（单位：百万美元）

数据来源：东盟秘书处网站，https://data.aseanstats.org/

如图1-23所示，越南服务业的IFDI在2014—2020年之间上下波动较小。从表1-23和图1-24可以看出，外商主要投资集中在越南服务业的批发和零售业（含汽车和摩托车的修理）、信息和通信业、金融和保险业、房地产业、科学研究和技术服务业领域，其中对信息和通信业、金融和保险业的投资金额最多。

表1-23　越南服务业分部门IFDI流量情况（单位：百万美元）

行业	2014年	2015年	2016年	2017年	2018年	2019年	2020年
批发和零售业（含汽车和摩托车的修理）	5	19	−27	−21	−8	8	29
运输和储存	0	−1	1	3	−7	0	0
住宿和餐饮业	5	0	1	0	0	0	0
信息和通信业	0	0	−43	107	89	99	19
金融和保险业	0	−49	−70	78	77	78	95

续表

行业	2014年	2015年	2016年	2017年	2018年	2019年	2020年
房地产业	41	0	0	63	97	7	17
科学研究和技术服务业	−3	27	26	13	−21	−9	8
行政和支持服务活动	0	0	1	0	12	0	1
公共管理与国防、强制性社会保障	0	0	0	0	0	0	0
教育	0	0	0	0	0	0	0
卫生和社会工作	0	0	0	0	0	0	0
艺术、娱乐和休闲活动	0	0	0	0	0	0	0
其他服务活动	0	0	19	0	−2	0	0
总计	48	−4	−92	243	237	183	169

数据来源：东盟秘书处网站，https://data.aseanstats.org/。

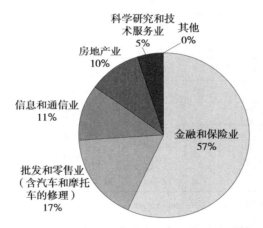

图1-24 2020年越南各服务业部门IFDI占比情况

数据来源：东盟秘书处网站，https://data.aseanstats.org/。

11. 新加坡

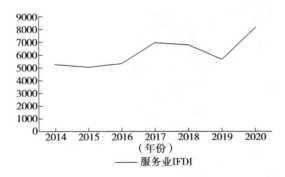

图1-25 新加坡服务业IFDI发展整体情况（单位：百万美元）

数据来源：东盟秘书处网站，https://data.aseanstats.org/。

新加坡的服务业IFDI变化情况如图1-25所示，2014—2020年有缓慢上升的趋势，说明外国投资者非常看好新加坡的服务业市场，每年有稳定的资金流入新加坡服务业。从表1-24和图1-26中可以看出，外商对金融和保险业、批发和零售业（含汽车和摩托车的修理）、房地产业的投资最多，2020年这三个部门所占比重达到80%。

表1-24 新加坡服务业分部门IFDI流量情况（单位：百万美元）

行业	2014年	2015年	2016年	2017年	2018年	2019年	2020年
批发和零售业（含汽车和摩托车的修理）	1251	981	1238	2385	2728	830	2032
交通运输、仓储业	28	191	119	148	66	217	324
住宿和餐饮业	−40	30	206	71	86	35	192
信息和通信业	−302	548	143	1203	321	411	394
金融和保险业	2902	2371	1690	1415	1634	2306	2722
房地产业	1474	790	1228	1192	1502	1316	1812
科学研究和技术服务业	36	−44	109	157	110	214	340
行政和支持服务活动	44	10	39	34	160	101	57
公共管理与国防、强制性社会保障	0	0	6	0	0	−1	1
教育	7	2	13	13	12	27	76
卫生和社会工作	34	15	42	68	45	85	−58
艺术、娱乐和休闲活动	1	−19	−3	3	71	−6	−6
其他服务活动	−165	225	551	292	100	208	278
总计	5270	5100	5381	6981	6835	5743	8164

数据来源：东盟秘书处网站，https://data.aseanstats.org/。

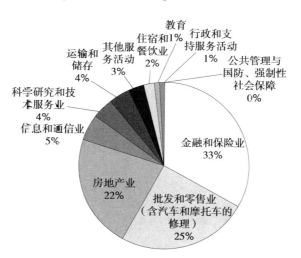

图1-26 2020年新加坡各服务业部门IFDI占比情况

数据来源：东盟秘书处网站，https://data.aseanstats.org/。

12. 文莱①

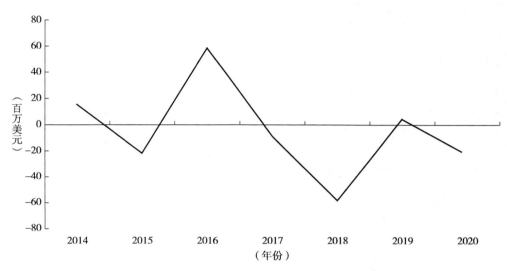

图1-27　文莱服务业IFDI发展整体情况（单位：百万美元）

数据来源：东盟秘书处网站，https://data.aseanstats.org/。

根据图1-27可知，文莱的服务业IFDI波动较大。从表1-25中可以看出，外商对文莱服务业部门的投资并不稳定，主要集中在批发和零售业（含汽车和摩托车的修理）、金融和保险业、科学研究和技术服务业上。

表1-25　文莱服务业分部门IFDI流量情况（单位：百万美元）

行业	2014年	2015年	2016年	2017年	2018年	2019年	2020年
批发和零售业（含汽车和摩托车的修理）	0	5	9	4	19	0	−4
交通运输、仓储业	0	0	0	0	0	1	0
住宿和餐饮业	−2	0	26	0	0	0	0
信息和通信业	0	0	0	0	0	0	0
金融和保险业	0	−45	10	−15	−77	1	−17
房地产业	15	17	0	0	0	0	0
科学研究和技术服务业	1	0	9	0	−2	2	−2
行政和支持服务活动	0	0	1	0	0	0	0
公共管理与国防、强制性社会保障	0	0	0	0	0	0	0

---

①　因为2020年文莱的服务业的IFDI流量为负值，所以不分析2020年文莱服务业IFDI各部门占比情况。

续表

行业	2014年	2015年	2016年	2017年	2018年	2019年	2020年
教育	0	0	0	0	0	0	0
卫生和社会工作	1	0	0	0	0	0	0
艺术、娱乐和休闲活动	0	0	2	0	0	0	0
其他服务活动	0	0	1	0	0	0	0
总计	15	−23	58	−11	−60	4	−23

数据来源：东盟秘书处网站，https：//data.aseanstats.org/。

13. 柬埔寨

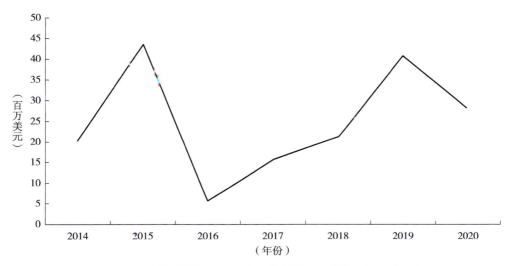

图1-28　柬埔寨服务业IFDI发展整体情况（单位：百万美元）

数据来源：东盟秘书处网站，https：//data.aseanstats.org/。

根据表1-26、图1-28、图1-29可以知道，外商对柬埔寨各服务部门的投资比较少，2014—2020年，外商对房地产业的投资比较稳定，每年都有资金流入该部门，而对其他部门的投资则有较大波动。外商对批发和零售业（含汽车和摩托车的修理）的投资在2018年出现了较大的资金撤回现象，对金融和保险业在2014年、2015年、2019年有较大的资金流入。

表1-26　柬埔寨服务业分部门IFDI流量情况（单位：百万美元）

行业	2014年	2015年	2016年	2017年	2018年	2019年	2020年
批发和零售业（含汽车和摩托车的修理）	0	0	1	5	−21	7	1
交通运输、仓储业	0	0	0	0	7	0	0

续表

行业	2014年	2015年	2016年	2017年	2018年	2019年	2020年
住宿和餐饮业	0	0	0	0	1	0	0
信息和通信业	0	0	0	0	1	0	0
金融和保险业	19	39	0	0	1	21	0
房地产业	1	4	3	10	29	12	25
科学研究和技术服务业	0	0	0	0	2	0	1
行政和支持服务活动	0	0	0	0	0	0	0
公共管理与国防、强制性社会保障	0	0	0	0	0	0	0
教育	0	0	0	0	0	0	0
卫生和社会工作	0	0	0	0	0	0	0
艺术、娱乐和休闲活动	0	0	0	0	1	0	0
其他服务活动	0	0	0	0	0	0	0
总计	20	43	4	15	21	40	27

数据来源：东盟秘书处网站，https：//data.aseanstats.org/。

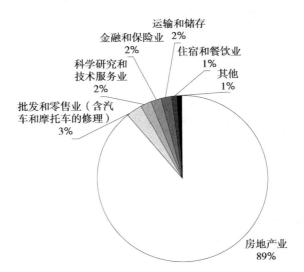

图1-29　2020年柬埔寨各服务业部门IFDI占比情况

数据来源：东盟秘书处网站，https：//data.aseanstats.org/。

14.老挝

根据表1-27、图1-30和图1-31可以知道，外商对老挝服务业部门的投资主要集中在金融和保险业以及房地产业上，2020年外商对房地产业、批发和零售业（含汽车和摩托车的修理）、金融和保险业这三个部门的投资占比达到96%。

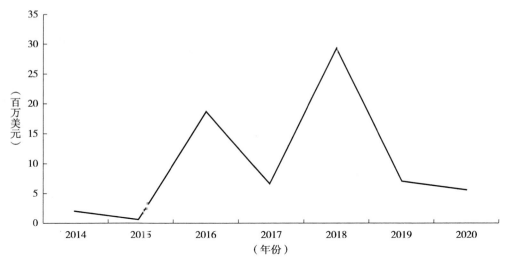

图1-30　老挝服务业IFDI发展整体情况（单位：百万美元）

数据来源：东盟秘书处网站，https://data.aseanstats.org/。

表1-27　老挝服务业分部门IFDI流量情况（单位：百万美元）

行业	2014年	2015年	2016年	2017年	2018年	2019年	2020年
批发和零售业（含汽车和摩托车的修理）	0	0	1	0	0	0	2
交通运输、仓储业	0	0	0	0	0	0	0
住宿和餐饮业	0	0	0	0	0	0	0
信息和通信业	0	0	0	0	0	0	0
金融和保险业	0	0	15	0	24	3	1
房地产业	2	1	2	6	5	4	3
科学研究和技术服务业	0	0	0	0	0	0	0
行政和支持服务活动	0	0	0	0	0	0	0
公共管理与国防、强制性社会保障	0	0	0	0	0	0	0
教育	0	0	0	0	0	0	0
卫生和社会工作	0	0	0	0	0	0	0
艺术、娱乐和休闲活动	0	0	0	0	0	0	0
其他服务活动	0	0	0	0	0	−1	0
总计	2	1	18	6	29	6	6

数据来源：东盟秘书处网站，https://data.aseanstats.org/。

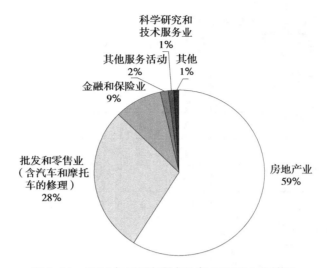

图1-31　2020年老挝各服务业部门IFDI占比情况

数据来源：东盟秘书处网站，https：//data.aseanstats.org/。

15. 缅甸

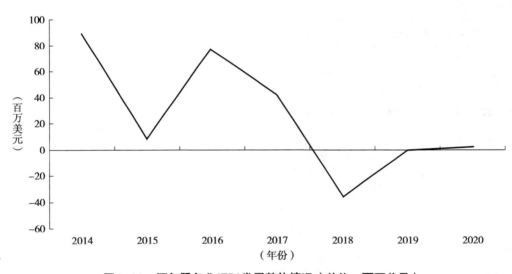

图1-32　缅甸服务业IFDI发展整体情况（单位：百万美元）

数据来源：东盟秘书处网站，https：//data.aseanstats.org/。

缅甸服务业的IFDI整体情况如图1-32所示，2014—2020年在一定范围内波动。从分部门来看，如表1-28、图1-33所示，2020年所有的IFDI净流入部门中，外商投资资金主要流入批发和零售业（含汽车和摩托车的修理）、科学研究和技术服务业，两者的占比高达96%。从趋势上看，外商对金融和保险业的投资有较大波动，2014—2017年有上升趋势，2017—2020年则显著下降。外商对批发和零售业（含汽车和摩托车的修理）、科学研究和技术服务业的投资较为稳定。

表1-28　缅甸服务业分部门IFDI流量情况（单位：百万美元）

行业	2014年	2015年	2016年	2017年	2018年	2019年	2020年
批发和零售业（含汽车和摩托车的修理）	7	5	25	6	1	1	4
交通运输、仓储业	0	0	0	0	−7	0	−2
住宿和餐饮业	0	0	0	0	0	0	0
信息和通信业	0	2	1	0	3	−1	0
金融和保险业	15	2	26	35	−29	5	−3
房地产业	67	0	24	0	0	0	0
科学研究和技术服务业	−1	1	1	2	−3	−4	4
行政和支持服务活动	0	0	0	0	0	0	0
公共管理与国防、强制性社会保障	0	0	0	0	0	0	0
教育	0	0	0	0	0	0	0
卫生和社会工作	0	0	0	0	0	0	0
艺术、娱乐和休闲活动	0	0	0	0	0	0	0
其他服务活动	0	0	1	0	0	0	0
总计	88	10	78	43	−35	1	3

数据来源：东盟秘书处网站，https：//data.aseanstats.org/。

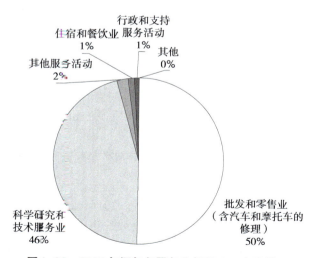

图1-33　2020年缅甸各服务业部门IFDI占比情况

数据来源：东盟秘书处网站，https：//data.aseanstats.org/。

二、RCEP成员服务业FDI的竞争力与合作潜力研究

为了对比分析RCEP成员的服务业FDI所存在的竞争性与合作潜力，以下借鉴国际贸易的投资竞争力指数、显示性比较优势指数（RCA指数）及市场占有率指数进行比较分析。

（一）投资竞争力指数

$$服务业投资竞争力指数 = \frac{服务业OFDI流量 - 服务业IFDI流量}{服务业OFDI流量 + 服务业IFDI流量}$$

投资竞争力指数常常应用在国际竞争力研究领域，一般用来衡量一个国家或者行业在国际开放的环境中吸引外资和对外投资的能力，是一个国家或者产业对外投资与吸引外资之间的差额与对外投资与吸引投资的总额之间的比值（史璇，熊玫和赵卓琳，2018）。[①]该指数的绝对值一般在0到1之间，绝对值越接近0，说明该国或者该产业的对外投资和吸引外资比较接近；绝对值越接近1，说明该国或产业属于净对外直接投资国，绝对值约接近−1，说明该国或产业属于净外资吸收国。

本节采用服务业OFDI流量和服务业IFDI流量来测算RCEP部分国家的服务业投资竞争力水平，比较这些国家每年服务业对外投资以及吸引外资情况。

表1-29 RCEP部分国家服务业投资竞争力指数

服务业投资竞争力指数						
国家	2014年	2015年	2016年	2017年	2018年	2019年
中国	0.108	0.133	0.295	0.153	0.116	0.031
日本	0.789	1.018	0.885	1.018	1.042	0.881
韩国	0.384	0.811	0.693	0.630	0.513	0.622
澳大利亚	−0.752	−0.003	−0.371	−0.229	−0.694	−5.401
泰国	−0.002	−0.064	−0.030	−0.070	−0.089	−0.001

注：其他国家相关数据缺少。指数中存在绝对值大于1的数，这是因为本指标采用流量计算，存在方向性。

从表1-29可以看到，中国和泰国的服务业投资竞争力指数绝对值接近0，这两个国家的服务业OFDI与服务业IFDI的流量比较接近，发展均衡。日本的服务业投资竞争力指数在2014—2019年基本上保持在0.8以上，接近1，说明日本是一个净服务业对外投资国，其经济发展非常依赖服务业对外直接投资。韩国的服务业投资竞争力指数

---

① 史璇，熊玫，赵卓琳. FDI竞争力评价指标体系研究[J].商业经济研究，2018（22）：127-129.

在2014—2019年基本在一定范围内波动，其服务业投资竞争力指数基本在0.5~0.7的范围内波动，偶尔会超过这个范围，说明韩国的服务业对外投资要大于服务业吸引外资，服务业发展更依赖OFDI。澳大利亚的服务业投资竞争力指数在2014—2019年之间变化较大，但都小于0，2014年、2018年、2019年该指数的绝对值大于0.7，澳大利亚这几年主要以吸引服务业外资为主，对外直接投资服务业相对较少；而在2015—2017年这三年，其服务业投资竞争力指数绝对值在0~0.5之间，澳大利亚服务业在这几年虽然还是以吸引外商投资为主，但是也有一定的对外投资。

（二）显示性比较优势指数（RCA指数）

$$某国服务业的RCA=\frac{某国服务业OFDI（IFDI）流量/世界服务业FDI流量}{某国OFDI（IFDI）流量/世界FDI流量}$$

显示性比较优势指数，简称RCA指数，是衡量一国某产品或产业在国际市场上竞争力的一个指标，代表的是某国该产业的对外直接投资额与世界该行业对外直接投资额的相对值。用一国服务业OFDI流量（或服务业IFDI流量）与该国OFDI流量（或IFDI流量）的比值与世界服务业FDI流量与世界FDI流量的比值进行比较，得到该国服务业OFDI（IFDI）在世界上的发展水平情况。[①]显示性比较优势指数一般大于0，如果RCA指数为1说明该国家服务业OFDI（或IFDI）与世界服务业FDI发展水平一致；如果RCA指数大于0小于1，则说明该国家服务业OFDI（或IFDI）相比世界水平处于劣势地位；如果RCA指数大于1，这说明该国家服务业OFDI（或IFDI）相比世界水平处于优势地位，指数越大，则比较优势越大。

表1–30　RCEP国家服务业OFDI的RCA指数

服务业OFDI的RCA指数				
国家	2016年	2017年	2018年	2019年
中国	1.531	1.511	1.451	1.545
日本	1.125	1.219	0.936	1.032
韩国	1.190	1.614	1.227	1.710
澳大利亚	5.131	2.989	1.808	−1.255
泰国	7.139	6.101	5.248	12.375

注：新西兰缺少服务业OFDI、IFDI流量数据，其余国家缺少服务业OFDI数据。

[①]　世界服务业FDI流量、世界FDI流量、RCEP国家OFDI流量、RCEP国家IFDI流量数据来自历年的《世界对外投资报告》。

从表1-30可以看到，中国、日本、韩国、澳大利亚、泰国的服务业OFDI发展水平基本是优于世界水平的（RCA指数大于1），其中，泰国的RCA指数远远高于其他几个国家，其服务业OFDI发展相较世界水平处于优势地位，且指数越大，比较优势越大。

表1-31　RCEP国家服务业IFDI的RCA指数

服务业IFDI的RCA指数			
国家	2016年	2017年	2018年	2019年
中国	1.224	1.289	1.189	1.406
日本	0.551	−0.186	−0.295	1.016
韩国	0.534	0.697	1.237	1.456
澳大利亚	0.533	0.670	1.141	0.431
泰国	37.713	12.317	8.635	33.986
印度尼西亚	1.051	0.163	0.057	0.021
马来西亚	0.629	0.718	0.276	0.505
菲律宾	0.040	0.043	0.398	0.007
越南	−0.014	0.034	0.029	0.024
新加坡	0.149	0.163	0.172	0.105
文莱	−0.754	−0.042	−0.295	0.034
柬埔寨	0.004	0.011	0.013	0.023
老挝	0.039	0.007	0.042	0.026
缅甸	0.051	0.019	−0.019	0.000

注：缺少新西兰服务业OFDI、IFDI流量数据。

从表1-31可以看到，RCA指数最高的是泰国，说明泰国服务业IFDI比较优势最大，泰国比较依赖于吸引服务业投资发展经济。中国的RCA指数在2016—2019年都略高于1，说明中国服务业IFDI优于世界水平，但是对服务业的依赖程度不高。韩国、日本、澳大利亚的RCA指数在2016—2019年在小于1和大于1之间波动，这些国家也不依赖于吸引服务业外商直接投资。在东盟10国中，除了泰国，其他国家的RCA指数都小于1，意味着这些国家吸引外商投资服务业的水平相比世界水平居于劣势。

（三）市场占有率

$$市场占有率 = \frac{某国服务业OFDI（IFDI）流量}{世界服务业FDI流量}$$

市场占有率是一个国家服务业OFDI流量（或IFDI流量）在世界服务业FDI流量中所

占的比重。一个国家服务业OFDI市场占有率，意味着某一时期该国家作为服务业投资国，在国际服务业投资市场上占有的份额，占有率越高，说明该国在国际市场上越具有控制力。一个国家的IFDI市场占有率，其含义是在某个时期，该国家的服务业市场在国际服务业投资市场中所占的份额，占有率越高，说明越多的投资流向该国服务业。

表1-32　RCEP国家服务业OFDI市场占有率指标

RCEP国家对外直接投资在国际服务业投资市场上所占份额（%）				
国家	2016年	2017年	2018年	2019年
中国	17.455	17.178	11.546	15.632
日本	10.200	14.410	7.452	17.288
韩国	2.067	3.951	2.608	4.453
澳大利亚	0.587	1.365	0.784	−0.860
泰国	5.146	6.052	4.474	7.675

注：缺少新西兰服务业OFDI、IFDI流量数据，其余国家缺少服务业IFDI数据。

从表1-32可以发现，中国、日本作为投资国，在国际服务业投资市场上占有较高份额，市场占有率在2016—2019年基本上在10%以上。2019年，中国和日本的服务业OFDI市场占有率分别为15.632%、17.288%，排在前两位，说明这两个国家的服务业OFDI具有很高的市场竞争力。相比之下，泰国的服务业OFDI市场占有率在5%～7%之间波动，2019年其市场占有率在表中的国家中排到第三位。其次是韩国，服务业OFDI市场占有率较低，在2%～4%之间波动。最后是澳大利亚，其市场占有率较低，在1%左右波动。

表1-33　RCEP国家服务业IFDI市场占有率指标

RCEP国家国内服务业市场在国际服务业投资市场上所占份额（%）				
国家	2016年	2017年	2018年	2019年
中国	9.511	12.626	9.143	14.680
日本	0.621	−0.125	−0.152	1.093
韩国	0.376	0.897	0.838	1.037
澳大利亚	1.499	2.176	4.346	1.250
泰国	5.462	6.968	5.352	7.694
印度尼西亚	0.240	0.241	0.065	0.036
马来西亚	0.414	0.485	0.117	0.292

续表

RCEP国家国内服务业市场在国际服务业投资市场上所占份额（%）				
国家	2016年	2017年	2018年	2019年
菲律宾	0.016	0.027	0.146	0.004
越南	−0.011	0.034	0.025	0.028
新加坡	0.610	0.990	0.728	0.885
文莱	0.007	−0.001	−0.006	0.001
柬埔寨	0.001	0.002	0.002	0.006
老挝	0.002	0.001	0.003	0.001
缅甸	0.009	0.006	−0.004	0.000

注：缺少新西兰服务业 OFDI、IFDI 流量数据。

从表1-33可以知道，在RCEP国家中（除新加坡），中国的服务业市场在吸引外商投资上具有很大优势，2019年世界对服务业的投资资金中有14.68%流向了中国市场，中国的服务业市场具有很大活力。日本和韩国的服务业投资市场对世界投资者的吸引力较低，2019年这两个国家市场的市场份额分别是1.09%和1.03%。澳大利亚的市场占有率在1%～4%之间波动，竞争力略高于日本和韩国。

在东盟10国中，泰国的市场占有率最高，在RCEP国家中也是仅次于中国的存在，2019年其市场占有率达到7.69%，服务业投资市场发展潜力较大。其余国家中，印度尼西亚、马来西亚、新加坡的市场占有率较高，2016—2019年平均市场占有率大于0.1%，剩下的国家市场占有率都低于0.1%。

三、中国服务业FDI开放的政策建议

RCEP的签署扩大了服务业投资领域的市场准入，将会创造一个更加稳定、开放、透明、便利、可预期的投资环境。在此背景下，中国在服务业FDI将面临更大的机遇与挑战。因此本文提出以下建议：

首先，中国需要继续推动投资便利化。一方面，中国要继续减少投资准入限制，进一步开放服务市场，便利他国资金进入；另一方面，中国需要发挥大国作用，积极引导RCEP各成员改进服务业招商引资的法规政策，完善招商引资机制，促使RCEP成员之间在投资领域减少隔阂和摩擦，确保投资可以顺利在RCEP各成员国之间流动。除了在政策上推进投资便利化，还需要在实际操作上降低投资限制，如推进无纸化、科

技化、智能化的投资手续在各国间开展，制定统一规范，降低准入门槛，促进企业投资在RCEP成员间顺畅无阻。

其次，中国需要优化服务业OFDI结构。中国需要根据不同RCEP国家的特点采取不同的投资策略。中国可以适当增加对那些服务业IFDI发展水平低于世界水平的国家（RCA指数小于1）、市场占有率较小的国家的投资，如文莱、缅甸、老挝等国家。这些国家的服务业发展较落后，相较那些更成熟的服务业发达的国家具有更大的成长潜力。此外，增加对这些国家的投资有利于调整服务业OFDI结构，降低对投资目的国的过分依赖，分散风险。

最后，中国需要提高针对外直接投资的相应服务。一方面，政府可以开设与RCEP投资有关的中介部门，定期RCEP各成员的投资环境、投资现状开展专题讲座，为我国的投资者提供高效、专业的信息，降低OFDI的信息成本，该部门也可以为我国企业、机构投资者提供相关对外直接投资知识指导；另一方面，构建一个专业的信息咨询平台或网页，方便投资者从电脑、手机等终端查看，及时提供RCEP各国的法律法规知识、投资现状分析、重大项目成立以及政策颁布等信息，让国内企业有渠道快速了解投资信息，增大信息透明度，为中国企业降低投资成本。此外，政府还需要为国内企业提供金融支持，方便国内企业投融资，加快其跨国投资资金结算的速度，减少对资金流动的限制，这样才能促进中国企业"走出去"。

附录

附表1-1　世界服务业FDI情况（单位：十亿美元）

项目类型		年份				
		2016	2017	2018	2019	2020
FDI	绿地投资	833	698	982	846	564
	跨境并购	887	694	816	507	475
	总和	1720	1392	1798	1353	1039
服务业FDI	绿地投资	484	362	469	422	315
	跨境并购	398	343	470	227	221
	总和	882	705	939	649	536
服务业FDI占世界FDI比重（%）		51	51	52	48	52

数据来源：根据UNCTAD发布的《世界对外投资报告》整理得到。

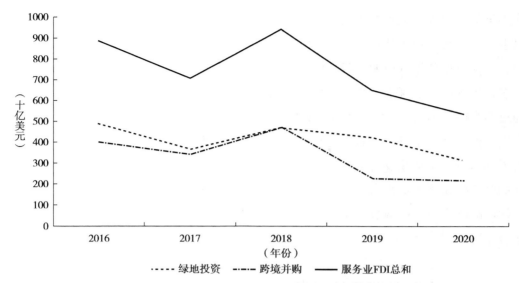

附图1-1　基于不同分类的世界服务业FDI变化趋势（单位：十亿美元）

数据来源：根据UNCTAD发布的《世界对外投资报告》整理得到。

第三节　日本服务贸易的发展经验对中国自由贸易试验区建设的启示

2020年，15个RCEP成员正式签署协定，15个RCEP成员包括东盟10国以及中国、日本、韩国、澳大利亚、新西兰。事实上，RCEP成员中，"东盟+1" FTAs一共有5个，其中，涉及东盟-新澳、东盟-中国、东盟-韩国、东盟-日本、东盟-印度协定，而又有三个"东盟+1" FTAs专门签署了《服务贸易协议》（东盟-新澳、东盟-中国、东盟-韩国），从协定中所覆盖的国家来看，中日韩三国由于历史等原因尚未达成中日韩自贸区谈判，因此，中日韩三国作为亚洲乃至世界重要经济体积极参与到RCEP的建设中，是RCEP签署的最大价值所在之一。在当前单边主义和贸易保护主义有所抬头的趋势下，RCEP的签署充分表明中日韩三国支持多边主义和贸易自由化，将进一步推动中日韩自由贸易区的谈判进程。中日韩三国企业将在RCEP框架下深化交流与合作，寻找更多商机，推动三个国家的国际化业务发展。

与中国毗邻的日本在服务贸易领域的发展经验对中国服务贸易的完善升级有一定的借鉴意义。以下从城市和港口的视角，围绕日本大阪、名古屋和东京三个主要港口城市发展服务贸易的经验进行总结。日本的大阪，名古屋和东京分别是日本主要的工业区阪神、中京和京滨的核心城市，也是日本主要的对外贸易港口，这三个主要城市作为近畿、中部与关东的主要城市，可以说是日本服务贸易转型中的缩影，在服务贸易发展中各自呈现出特点与经验。大阪旅游业发达，通过制造业推动批发零售业的发展，并通过聚焦细分行业的竞争优势推动服务贸易发展；名古屋依托强势的汽车工业和名古屋港的科学管理，为服务贸易奠定基础；东京不但是国际金融中心之一，而且通过两次筹办奥运会，大力提升自身服务业水平，依托东京湾区的转型实现产业升级。中国目前二十一个自由试验区都是基于在城市层面进行的划分，因此通过从大阪、名古屋和东京的服务业发展特点入手，探讨日本服务贸易发展经验对中国自由贸易试验区的服务贸易开放带来启示。同时，日本大阪、名古屋和东京三个主要港口城市的协同发展战略也可对中国长三角区域一体化和粤港澳大湾区的区域协同起到一定的经验借鉴作用。

一、日本服务贸易的发展特点

作为中国的邻国，日本是一个拥有众多港口的岛国，它依托港口的地理优势，吸引了相当数量的相关产业，形成产业集群，促进了日本区域经济的发展。1970年以后，日本原有的工业带趋于饱和，为寻求更多资源与劳动力，工业开始呈现南北分散的趋势，东京的产业也从传统工业向金融、信息和服务等高附加值服务业转型。进入1980年后，为了提高港口的国际竞争力，日本政府的产业政策也从单纯发展临港重工业向发展现代服务业转变，其制造业在世界贸易中显示出明显的竞争优势。

（一）日本服务进、出口规模变化

如表1-34和图1-34所示，2010—2019年，日本服务进、出口规模呈现增长趋势，整体出口额增长率要高于进口额增长率，且贸易逆差呈现出一直缩小的特点，2019年日本服务贸易由贸易逆差转为贸易顺差。

表1-34　2010—2019年日本服务进、出口规模变化

年份	服务进出口总额（百万美元）	出口		进口		顺差（百万美元）
		数额（百万美元）	环比增长率（％）	数额（百万美元）	环比增长率（％）	
2010	299118	134414		164704		-30290
2011	316486	140827	4.77	175659	6.65	-34832
2012	321641	136939	-2.76	184702	5.15	-47763

续表

年份	服务进出口总额（百万美元）	出口		进口		顺差（百万美元）
		数额（百万美元）	环比增长率（%）	数额（百万美元）	环比增长率（%）	
2013	306097	135227	−1.25	170870	−7.49	−35643
2014	356213	163790	21.12	192423	12.61	−28633
2015	341224	162637	−0.70	178587	−7.19	−15950
2016	361990	175807	8.10	186183	4.25	−10376
2017	379916	186879	6.30	193037	3.68	−6158
2018	394375	193537	3.56	200838	4.04	−7301
2019	408642	205057	5.95	203585	1.37	1472

数据来源：WTO数据库，https://data.wto.org/。

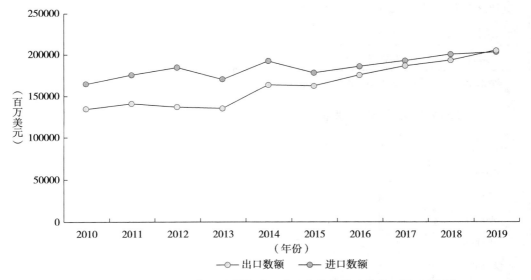

图1-34　2010-2019年日本服务进、出口变化趋势（单位：百万美元）

数据来源：WTO数据库，https://data.wto.org/。

（二）日本分服务部门的进、出口特征

日本不同服务部门的进出口情况差异较大，如表1-35所示。运输、旅游、专利权使用费以及其他商业服务部门在日本服务进、出口中都占有较高比重。从2010年与2019年的数据对比来看，日本运输服务部门的出口占比变化最大，所占比重从2010年的32.18%下降低到2019年的13.21%，下降了18.97%；运输服务部门的进口占比变化最大，所占比重从2010年的30.08%下降到2019年的17.84%，下降幅度为12.24%。

表1-35　2019年日本分服务部门进、出口规模及比重变化

	出口			进口		
	金额（百万美元）	占总服务出口比重（％）		金额（百万美元）	占总服务进口比重（％）	
	2019年	2010年	2019年	2019年	2010年	2019年
运输	26222	32.18	13.21	34100	30.08	17.84
旅游	45224	10.06	22.78	21095	18.05	11.04
建筑	10611	8.11	5.35	7446	5.11	3.90
保险	2488	0.97	1.25	8326	4.40	4.36
金融	13785	2.75	6.94	8042	2.04	4.21
计算机及信息	6729	1.36	3.39	19868	2.98	10.40
专利权使用费	46726	20.33	23.54	25848	12.16	13.53
其他商业服务	45791	24.14	23.07	65643	24.57	34.35
个人文化及娱乐	932	0.11	0.47	730	0.61	0.38
总计	198509			191098		

数据来源：WTO数据库，https：//data.wto.org/。

（三）2018年日本服务进出口的主要贸易伙伴（总商业服务）

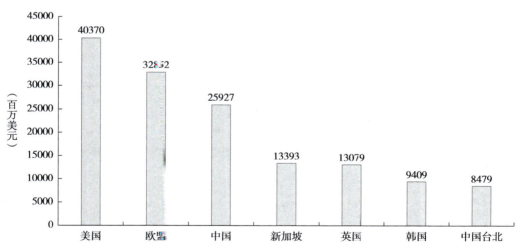

图1-35　2018年日本服务出口的主要国家和地区（单位：百万美元）

数据来源：WTO数据库，https：//data.wto.org/。

从图1-35和图1-35可以看出，日本服务进、出口的主要国家和地区为美国、欧盟、中国、新加坡、英国、韩国等，其中，美国和欧盟是日本服务进、出口最为重要

的贸易对象，2018年日本对美国和欧盟的出口额分别是403.7亿美元和328.52亿美元，进口额分别是598.66亿美元和412.53亿美元。

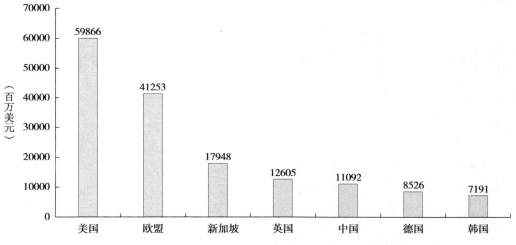

图1-36　2018年日本服务进口的主要国家和地区（单位：百万美元）

数据来源：WTO数据库，https://data.wto.org/。

（四）日本服务贸易盈余情况

从数据上可以看出，在服务贸易领域日本呈现出逆差问题。进入21世纪后，日本施行各种政策扶持国内服务业的发展。日本的服务贸易不断发展，步入增长轨道，虽然日本服务贸易从整体来看，依旧没有摆脱逆差状态，但从2013年到2019年日本服务贸易逆差规模不断缩小，直至2019年，日本服务贸易逆差值达到-11.72亿美元，如图1-37所示。

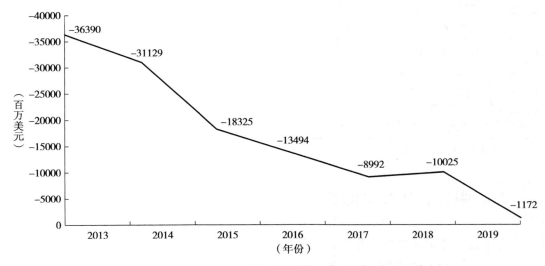

图1-37　2013—2019年日本服务贸易进出口差额（百万美元）

数据来源：WTO官方网站。

2015年，日本旅游服务出口额首次超过了进口额，尤其体现在个人旅游方面，为89.62亿美元，2018年，日本旅游服务贸易总顺差额已经达到218.8亿美元，如表1-38所示。

表1-38　日本2013—2019年旅游服务进出口差额（百万美元）

旅游差额	2013年	2014年	2015年	2016年	2017年	2018年	2019年
旅游	−6706	−419	9006	12194	15865	21880	24129
商业旅游	−252	−13662	44	−266	−100	44	/
个人旅游	−6454	−20	8962	12460	15966	21836	/
教育相关旅行	/	−12035	322	880	1343	1727	/
其他（个人）旅游	/	266	8640	11580	14622	20110	/
旅游相关服务	−15323	20829	4047	7529	11194	17161	/

数据来源：WTO官方网站。

从日本其他服务贸易项目的进出口差额情况来看（2013-2019年），其中顺差数额最大的是知识产权使用费，2013年就已经实现顺差，且每年稳定增长，从2017到2019年的三年平均增幅约15%，其次是建筑服务，2019年顺差额也十分可观，为31.65亿美元，如表1-37所示。

表1-37　日本其他服务贸易项目的进出口差额情况（2013—2019年）（百万美元）

其他商业服务差额	2013年	2014年	2015年	2016年	2017年	2018年	2019年
其他商业服务	−14634	−14600	−14652	−11420	−10165	−13677	−8839
建筑服务	2163	847	2503	1913	2165	1079	3165
知识产权使用费	13753	16520	19421	19027	20359	23745	20878
个人、文化和娱乐服务	−971	−378	−632	−572	−170	−30	202
视听及相关服务	−773	−306	−470	−463	−30	−132	15
其他个人、文化和娱乐服务	−198	−72	−163	−109	−139	101	187

数据来源：WTO官方网站。

二、中日服务贸易的合作情况及趋势分析

在中日服务贸易合作不断深化的情况下，日本对中国服务贸易实现了顺差，尤其体现在旅游、其他服务和运输业中。作为亚洲两个重要的经济体，中日两国在经济与

贸易方面的合作举世瞩目，随着服务贸易在国际贸易中的比重和重要程度的提高，中日两国在服务贸易领域的合作将是互利共赢的举措。

依据OECD双边服务贸易数据库，中日双方相互出口的服务贸易规模呈现出不断增长趋势，其中，中国对日本近三年（2017—2019年）服务贸易出口额平均增幅为5.1%，日本对中国则为12.6%，几乎是中国的2倍。就双方服务贸易的整体情况而言，日本对中国的服务贸易是顺差状态，且顺差在不断扩大，而中国则处于逆差态势，如表1-38和图1-38所示。

表1-38　中日两国服务贸易合作情况（2014—2019年，百万美元）

年份	2014	2015	2016	2017	2018	2019
中国对日本服务贸易出口额	11792.3	10803	10480.6	10001.4	11201	11969.6
日本对中国服务贸易出口额	16447.7	19773.1	20850.7	22795.9	26109.9	28911.6
日本对中国服务贸易出口净额	4655.5	8970.2	10370.1	12794.6	14908.9	16942

数据来源：OECD数据库。

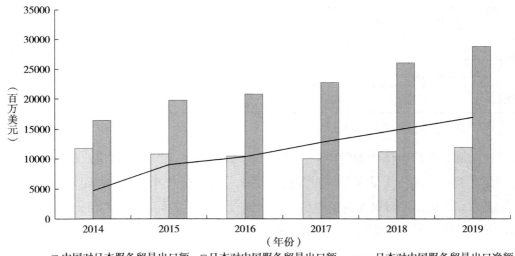

图1-38　中日两国服务贸易合作情况（2014-2019年）

数据来源：OECD数据库。

如表1-39和图1-39所示，为进一步考察日本对中国服务贸易顺差的原因，依据日本银行（Bank of Japan）公开发布的数据库进行分析后，发现日本对中国服务贸易的出口部门中，旅游出口规模居于首位，其次是其他服务部门，第三位是运输服务部门。2019年日本对中国旅游出口达到183.58亿美元，占总出口额的58.2%，其他服务贸易细分，主要是知识产权使用费，其他商业服务，以及电信、计算机和信息服务。

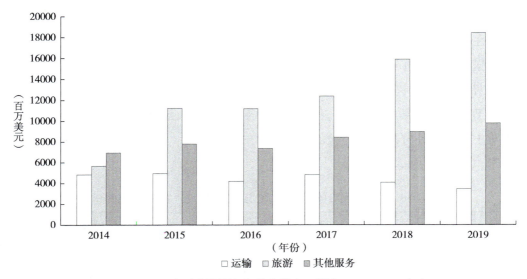

图1-39　日本对中国服务贸易分类出口额（2014—2019年）

数据来源：日本银行（BOJ）网站。

表1-39　日本对中国其他服务出口总额的前三项（2014—2019年，百万美元）

年份	2014	2015	2016	2017	2018	2019
知识产权使用费	4554.1	4899.2	4489.2	5331.4	5942	6251.2
其他商业服务	1744.1	2057.6	1881.4	1986.6	2013	2105.9
电信、计算机和信息服务	154.7	190.4	292.4	414.8	310.62	394.1

数据来源：日本银行（BOJ）网站。

在运输方面，中国作为日本最大的进出口贸易伙伴，二者在运输业领域的合作不断加深。其中，名古屋港是日本对外贸易第一大港，根据名古屋港管理官网数据，中国是名古屋港进出口量最大的合作伙伴，两国在进出口方面的合作密切，且增幅很大，2020年前6月，名古屋港与中国的出口和进口分别有88.2%和86.1%的增幅（据名古屋港管理官网数据统计）。

虽然中日两国在服务贸易上的合作是日益密切的，但是日本对中国的服务贸易顺差也在不断扩大，尤其体现在旅游业、其他服务业和运输业方面。作为亚洲的贸易伙伴，中国在服务贸易方面可以借鉴日本服务贸易的一些发展经验，进一步推进自贸试验区服务业开放与服务贸易发展。

2018年5月，正式签署《关于中日第三方市场合作的备忘录》，中日双方就服务贸易领域的合作达成一个初步共识，日本政府将两国在第三方基础设施建设领域中的合作视为重点，对"一带一路"建设则采取了相对务实的态度。

2020年11月15日，RCEP领导人会议举行，随后正式签署《区域全面经济伙伴关系协定》。RCEP为中日经济发展、服务贸易互补，以及中国的物流、金融、高端制造等领域转型都带来了机遇。

虽然中日服务贸易存在很多的积极意义，但是也不能忽视其中隐含的问题。在政治方面，中日双边关系敏感，日本对中国依旧缺乏信任，虽然与中方签署了关于第三方基建设施的合作协议，但是日本对"一带一路"倡议采取了多角度对冲的措施，因此，中日双方未来的合作依旧需要观察与协商。在技术方面，中日在技术话语权上存在着争议，中日第三方合作从泰国国内的高速铁路项目开始，究竟以中日双方哪一方的基建标准为主却存在着争议。在货币方面，中日两方都倾向于使用己方的货币，中国希望通过此次合作来扩大人民币在国际贸易、投资和支付的使用程度，稳步推进人民币国际化发展，而站在日方的角度，与中方考虑的一样，势必带来分歧。因此，中日双方的合作是机遇伴随着挑战共存的，还需双方在未来进一步沟通和商榷。

三、日本大阪、名古屋和东京的服务贸易发展经验

日本的大阪，名古屋和东京是日本主要的工业区阪神，中京和京滨的核心城市，也是日本主要的对外贸易港口。作为日本近畿、中部和关东地区的主要城市，在一定程度上它们是日本服务贸易产业转型升级的缩影，可以体现日本在发展服务贸易的特点与经验。

（一）大阪服务业和服务贸易发展特点

1.大阪服务业发展特点

大阪地处日本关西地区，是阪神工业区的核心区域，大阪的旅游业和建筑服务业十分突出，另外大阪的证券交易也有着良好的国际声誉。其服务业发展特点如下：

（1）依靠地理优势带动旅游业与相关服务业发展

大阪是关西地区最大的城市，也是大阪都市圈的中心城市，得益于交通的便利，大阪对外拥有国际机场和港口，对内连接了奈良、京都、神户等城市，是关西地区的枢纽，这种地理的优势助长了大阪的旅游业与相关服务业的发展。日本在旅游业方面推行了"观光立国"的政策，日本政府2018年推出的民俗新法中，大阪是唯一的一个可以全年经营民宿的城市，这对大阪的旅游业起到了推动作用。2019年，G20峰会在大阪举行，此外，大阪市也将在2025年召开世博会，这两次大型活动将促进大阪的旅

游业和商业持续发展。

如表1-40所示，通过JNTO日本政府观光局数据库整理可以看出，世界各地游客到日本旅游时，除了首都东京，大阪的访问率高达38.6%，便可以体现这种受欢迎的程度，与旅游业相关的产业如运输业、餐饮业与零售业等也因此蓬勃发展。

表1-40 2019年日本三大城市旅游都道府县访问比率

都道府县	访问率（%）
东京都	47.24
大阪府	38.60
爱知县（名古屋市）	9.02

资料来源：整理自JNTO日本政府观光局数据库。

（2）夯实制造业竞争优势，为服务业奠定基础

大阪市作为大阪都市圈的经济中心，拥有坚实的制造业基础，第二次石油危机后，日本的出口产业转向海外，大阪制造业被迫转型升级。大阪一方面开始注重产业技术的创新研发，另一方面依托大阪制造业的聚集效益和竞争优势，大力发展批发和零售行业。

如表1-41所示，从大阪府县政厅最新统计数据整理中可以看出，大阪府在2018年的经济活动中，批发、零售业府内生产值排名第一，这得益于日本在制造业的竞争优势派生了大量服务需求。另外，大阪的金融、保险业，信息通信业，运输、邮递业等服务业依托制造业也十分发达。

表1-41 大阪府2018年主要经济活动的府内生产值

产业部门	府内生产值（亿日元）
制造业	7162270
建造业	1643250
批发、零售业	7563117
运输、邮递业	2240479
住宿、饮食服务业	991569
信息通信业	2240921
金融、保险业	2413155

资料来源：数据根据大阪府县政厅统计数据整理。

（3）金融证券行业另辟蹊径，寻找突破口

大阪的证券行业与东京相比，更加重视证券衍生服务市场，如证券选择交易、股指期货交易等，其中大阪的股指期货交易占日本的七成，同时，大阪证券交易所还积极与国际知名的交易所合作，2016年，日本大阪交易所就引入中国股价指数期货交易，加强与中国的合作。

2.大阪的服务贸易发展经验

（1）采取多元素组合的方式推进服务业发展，促进服务贸易转型升级

大阪不但实行了让制造业带动服务业发展的策略来促进服务贸易的转型升级，而且在服务业内采取多元素组合的方式，从而实现多个服务贸易的发展。例如，大阪是著名的旅游观光城市，就得益于它将旅游、零售与文化产业深度组合，打造了观光文化产业，用服务业的融合提高服务贸易出口附加值。

（2）聚焦细分行业的竞争优势，推动服务贸易发展

东京无疑是信息提供、新闻等具有高度聚集倾向行业的中心，因此，大阪的同类行业就另辟蹊径着眼于服务对象，主要是将本地的产业作为客户，提供一些专业化的支持性的服务。而对于像律师、会计和审计等事务所本身就属于间接业务支持的服务行业，大阪因为关注服务的地域，所以成为这类行业的第二中心。大阪更加注重细分行业内的竞争优势，通过在细分行业内的专业化，增强自身的特有服务业优势，并积极探索加盟等经营形式。

（二）名古屋的服务业和服务贸易发展特点

1.名古屋的服务业发展特点

名古屋是日本中部地方的经济中心和交通运输的枢纽，名古屋经济圈产业均衡发展。名古屋所在的东海地区制造业，尤其是汽车工业十分发达，名古屋所在的爱知县制造业出货额三十年蝉联日本榜首。此外，名古屋港管理科学带动了名古屋服务业发展。

（1）以汽车工业为核心的制造业支撑，推动名古屋服务业发展

汽车工业是日本主要的出口产业之一，也是名古屋的制造业核心，名古屋的临港产业十分发达，不但拥有丰田、三菱等汽车制造企业，也有索尼、富士通等电器机械企业，推动了名古屋都市圈的经济增长。名古屋的运输业也因此发达起来，以名古屋为圆心，在半径70公里范围内，共有50多个中小城市，这些城市通过铁路、公路同名古屋保持密切联系。而名古屋港也得益于制造业的支撑和物流运输业的发达，在货物吞吐量和贸易额上增速明显。

根据名古屋港管理官网的2020年前6个月数据可以明显看出，汽车整车和零部件

是名古屋港出口的主要货物，而液化天然气，铁矿石等制造业原材料则是进口的主要货物。

（2）名古屋港作为综合性港口，带动服务业发展

名古屋是日本的五大国际港之一，自21世纪以来，名古屋的货物吞吐量连续10年蝉联日本榜首。此处用日本国土交通省的数据库整理作为对比，2018年日本港口装卸货物量排名中，名古屋港排名日本第一，总货物量为19659公顷，东京与大阪分列第7与第9。由此可见，名古屋在装卸货物量具有优势，如表1-42所示。

表1-42 日本2018年港口装卸货物量排名

排名情况	所在地	港湾名	总货物量（公顷）
1	爱知县	名古屋港	19659
7	东京都	京滨（东京）	9154
9	大阪府	阪神（大阪）	8433

资料来源：数据根据日本国土交通省数据库整理。

作为一个综合性的港口，名古屋港集合集装箱、汽车和散货业务为一体。名古屋港有5个集装箱码头，飞岛码头有南、北和南侧集装箱码头，还有NCB和锅田码头，按照各自的堆存能力、堆场面积和集装箱设备进行装卸作业，吞吐量都十分可观，如表1-43所示。

表1-43 名古屋港港口集装箱码头管理

	飞岛码头 北集装箱码头	飞岛码头 南集装箱码头	NCB 集装箱码头	锅田码头 集装箱码头	飞岛码头 南侧集装箱码头	总计
堆存能力（TEU）	2862	4376	5125	6768	5008	24139
堆场面积（平方米）	171105	227772	288379	550316	361549	1599121
冷冻箱插座（个）	110	135	189	288	240	962
集装箱桥吊（台）	3	6	4	8	6	27
2019年吞吐量（TEU）	220300	342017	531387	1138132	610225	2842061

资料来源：源自名古屋港管理。

2.名古屋服务贸易发展经验

（1）发达的制造业和临港产业推动服务贸易发展

名古屋服务贸易的发展离不开制造业的支撑，以名古屋所在的爱知县为代表的日本中部地区制造业发达，尤其汽车制造业、零配件生产和钢铁产业，其不断深化技术，提升劳动生产率。2005年爱知县召开了世界博览会，也可以验证其制造业的优势。

随着产业结构的不断优化，名古屋对专业服务的需求不断产生，为企业提供服务的金融、运输和信息等第三产业迅速发展，多余的劳动力业从制造业流向服务业。服务业开始崛起，而临港产业链业和物流体系也因此壮大起来，推动港口服务贸易不断发展。

（2）科学规划港口布局，创新试点"地主港"模式

名古屋港的布局非常合理，采用港口码头集约式的模式，让名古屋形成高效的物流链，为港口物流运输提供了坚实的保障。我国港口的规划与布局缺乏集约式发展的理念，容易使码头与产业布局不匹配或丧失港口核心竞争力。

名古屋港尝试探索"地主港"模式，由名古屋港管理统一开发管理港口及后方海域与陆域的建设①，并进行招商活动，这不但充分利用名古屋码头的岸线及土地资源，而且提高了码头的使用效率，有利于政府集中精力从总体规划和法律完善角度对名古屋港进一步规划发展。

（三）东京服务业和服务贸易发展特点

1.东京服务业发展特点

东京位于日本的关东地区，是国际金融中心之一，在筹办两次奥运会的过程中，东京出台了许多政策与措施来完善自身服务业，提升服务贸易竞争力，同时，作为东京湾区的核心城市，东京的服务贸易也是伴随着东京湾区的转型一起发展的。其主要特点如下：

（1）东京作为国际金融中心之一,十分重视金融服务业

东京金融中心地位的形成离不开制造业的崛起，第二次世界大战后日本引进大量先进技术，注重贸易出口，大力发展电力、钢铁、海运领域，实现了日本经济的快速复苏，依托这些产业，包括金融服务在内的生产性服务业也开始发展起来。20世纪70年代以后，日本十分重视金融服务业，不断推进金融自由化改革，对外汇和外贸的管理法进行完善，推动日元国际化，形成了东京日元离岸金融市场，东京证券交易所也因此发展起来，并在规模上一度超过纽约证券交易所。

---

① 陈羽.名古屋港发展经验分析及对我国港口的启示[J].中国港口，2013（03）：60-63.

随着泡沫经济的破裂，东京的国际金融中心地位虽然有所下降，但其对金融服务贸易的重视程度不减，2019年，日本开始开拓数字证券业，并发展迅速，东京证券交易所在2020年初也宣布开启区块链试验项目，在数字证券领域尝试探索。

（2）东京借助两次奥运会的筹办提升服务业竞争力

日本的两次奥运会都在东京举办，东京借助两次的筹办工作，对配套基础设施进行大量投资，巩固发展自身的服务业，提升服务贸易竞争力。

为筹办1964年的东京奥运，在交通运输方面，日本投入9000亿日元构建东京立体交通网络，现今发达的东京轨道交通框架就是在当时奥运会筹办中构建的，包括代表当时世界最先进水平的东海道新干线；在旅游业方面，为应对来自世界各地的观众，东京对新大谷饭店等酒店进行整修；在电子通信方面，此次奥运会日本首次进行电视转播，东京筹建了电视墙发射器，促进了电子通信产业的发展。

日本2021年的奥运会 虽然受新冠肺炎疫情影响，但是东京在依旧在积极筹备。在交通运输方面，中央新干线正在建设中，运用磁悬浮技术链接大阪、名古屋和东京，覆盖日本三大都市圈，根据日本政府计算，其为日本的旅游相关产业带来约540亿日元的收入，大幅促进日本金融、信息技术等的发展；在旅游业方面，日本计划推出廉价航空Zipair Tokyo，推动入境旅游；在支付方式方面，出于对海外观众和疫情的双重考虑，东京的银行和便利店不但大量增设ATM，而且不断增加支持海外卡的ATM，同时推出了JPQR二维码的移动支付方式。

此外，在建筑方面，东京也在原有基础上不断投入。依据日本国土交通省数据库，2020年东京都所在的关东区域，建筑投资额排名第一，为167118亿日元，遥遥领先于其他地区，如表1-44所示。

表1-44　2020年日本的建筑投资额（单位：亿日元）

区域	投资额
近畿（大阪府）	71074
中部（名古屋）	66060
关东（东京都）	167118

资料来源：数据依据日本国土交通省数据库整理。

（3）作为东京湾区的核心城市，产业结构转型升级

作为东京湾区的核心城市，东京的服务贸易伴随着东京湾区的转型一起发展起来，东京湾区从一开始的港口经济到工业经济，再从服务经济到20世纪80年代后的注重知识产权的创新经济，将附加值较低的制造业部门迁移到边缘城市。东京作为湾区的中

心城市，从而集合了高附加值的产业，成为对外贸易、金融服务和高科技等第三产业的中心，完善了自身的产业结构。

2.东京服务贸易发展经验

（1）在推动金融服务贸易发展的同时管控风险

东京的国际金融中心地位受到了泡沫经济的影响，这与日本金融自由化进程与金融监管体系发展的不匹配有关，这导致日本未能及时发现早期的一些异常指标，最终受到严重的经济打击。而我国现行的金融改革与20世纪90年代的日本具有许多相似点，如都存在银行、证券业的分业经营限制，对资本自由流动仍存在限制等，也都在推动本国货币的国际化中不断努力。因此，在推动金融服务贸易发展的过程中，不但需要政策支持金融自由化，而且需要合理管控风险。

（2）夯实制造业竞争优势，为服务贸易奠定基础

生产性服务业发展需要以制造业为依托，因此夯实制造业的经济优势，有助于促进服务贸易的发展。第二次世界大战以后，东京制造业转型升级，其核心是与信息、金融有关的高新技术产业，政府也非常注重对制造业人才的培养，建立了产、学、研运行体系，每年都有专门针对人才培养和创新的资金投入。作为这类高端产业和人才的聚集地，东京具有明显的竞争优势，而这也派生了大量服务需求。依据东京都统计年鉴的最新数据，2020年，在东京主要制造业从业人数中，与信息行业有关的印刷出版业从业人数最多，与服务运输业有关的运输机械设备产业产值比重最大。这无疑推动了东京信息与运输等服务业发展，从而提升了东京的服务贸易竞争力，如表1-45所示。

表1-45　2020年东京的主要制造业从业人数与产值比重

行业	从业人数比重（%）	行业	产值比重（%）
印刷出版及相关行业	16.7	运输机械设备	19.6
食品制造业	12.2	电器机械	10.3
电器机械	9.7	印刷出版及相关行业	9.8
运输机械设备	8.6	食品制造业	9.6
金属制品	7.1	信息通信业	7.3

资料来源：数据根据东京都统计年鉴整理。

（3）湾区对内管理完善，对外提升整体竞争力

东京湾区内拥有横滨港、东京港和千叶港等世界级港口，各个港口之间的规划合理，成为"广域湾区"。东京湾区对内职责分明，对外作为整体提升湾区竞争力。

在法律方面，20世纪50年代，日本政府颁布了《港湾法》，政府将对全国港口的政

策与发展进行统一部署。30年后，日本进一步提出综合性港口的概念，发布了"面向21世纪的港口计划"。2008年，《京滨港综合计划》颁布，东京湾区的职能分工进一步得到优化。这体现在东京港口的在集装箱装卸量（TEU）即吞吐量方面，依据日本国土交通省数据库数据分析，东京集装箱装卸量远超其他港口，排名第一，如表1-46所示。

表1-46　日本按港口划分的集装箱装卸量（TEU）排名（2019年）

排名情况	所在地	港湾名	集装箱装卸量（TEU）
1	东京都	京滨（东京）	5007064
4	爱知县	名古屋	2844004
5	大阪府	阪神（大阪）	2456717

资料来源：数据根据日本国土交通省数据库整理。

四、日本服务贸易发展经验对上海自贸试验区、粤港澳大湾区的启示

上海自贸试验区和粤港澳大湾区是近年来中国为促进全球服务业和服务贸易发展提出的中国方案。上海自贸试验区是中国对外开放的关键，将推动新一轮的改革浪潮，而粤港澳大湾区则是中国经济发展的重要引擎。

大阪旅游业发达，通过制造业推动批发零售业的发展，并通过聚焦细分行业的竞争优势推动服务贸易发展；名古屋依托强势的汽车工业和名古屋港的科学管理，为服务贸易奠定基础；东京不但是国际金融中心之一，还通过两次筹办奥运会，大力提升自身服务业，依托东京湾区的转型实现产业升级。它们对上海自贸试验区和粤港澳大湾区的启示如下：

（一）夯实制造业基础，带动服务贸易发展

日本三大主要城市的发展都离不开制造业，利用制造业的基础，带动服务业的发展，从而促进服务贸易竞争力的提升。上海自贸试验区和粤港澳大湾区也在制造业上不断推进。2015年，上海自贸试验区的金桥片区成为"先进制造业质量安全示范区"，在示范区理念引领下，构建出口工业产品质量安全管理新机制，不断提升制造业优质发展。粤港澳大湾区推行智能制造，如美的等企业，在大湾区的工厂内投入大量研发资金，应用大数据和人工智能等技术进行制造业生产。上海自贸试验区和粤港澳大湾区应不断大力夯实和升级制造业，从而带动服务贸易发展。

（二）加强金融贸易监管与推动旅游贸易发展

东京的国际金融贸易曾有过辉煌和没落，受其警示，中国在推动金融服务贸易发展的过程中，也需要合理管控风险。上海自贸试验区在金融创新中不断推进发展，不但推出了FT账户，促进投资的便利化和金融对外开放，而且推出了人民币标价的金融产品，推动人民币国际化。但在金融创新试点和发展中，也需要合理的风险监管，关注流动性风险、交易对手信用风险等，避免引发区域性的金融风险。

日本的旅游业十分发达，不但出口顺差上不断增加，而且日本对中国的服务贸易出口中最大的一项也是旅游服务，可见日本对旅游业的重视。日本在旅游业法律完备，出台了《旅游观光基本法》来保障，并且与其他相关产业如运输、餐饮等相互促进，共同推进服务业发展。粤港澳大湾区在法律法规和基础配套措施方面存在一定的不完善，但是却拥有得天独厚的自然资源和人文要素，市场潜力巨大。如龙岗地区文化建设、深圳的游艇赛事与大湾区无障碍旅游的建设等，都将进一步推动大湾区旅游贸易的发展。

（三）管理通关监管体制，并制定负面清单"极简版"。

日本颁布了《港湾法》和针对东京湾区的《京滨港综合规划》，对其发展的政策与规划进行统一安排，使东京湾区具有明确的分工和定位。而对粤港澳大湾区而言，也应该对它的政策定位进行明确，对于其"一签多行"的政策，应统一扩大到广东全省。另外，广东负面清单模式依旧没有简化，在跨境服务等领域，依旧采取正面清单的管理模式，若能改变则有助于提升服务贸易竞争力。

（四）加强服务贸易一体化，形成人才流动综合管理平台

党的十九大报告提出，"全面推进内地同香港、澳门互利合作"，关键要以服务贸易一体化为重点推进粤港澳大湾区建设，并带动泛珠三角"9+2"的合作进程。目前，粤港澳大湾区与世界级湾区的发展水平相比依旧有一定的差距，主要在于大湾区服务贸易发展的不均衡，其中，广东的服务贸易发展水平落后于港、澳地区。

另外，在经济发展过程中，人才的重要性不言而喻，东京湾区对此非常重视，创立了专业的人才协作平台，并赋予大学与研发机构更大的行政权力，推动湾区经济的创新发展。粤港澳大湾区也应该重视并解决人才在跨境时重复征税等问题，降低中国港澳地区企业在大湾区的进入门槛，可以对符合基本条件的中国港澳地区普通居民进行覆盖，并对其放宽一定的执业范围。

第二章　上海自由贸易试验区建设与城市数字化转型[①]

第一节　引言

上海自由贸易试验区（简称上海自贸试验区）自2013年获批建设以来，在国际贸易、金融、投资等方面取得了重要的成绩，为全国其他自贸试验区的发展与建设起到了良好的引领示范作用。近年来，城市数字化建设逐步成为全球城市转型的重要路径，上海作为中国乃至世界金融中心，在城市数字化转型方面已进行了许多尝试与探索，尤其在政务数字化、治理数字化、产业数字化和生活数字化等方面取得了卓越的成绩。

本章以上海自贸试验区建设与城市数字化转型的互动互进为主题，希望探索出有效发展路径：通过城市数字化转型助力自贸试验区进一步发展，同时借力自贸试验区红利进一步推进上海城市数字化转型。

在人类文明发展进程中，城市这一载体被创造出来并被视为人类文明最伟大的创造物。而如何让城市持续保持健康和高质量的发展，让处于城市这个复杂系统里的每个群体都过上美好生活，是现在每个城市都值得关注的问题。城市数字化转型能够帮助实现城市现代化管理及城市的可持续发展。国外发达国家已有丰富的城市数字化转型经验，数字城市的管理体系也比较完善和系统。我国城市数字化转型还处于起步阶段，在经济数字化快速发展的同时，城市数字化发展还存在许多考虑不足的问题。随着城市建设的逐步推进，借助信息技术的发展，数据信息量也呈现出指数型增长趋势，同时信息传输方式的不断变化，传统的城市建设模式已经不能满足数字城市建设的要求，这主要体现在缺乏顶层设计和完善的城市管理体系、缺乏高素质的数字城市建设管理人才和管理评价体系等方面。

从"十四五"规划中可以看出，数字革命的战略机遇不容错失，同时，云计算、人

---

① 陈华，理学博士，上海对外经贸大学副教授。研究领域包括国际商务、贸易与区域经济发展。在《国际商务研究》《甘肃社会科学》等期刊发表论文；主持上海市人民政府发展研究中心决策咨询课题、参与国家社会科学基金项目等多项课题。承担本章的撰写工作。

工智能、大数据、区块链等技术发展日益成熟，人类社会将进入数字革命时代，数字化发展也将改变人类社会[1]。数字化转型正成为数字新基建与城市运行深度融合的新实践。在信息科技技术高速发展背景下，数据日益成为核心生产要素。在刺激投资的同时，数字基础设施的建设极大地打破了行业之间的时空限制，减少了繁琐的中间程序，在提高生产效率的同时，创造了更多的就业机会。数字化和智能化成为经济发展的主题，带动了城市数字化转型。以数字化转型驱动城市的生产方式、生活方式和治理方式的转型，全面提升数字时代的城市核心竞争力成为新一轮焦点。当前，能否抓住数字时代的机遇，全面推动城市数字化转型，成为国内一线城市及其他城市新一轮的发力点和博弈点。

2020年初，新冠肺炎疫情的暴发给"数字化转型"按下了快进键。丰富的数字化应用快速进入了各行各业，让所有的行业人员意识到了数字化的现实意义。在疫情防控的关键时期，如何有效利用数字化技术，提升城市治理效能和治理水平，成为国内城市面对的共同"考卷"。智慧城市规划和建设是城市实现迈向数字时代的有力抓手，国内城市通过"数字化转型"进行新一轮智慧城市的规划和建设。城市数字化转型体现在方方面面，城市治理、数字化办公、产业发展等方面亟待转型，最终完成城市的数字化转型升级和可持续发展。

全球各国政府在数字战略方面积极推进，其中，超过170个国家通过出台数字化发展战略来布局科技与经济发展，推动数字化变革，以抢占未来发展先机[2]。欧盟在2016年推出《欧洲工业数字化战略》，力图加快发展欧洲工业数字化发展，通过数字化转型提高欧盟各国的核心竞争力。2016年，美国特朗普政府公布《国家人工智能研究与发展战略计划》，加快人工智能产业发展。2017年下半年，俄罗斯通过《俄罗斯联邦数字经济规划》。2020年，中国共产党中央委员会通过《中共中央关于制定国民经济和社会发展第十四个五年规划和二〇三五年远景目标的建议》（简称《建议》），提出加快数字化发展，建设数字中国，迎接数字时代。该《建议》自发布以来，得到了全国各地城市的积极响应，各地城市一方面以城市数字化转型为抓手，贯彻落实国家战略；另一方面推进省域层面数字化改革，对城市进行系统性规划，为其他城市的数字化转型提供了宝贵的指导意见，并明确了发展路径。

"十四五"规划强调了数字化发展进程必须加速推进，国内各大城市竞相发力抢抓数字变革的机遇，突破自身局限，打造具有新优势的城市战略布局，以数字化驱动城市生产方式、生活方式、治理方式的重塑，提升了城市的核心竞争力。自2021年以

---

[1] 华为技术有限公司，上海智慧城市发展研究院. 城市数字化转型白皮书. 2021.

[2] 政务：中国测绘学会，2021.05.

来，上海、深圳和浙江等地陆续出台了相关的数字化发展政策，为促进城市数字化转型作出了典型示范。2021年初，上海市发布了《关于全面推进上海城市数字化转型的意见》，意见中提到上海作为全国一线城市，人口多、交通流量大、功能密集，要提高城市治理能力，促进特大城市现代化治理能力，需要全面推进城市数字化转型。面对城市发展新机遇，要牢牢把握发展势头，夯实基础，努力开创上海发展的新时代新奇迹。几乎同一时间，深圳市发布了《深圳市人民政府关于加快智慧城市和数字政府建设的若干意见》，提出要顺应数字时代发展潮流，大力发展数字经济，加快数字政府和智慧城市建设。促进深圳数字化整体转型，把深圳打造成为全球新型智慧城市标杆[1]。2021年春节后的第一个工作日，浙江省委召开会议全面部署了浙江省数字化改革工作。作为省会城市的杭州，要率先以数字变革驱动创新发展，以经济领域的数字化改革扩展至政府服务和社会治理领域，充分激发体制活力，率先建成"整体智治示范区"和数字变革策源地，推动"数字浙江"迈进新阶段。

上海作为中国乃至全球的经济金融中心，必将顺应数字时代潮流，抓住数字技术产业变革的机遇，加快城市数字化转型；而上海自贸试验区作为中国自贸试验区建设的引领和示范，将基于城市数字化建设进一步发展自贸试验区。本章通过上海数字化城市建设的现状结合上海自贸试验区发展的优势与特色认为，上海数字贸易全产业链构建和数字金融产业的优势聚焦将成为推动上海自贸试验区进一步建设与城市数字化转型的融合点，从而助力经济持续发展。

第二节　上海的城市数字化建设现状

一、经济数字化

（一）数字产业化发展现状

数字产业化发展主要体现在四个方面：电子信息制造业发展状况、电信业发展状况、软件业发展状况和互联网业发展现状。在电子信息制造业方面，上海五大高技术产业工业总产值中电子信息制造业总产值占比46.8%，位居第一。2020年，上海市信息产业增加值为4524.85亿元，比上年增长10.5个百分点。其中，信息服务业增加值达到3250.74亿元，同比去年增长了13.5%。按照《上海促进电子信息制造业发展

---

[1]　许旭.推进城市数字化转型应把握五大关键[N].通信产业报，2021（05）.

"十三五"规划》指示，2025年，上海市预计在技术、业态、产业模式三大创新与产业链生态建设等重点领域方面领先全国，并发展成为电子信息制造业创新与产业化基地，成为影响国际市场的示范性基地。在大规划的带动下，上海市电子信息制造业也取得了切实的成效，截至2021年9月，上海市电子信息制造业在上海五大高技术产业工业总产值构成中占比高达46.8%[①]，位于主导地位，其中，电子及通信设备制造业贡献比值最大（如图2-1所示）。

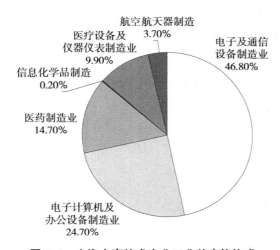

图2-1　上海市高技术产业工业总产值构成

数据来源：上海市经济信息委员会。

在电信业方面，上海市固定宽带千兆基本实现全覆盖，固定宽带平均下载速率首次超过50Mbps，成为全国首例。上海已累计建设完成将近8万多个室外、室内5G站点，截至2021年8月，上海市增值电信业务跨地区企业有2600家[②]。千兆网络新时代正在全球范围内推广，中国宽带网络建设取得了卓越成效，以5G网络的先发优势，在移动通信领域领先国际。作为5G基站建设的主力军，上海铁塔从2018年到2019年底仅仅接近两年时间实施落地1.7万个5G基站。[③] 且在2020年更上一层楼，一年时间内15837个5G基站建成并落地实施，累计建成32038个5G基站，此外，还建成5G室内小站37648个，总共有51560个5G室内小站建成运营[④]，为5G商用打下了牢固的基础。公开数据显示[⑤]，上海在2019年已经实现中心城区和郊区重点区域连续覆盖，并取得超

---

① 上海市经济和信息委员会，2021.09.

② 《国内增值电信业务许可情况报告》

③ 中国通信院每日ICT要闻（caict.ac.cn），2021.04.

④ 中华人民共和国工业和信息化部，2021.09.

⑤ 数据来源：《上海市5G网络及用户感知测评报告（2019）》

300Mbps平均下载速率、重点区域下载超800Mbps的优秀成绩。据上海市经济和信息化委员会数据显示①，截至2020年第三季度，上海固定宽带千兆已经覆盖960万户家庭，几乎覆盖全市99%家庭。此外，2020上半年，全国固定宽带平均可用下载速率超过50Mbps的城市仅上海市（固定宽带平均可用下载速率达50.32Mbps）。

在互联网业务方面，上海互联网业务收入发展位居全国省市第三。由我国工信部最新数据得到②，2021年1—10月，上海互联网业务累计收入位居全国第三，增长了36.5%，仅次于北京（增长29.6%）和广东（增长11.8%），前三个省市加上浙江（增长17.7%）和江苏（增长3.7%）共同完成互联网业务收入10419亿元，其中，上海市增长最高。

在软件业方面，截至2021年10月，上海市软件和信息技术服务业相关企业1705家，软件业务收入为648€1477万元，同比增长23.6%，信息技术服务收入为46136716万元，全国省市排名第四③。

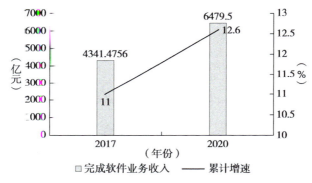

图2-2　上海市2017年、2020年软件业务收入及累计增速

数据来源：中国工信部。

图2-2是上海市2017年、2020年的完成软件业务收入和累计增速的基本变化趋势图。由上图可得，上海市软件业务的业务收入在不断上升，从大趋势上体现了上海市软件业日趋成熟，累计增速在大体呈上升趋势，体现了其软件业收入增长速率飞快。

（二）产业数字化发展现状

产业数字化主要包括三大产业，即农业、制造业（工业）、服务业三个方面的数字

---

① 数据来源：《上海"双千兆宽带城市"发展白皮书》。
② 中华人民共和国工业和信息化部，2021.09.
③ 中华人民共和国工业和信息化部，2021.09.

化，本文也从这三大方面对上海市的产业数字化现状进行了数据收集整理，并对上海市的产业数字化现状进行了浅析。

1. 农业数字化

上海市"1+N+X+数字底座"的数字农业总体架构雏形初现——上海数字农业云平台，上海市农业各领域有近6000家经营主体入网直报，进行数字生产、数字监管、打造数字供应链，实现数字农场运营①。上海数字农业云平台通过让各经营主体入网直报平台，对农产品进行安全监管、开展涉农补贴资金、数字管理种植生产过程进行网络检测和应用，实现"一图知三农、一库汇所有、一网管全程"。截至2020年11月30日，全市入网的农业生产经营主体达6286家，全市农业生产用地面积为238.72万亩，入网总面积163万亩，占比79%。全市还建立了一支人数近1200人的连接区、镇以及村的三级信息员指导员队伍来进行指导工作，确保数字农业云平台的落地实施。2020年，上海市9个涉农区有近6000家经营主体入网直报在粮食、蔬菜、瓜果、水产领域全面应用的生产作业信息系统，覆盖面积超70%，共同参与建设农产品质量安全追溯体系，共同监管全市农产品质量，用扎实的数据基础来为全市提供放心菜。

上海市各涉农区积极响应数字农业云平台的建设。目前，闵行区、嘉定区以及金山、宝山、奉贤、青浦、松江、崇明6区开展利用物联网技术进行数字监管各农产品质量，培育基层信息化指导队伍，广泛开展应用工作。

2. 工业数字化

目前，上海市已在"工业互联网平台+制造"方面，将26个引领行业的工业互联网平台培育了起来，完成了工业App3.5万个，创建了150万个数据集，打造了工业算法5500个及行业级知识图谱2700个。在"AI+制造"方面，100+智能工厂为重点培养项目。在"数字化+制造载体"方面，发布了两批40个市级特色产业园区②。

工业互联网是第二产业数字化的代表性产物，是新一代信息技术与工业经济深度融合的全新经济生态、关键基础设施和新型应用模式。近年来，上海以工业互联网创新发展赋能经济高质量发展为支点，出台《工业互联网创新应用三年行动计划（2017—2019）》《关于推动工业互联网创新升级 实施"工赋上海"三年行动计划（2020—2022年）》等引领性政策，由点及面在战略布局和产业创新等方面进行了多项布局，规划到2022年，上海通过工业互联网核心产业规模实现量的飞跃——从800亿元提升至1500亿元，进而推动实现把上海打造成全国工业互联网资源配置、创新策源、

---

① 上海市农业农村委员会，2020.12.
② 腾讯网，2021.09.

产业引领和开放合作意地质的飞跃。2020年上海市以547家工业互联网相关企业数量的成绩位居全国第三（如图2-3所示）。

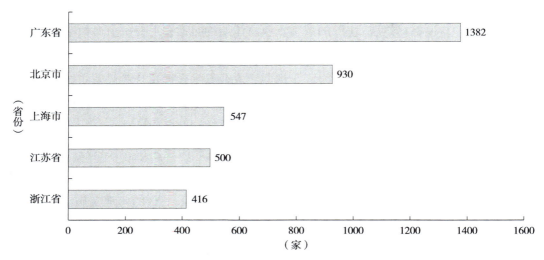

图2-3　全国各省市工业互联网相关企业数量Top5

数据来源：亿欧整理天眼查数据。

3. 服务业数字化

服务业数字化日趋必要，这不仅因为服务业领域数字经济在产业数字化工程中领先发展，而且因为电子商务、共享经济等服务业数字化的发展迅猛对数字经济增长作出的贡献巨大，还因为目前全球各国遭受"黑天鹅"事件——新冠肺炎疫情的冲击。上海市正搭建有全国影响力的直播电商平台，其电子商务交易额在2020年仍创收29417.4亿元，B2B交易额占比达60.2%，数字服务业正带动上海市数字经济快速发展。与此同时，电商平台充分挖掘供需潜力，形成庞大平台经济，是服务业产业数字化的代表行业。

上海市商务委员会致力于打造具有全国影响力的直播电商平台，进一步培育优质MCN，以推进直播电商引领在线新经济，加速上海国际消费城市建设。此外，据上海市经济发展研究报告数据显示[①]，上海市经济额在2020年受疫情影响相较2019年下降了11.4%，但电子商务交易额总额达29417.4亿元。与此同时，B2B交易额同比去年也下降了11.5%，以交易总额17697.3亿元占电子商务交易额的60.2%，其余的39.8%为网络购物交易额（含商品类、服务类交易），交易总额为11720.1亿元，同比2019年下降11.1%。

紫光旗下新华三集团数字经济研究院正式发布《中国城市数字经济指数白皮书》，从多方面综合指标客观评价了国内城市的数字经济发展水平。本节选择了四个城市——

---

① 搜狐网，2021.07.

北京、上海、广州、深圳，对其2017—2020年的经济数字化程度指数进行了比较分析，如表2-1所示。

表2-1　部分城市2017—2020年数字经济发展指数

城市	2017年	2018年	2019年	2020年
上海	83.8	89	89.8	90.5
深圳	84.9	88.3	89.2	90.2
北京	83.3	87.9	89.4	89.4
广州	83.3	87.4	88.2	89.1

资料来源：《中国城市数字经济指数白皮书》。

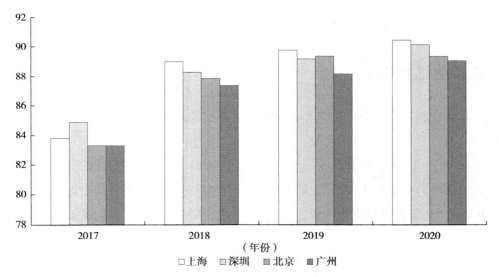

图2-4　部分城市2017—2020年数字经济发展水平指数

资料来源：《中国城市数字经济指数白皮书》。

由图2-4可得出，上海市在2017年的数字经济发展指数位列第二名，仅次于深圳，但从2018年到2020年，上海市一直位列第一名，且稳步发展，可得出上海市数字经济发展在全国处于领先地位且其数字经济发展速度在不断增长。进一步展望：第一，基于科创板推动高质量发展：数字化发展与转型需要强大的数字科技创新额能力，突出科创板重点支持新一代高新技术产业和战略性新兴产业重要平台优势，为上海市吸引更多优质新经济、高技术企业；第二，依托长三角一体化推进协同创新：协同创新产生集聚效应，上海市应发挥、整合长三角地区产业优势，推动长三角地区跨区域分工协作，实现长三角地区数字经济协同创新；第三，通过城市数字化转型稳固数字化优势：上海市拥有的数字化发展优势助力上海进行数字化转型，全市在后疫情时代变革进行数字化转型，成为企业在 AI、5G、IoT 等相关技术自主研发创新的隐形推动剂，上海市科技领域的进一步加速发展也不断稳固上海市在全国拥有的领先的数字化优势。

面对国内外环境愈发复杂的现状，上海也将面临巨大的挑战[①]。第一，从外部国际环境来看：全球数字贸易由于外部环境变化而不断产生显著变化，世界各国为抢占技术制高点，纷纷实施数字经济战略；第二，从区域经济发展来看：上海数字经济的研发与创新现在仍落后于北京市、深圳市等兄弟城市，其近5年专利信息数量虽有增长，却一直在一线城市中排名第三，还有待开发特色科技创新领域；第三，从上海自身产业布局来看：上海市属于"全而不多"，在各个产业领域里面上海都孕育出了龙头企业，但从量上面来看，不仅各类企业数量缺乏优势，而且包括龙头企业数量、大型平台型企业以及独角兽企业数量都不拔尖。

二、生活数字化

上海通过政务多平台在促进生活数字化方面已取得了较为明显的、为居民称赞的成效。

首批医疗、酒店、关老服务、交通出行4个专班的6个场景建设雏形初现，华山医院与上海联通合作建立上海首家5G智慧医疗应用示范基地，先后落地远程手术直播、远程B超及AR远程查房应用场景。市内一些试点医院为实现"便捷就医少等待"，建立医院、医护、患者的诊疗知识库和结构化电子病历，支撑就诊流程再造，实现就医数据自动关联共享。"随申办"、医保电子凭证的实名认证和就医数字信用服务也逐渐成为上海市的数字名片，实现整个诊疗过程无感支付。

目前，上海市已应用5G技术支撑上海地铁2号线、10号线和17号线之间的运营协调，保证了数据传输的稳定性[②]。相关部门打通航运、铁路、公共交通等各类出行数据，完善构建数据共享、实时互动等平台，在平台的基础上构建智能共享的智慧城市出行体系，为市民提供全新的城市出行体验。

"为老服务一键通"措施的逐步落实，民政局等融通市区各类各级为老服务资源，改造"一码一屏一机"，实现"一键就医"，满足了市民的医疗照护需求、"一键订车"满足了市民的出行文娱需求、集成政策通等高频服务满足市民的健康生活需求。2020

---

① 亿欧网，2021.01.
② 中国信通院.上海"双千兆宽带城市"发展白皮书.2020.11.

年9月底，上海市出租车统一平台——"申程出行平台"正式上线，助力全市线上运营巡游出租车，线上线下结合的"一键叫车"服务帮助老年人跨越数字鸿沟[①]。同时，数字包容的技术标准和行业规范的不断制定与完善，助推政府单位与互联网企业开展对网站和App的"适老化"改造。

"数字酒店智管家"正式启动，文旅局领头进行数字化转型，在文旅OTA（Over-the-Air Technology，OTA，空中下载技术）平台沉淀的大量基础数据上进行数据整合、互联共享场馆和景点等各类文旅数据资源，实现30秒入住自助办理，打造"'一站式'服务舒心游"，数字赋能节省大量人力成本。

第二批教育、商圈、社区、早餐、民生保障工程等5个场景建设也陆续启动，在教育方面实施"数字赋能示范校"，以数据驱动大范围因材施教、结合线上教学，构建面向大众的优质教育数字资源库，在部分中小学校试点数字教育。在商圈方面实施"数字商圈无忧购"，推动市内各步行街、线下商圈等结合线上服务打造"双线"商圈商街，推动数字人民币的广泛使用。在社区方面实施"数字社区生活圈"，构建党建统领的"15分钟社区生活圈"，相互合作、带动基层，一同建设12大类数字社区生活。在早餐工程方面实施"智慧早餐惠民心"，通过"门店+分布式智能取餐柜"在之前的现场自助购买基础上新增"网订柜取"方式，让年轻白领的早餐更有着落。在民生保障方面实施"民生保障贴心达"，各部门数据整合共享，快速瞄准特殊困难群体，精准发放社会救助、社会福利、特殊补贴等，实现自动"无感"服务。

三、治理数字化

上海市城市治理数字化的重点是打造"一网统管"体系。目前，上海"一网统管"工作正式进入全面建设阶段。政务服务"一网通办"实现行政审批事项全覆盖，截至2020年末，有3071项服务事项通过"一网通办"总门户接入办理，其中，可实现全程网办的事项占比高达83%。2020年每天平均办事17.3万件，58%为实际网办，比上年提升30%，实际全程网办率达51.9%，比上年提升41%。其中，可"一件事一次办"的事项达321个。"一网通办"系统中有高达4415.9万个人实名用户数，同比增长3.3倍，超过214万的法人用户也在其中。平台的总客服解决率达到98.8%，用户相应的满意率也达到85.8%。为应对新冠肺炎疫情的冲击，上海市推出"随申码"响应疫情防控，超

---

① 上海市经济与信息委员会，2021.09.

过4409万人积极配合使用"随申码"，据统计有超过20.8亿次的累计使用次数。[①]

建设数字中国、智慧社会的核心载体是新型智慧城市，智慧城市建设也是增强城市竞争力的重要一环。目前，评估数字化治理发展程度的关键指标就是智慧城市的建设水平。2020年，上海市智慧城市发展水平指数仍稳定增长，智慧城市发展水平指数评分为109.77，相较去年提高了3.91，这已经是上海持续增长的第七年。同时，数字治理平台还存在一些数字技术等问题需要不断改进，需要不断消除因为城市治理的数字技术应用的普惠性而面临的业务使用、数据利用两类数字鸿沟，提升应急管理体制协调性，提高数据共享程度。

第三节　上海自由贸易试验区的建设历程、特色及问题

2013年，中国政府坚定改革开放的步伐，积极创建中国（上海）自由贸易试验区（简称上海自贸试验区），将上海作为改革开放的龙头，通过一年一度的世界进口博览会做一个对接的小窗口，并通过建设上海自贸区来促进上海的离岸经济、港口经济和总部经济的发展，同时，给长江三角洲地区的经济发展以正面辐射效应，为中国经济注入活力，促进了中国经济发展。

一、上海自贸试验区的发展历程和成就

（一）自贸试验区1.0版

2013年7月3日，"上海自贸试验区1.0版"方案诞生。

上海自贸试验区设立的第一年，主要以投资管理、金融开放、对外贸易和全程监管为改革内容，自贸试验区在2013年9月份正式挂牌成立。

上海自贸试验区是第一个以负面清单的方式来对外商投资进行监管的。2013年9月，《中国（上海）自由贸易试验区外商投资准入特别管理措施》（简称《管理措施》）[②]发布实施，《管理措施》一共公布了23条与服务业相关的开放措施，取消或者降低了投资者对于部分行业投资的资质要求和限制，这些行业包括金融、航运、商贸、文化以及社会服务等。

2014年6月，为扩大金融开放的力度，上海自贸试验区自由贸易账户业务正式启

---

① 上海市统计局，2021.03.
② 中华人民共和国国家发展和改革委员会、中华人民共和国商务部.

动。自由贸易账户为企业投资、融资以及汇兑便利化提供了工具和载体。交通银行可以为客户提供专属化的服务方案，不论是境内投资者还是境外机构，只要符合条件，都可以享受国际结算、跨境人民币、贸易融资等本外币一体化的金融服务，切实体会到了自由贸易账户所带来的便利。

2014年9月，为更好地实现对境外投资的管理，上海自贸试验区境外投资服务平台启动。境外投资服务平台可以为投资者提供融资、保险和咨询的服务，主要面向有意投资境外的企业。在该平台成立之前，想要投资境外的企业需要向相关服务商有偿购买境外投资服务，而该平台将公共资源整合，将为"走出去"的企业提供免费的服务，并根据企业的需求对相关服务进行匹配，同时，为保障企业境外投资的进展更加顺利，也会提供关于境外投资环境、项目等方面的信息。

对外贸企业而言，物流和仓储是最关键的环节，也是企业成本投入最高的地方。为减少企业的成本压力，促进企业的对外贸易发展，2014年11月，上海自贸试验区开始试行货物状态分类监管模式，允许非保税货物进入自贸试验区储存，与保税货物一同集拼、分拨、管理和配送，实时掌控、动态核查货物的进、出、转、存情况。让非保税货物可以在保税仓库中储存，以"同仓共管"的方式来并列管理，这为上海自贸试验区成为国际货物中转的物流平台奠定了基础，也极大减少了企业的中转成本。

（二）自贸试验区2.0版

2015年4月20日，国务院再次印发《进一步深化中国（上海）自由贸易试验区改革开放方案》[①]，上海自贸试验区正式升级为"2.0版"。

相比1.0版本，2.0版方案进一步优化了上海自贸试验区的管理制度，在投资管理制度上，由1.0的正面清单和审批管理转向2.0的负面清单和备案管理；在贸易管理制度上逐步实现一线放开、二线管住、区内不干预的国际公认标准规范；在金融管理制度上进一步推动人民币国际化、利率市场化、外汇管理体制改革等方面的发展。

2015年6月，为减少企业在国际贸易过程中各类申报所产生的人力和时间成本，上海自贸试验区"单一窗口"上线，"单一窗口"指的是企业可以在一个统一的电子平台来进行国际贸易相关的申报，这也是上海自贸试验区贸易监管制度的重大创新之一，与国税地税合并相似，"单一窗口"让企业只需要在一个平台把所有材料一次性交齐，而相关部门也会在该平台及时反馈企业申报的结果，真正实现企业与监管部门之间国际贸易手续的"一网通办"。

---

① 中华人民共和国中央人民政府.2017.03.

2015年10月，为进一步扩大金融开放，中国人民银行等部门和上海市共同公布了40条举措，继续深化改革内容，具体包括：进一步更新自由贸易账户的功能、扩大人民币的跨境使用等。同时也加入了新的改革内容：考虑 QDII2（Qualified Domestic Individual Investor，合格境内个人投资者）的启动、研究金融业的负面清单内容、推进上海证券交易所在自贸试验区范围内进行国际金融资产相关的交易工作。

2016年4月，为缓解外资企业进入我国行业许可的问题，上海自贸试验区在全国率先开展"证照分离"改革试点。"证照分离"让企业在向工商部门申请营业执照的时候不会因为执业许可的问题而陷入死循环，这样既优化了工商部门和人社部门的工作流程，也简化了企业在申请许可过程中不必要的流程。

2016年12月，为进一步提升货物监管、仓储和物流运输效率，张江跨境科创监管服务中心项目启动。该项目将在空港和张江建立一个通道，由海关和国检等部门负责监管。只要货物到达空港后，就可以通过该通道直接将货物运输到张江跨境科创中心分拨，极大减少了人力和物力成本。

（三）自贸试验区3.0版本

2017年春天，上海自贸试验区再次迈上新台阶。2017年3月，国务院发布《全面深化中国（上海）自由贸易试验区改革开放方案》[①]，这是上海自贸试验区设立以来，国家出台的第三个改革方案，被外界称为"上海自贸改革的3.0版"。

自贸试验区"3.0版"首次提出了"改革系统集成"的概念，将自贸试验区打造成具有国际标准的三区：综合改革试验区、风险压力测试区以及具有现代化治理能力的先行区，并在此基础上为推动中国"一带一路"发展提供助力。

2017年6月，为吸引海外人才，上海自贸试验区永久居留推荐"直通车"等海外人才同行和工作便利措施发布。外籍人才可以凭借上海自贸试验区出具的相关凭证申请永久居留证。该措施除了允许外籍人才本人申请，还允许其配偶和子女随同申请，出入境管理局在收到申请和相关证明后也会在规定时间内反馈审批结果。

2018年7月，为进一步扩大开放服务行业，上海市推出"扩大开放100条"措施。行动方案主要从优化负面清单、召开进口博览会、进一步扩大金融市场开放、进一步扩大现代服务业和先进制造业开放、优化开放平台和载体、加强对知识产权的保护、推动对内对外开放联动和建设一流营商环境八个方面着手。

2019年4月，为进一步发挥长三角区域的金融资源集聚优势，长三角资本市场服

---

① 中华人民共和国中央人民政府，2017.03.

务基地正式启用。长三角资本市场服务基地规划了十大服务功能，主要包括三个方面，分别是行政部门提供的综合服务、与投资相关的股权和债券服务以及专业的信息咨询和技能培训服务，这些都服务于长三角区域内的所有科创企业。

（四）自贸试验区4.0版本

2019年8月6日，上海自贸试验区临港片区正式成立。自贸试验区由此进入4.0时代——长三角一体化。相比2015年的扩区，此次临港片区的成立除了继续继承深化改革开放的使命，还将启动以金融业为主的多个项目，成为上海自贸试验区内具有国际竞争力的特殊功能区。

在4.0阶段，上海自贸试验区要保持临港新片区的国际性和先进性，响应上海市数字化转型发展的要求，以金融科技为基础，创新发展数字金融产业，积极在试点开展"监管沙盒"机制，结合信息智能、区块链等技术，推进数字技术在金融业的应用和发展，寻求向数字自贸试验区的转型之路。

2021年12月15日，国务院正式发布了《中共中央　国务院关于支持浦东新区高水平改革开放打造社会主义现代化建设引领区的意见》，浦东新区勇挑重担，为中国建设高水平的现代化国家开始探路。浦东新区是中国第一个自贸试验区——上海自贸试验区的发源之地，如今，浦东再次迎来高光时刻，被打造为国内的"浦东引领区"，引领着扎根于此的上海自贸区的进一步发展。

二、上海自贸试验区发展的主要特色

（一）离岸金融

1.人民币资本项目可兑换

上海自贸试验区金融创新最大的亮点在于自由贸易账户的设立，这为企业实现资本项目可兑换改革奠定了基础。自2014年上海自贸试验区开设境外机构自由贸易账户以来，其功能经过了三次拓展。2015年2月，自由贸易账户扩大了人民币跨境融资的规模和渠道。2015年4月，自由贸易账户开通了外币业务，首次实现本外币一体化账户管理。2016年11月和2017年10月，自由贸易账户进一步优化了跨境结算和融资服务，截至2019年年底，上海市累计开立FT（自由贸易账户）账户13.1万个，全年跨境人民币结算总额38112亿元，跨境人民币境外借款总额42.63亿元，增长6.9倍，[①]逐步

---

① 《2019年上海市国民经济和社会发展统计公报》

实现了跨境融资、跨境担保、跨境并购、绿色金融、国际要素与金融市场服务等多领域的本外币一体化金融服务。

2. 人民币国际化

目前，人民币国际化有两大重要举措：一是打通国际大型证券交易所之间的投资通道。对此上海自贸试验区相应的举措是"沪港通"和"沪伦通"。2019年6月，"沪伦通"正式通航，开启了股票和存托凭证间相互转换的机制，同年，"沪德通"也提上了日程，并正在积极推进中。"沪德通"一旦落地，英资和德资将一并引入，联通沪、伦、德三地股市，将中国与欧洲主要股票市场的投资渠道正式打通。人民币国际化的另一举措是推出和完善跨国公司跨境双向人民币资金池管理。2017年10月，上海自贸试验区全功能型跨境双向人民币资金池政策已经落地。2019年3月，国家外汇管理局基于上海自贸区经验，修订出台了《跨国公司跨境资金集中运营管理规定》，对人民币资金池的设立要求、业务范围和资金流出入额度进行了规范。

3. 金融服务业

目前，围绕自贸试验区金融服务业"引进来"的政策较为宽松。2018年，陆家嘴金融贸易片区已吸引了大量国外知名的金融机构。世界排名前10的资管机构已经有9家在陆家嘴金融贸易片区设立中国总部，另外，还吸引了全球51家国际知名机构在该片区设立公司。"引进来"的成果非常显著，但我国金融机构"走出去"的力度还不够，虽然上海自贸区临港片区成立后进行了一系列新的尝试，但"走出去"政策尚需继续发力。

4. 国际金融市场

上海自贸试验区内外汇交易中心的国际金融资产交易平台、上海黄金交易所国际板、上海国际能源交易中心、上海保险交易所等机构已经建立并开展业务，上海清算所已向自贸试验区内和境外投资者提供航空金融和大宗商品场外衍生品的清算服务，股权托管交易机构向自贸试验区内科技型中小企业提供综合金融服务等政策也已经落地，上海科创中心股权投资基金管理公司正式揭牌，中债金融估值中心成立。2019年8月8日，上海黄金交易所黄金国际板"一带一路""黄金之路"项目首笔"黄金租借＋珠宝加工"业务成品在深圳完成交接及复出口流程，标志着"黄金之路"业务新模式顺利实现。

（二）负面清单制度

从总体上看，负面清单相当于一种"黑名单"，列明了外国投资者不能进行投资的产业和活动，以及针对外国投资者与国民待遇不符的特殊管理措施与要求。从法学的领域来看，作为国际法领域的概念，负面清单是对国际投资协定中签约各方义务提出保留的一种模式。这种模式要求拥有更加完善的国内法律体系和较强的监管能力，做到"法无禁止企业即可为"。从经济学的角度来看，负面清单模式更有利于生产要素的跨国流动，实现资源的全球优化配置。但是负面清单又不只限制外资准入，同时它也是管理各类市场主体进入某一市场的方式。因此，从本质上讲，负面清单制度既厘清了政府与市场的界限，又把二者结合起来，正确处理了政府与市场的关系问题。

负面清单模式是新型外资监管方式的典型形式。针对清单未涉及的行业，自贸试验区采用备案制来管理外资项目的设立和变更等事项，这有利于创造高效的投资环境。负面清单管理模式下，实行外商投资备案制是上海自贸试验区改革投资管理制度的关键举措。通过制定和颁布《企业备案管理办法》《境外投资项目备案管理办法》等六项政策法规，上海自贸试验区基本完成了外商投资备案制改革的工作。相比之前的审批制，备案制更有利于吸引外商投资。

改革工商登记制度是上海自贸试验区实施负面清单管理的重要举措。成立之初，国家工商总局期望出台相关改革意见来推动优化工商登记制度的工作。不久，上海自贸试验区获得了在优化企业设立流程、改革工商登记制度等方面的支持。通过改革注册资本认缴制，上海自贸试验区内的企业实现了取消股东出资比例限制和取消普通公司最低注册资金限额的目标，极大地简化了工商注册和登记流程。这一改革意见的实施释放了巨大红利，主要体现在快速增长的新设企业数量和注册资金规模上。

（三）争端解决机制

1.私人投资者之间

私人投资者解决争端的方式主要为诉讼、调解和仲裁。上海自贸试验区设有专门处理诉讼的法庭，由浦东法院管辖，负责处理投资贸易和金融相关的纠纷及刑事案件等。自贸试验区法庭为解决上海自贸试验区内的纠纷发挥了巨大作用，截至其成立的一年半时间，解决了民事和商事纠纷共619件，为私人投资者之间解决投资和贸易纠纷提供了一个良好的渠道。

除了有专门负责解决诉讼的法庭，上海自贸试验区还设有对应的调解机制。调解机制主要是引入上海市官方调解组织来解决投资者之间的商事纠纷，这些组织包括：上海浦东新区物协法调解中心、国际商会上海调解中心、上海市工商联调解委员会等。

上海自贸试验区内设有官方仲裁机构——上海自贸试验区仲裁院。仲裁院于2013年10月成立。上海自贸试验区仲裁院在成立之初就放眼国际，与国际仲裁机构多次进行交流和培训活动，2014年4月，上海国际经济贸易仲裁委员会颁布了我国首部自贸试验区仲裁规则《中国（上海）自由贸易试验区仲裁规则》，让自贸试验区内的仲裁制度与国际接轨，公开仲裁员的名册、公开部分有争议的程序和流程、添加紧急仲裁的制度，以当事人的需求为核心来适当调整以前的仲裁制度，增加了仲裁制度的灵活性，也使自贸试验区内的仲裁机构更具有国际竞争力。

2.外国投资者与东道国之间

若外国投资者与东道国之间产生争端，由于两者主体地位不平等，一般的争端解决方式已经不再适用，国内外通常解决的途径一般有两种。第一种是国内途径——通过寻求相关部门进行行政复议或者行政诉讼。上海自贸试验区对此也作了相关规定：如果当事人对管理委员会或行政部门的行政行为不服的，可以按照中国行政法律申请行政复议或行政诉讼。第二种途径是国际途径，这也是解决外国投资者与东道国纠纷最常见的方式。具体来说就是通过国际仲裁和双边协定来解决。国际仲裁一般是通过ICSID（The International Center for Settlement of Investment Disputes，简称ICSID，国际投资争端解决中心）机构来解决纠纷，而双边协定则是先通过友好协商，如果在一定时间内（通常为六个月）通过友好协商不能解决纠纷，那么可以提交给当地法院或者国际仲裁解决。其中，国际仲裁则是提交ICSID或依照《联合国国际贸易法委员会仲裁规则》建立的专设仲裁庭。因此，若外国投资者与东道国之间产生纠纷，在国内途径无法解决的情况下，当事人是可以通过寻求国外救济方式来解决纠纷的。

（四）监管模式

1.海关监管

海关在监管方面进行了创新，主要以提升产品流通的效率、建立更为安全的体系为目的。这为产品贸易流通提供了稳定且便捷的通道，也在很大程度上减轻了繁琐程序给企业带来的影响。海关的监管模式创新为上海自贸试验区的企业提供了良好的发展空间，也为其他自贸试验区的发展完善提供了有利参考。

2.货物状态分类监管

上海自贸试验区通过货物状态分类监管的创新模式，让货物的流通、分配得到很好的监管。上海自贸试验区的货物状态分类监管模式是将货物划分为三种不同状态，即保税的货物、非保税的货物以及口岸货物，并对不同货物类别建立相对应的账册管理体系。该类模式的创新即意味着企业能够在一个仓库里存储保税以及非保税的货物，这个创新模式减少了企业所花费的成本，也使通关速度得以提高。

3.检疫监管

上海自贸试验区在检疫监管方面借鉴了国际通用的做法并结合了本国的国情，形成了一套专属的检疫管理模式。上海自贸试验区在检疫管理制度上不断推陈出新，以上海为试点，推行能够推广到全国范围内的检疫模式，公布了近二十项新的检疫管理制度。2017年，上海推出了新的检验检疫监管举措，发布了《中国（上海）自由贸易试验区检验检疫精准服务计划》[①]，其主要内容有对"证照分离"制度的改革做进一步深化等，并促使浦东成为进口消费品的集聚地。

三、问题与挑战

（一）港口基础设施有待改进

虽然我国贸易的发展速度非常快，但是在港口基础设施的建设方面仍有很多不足，和其他发达国家相比，仍有较长的路要走。上海自贸试验区重视金融产业的发展，而很多港口基础设施的建设起步较晚。作为贸易港的责任承担者，基础设施代表了货物贸易的基本效率和能力。基础设施建设能力不足会导致货物的流通受阻、流通的信息无法及时传达，从而对整个自贸试验区的贸易发展造成不利影响。上海自贸试验区作为中国第一个成立的自贸试验区，港口口岸在国内外进行运输的货物数量巨大，这就对自贸试验区内港口口岸的基础设施建设提出了更高的要求。货物运输是贸易往来中最关键的一部分，港口设施越完善，货物流通的速度就会越快，效率也就越高。港口口岸作为货运量最大的口岸，对其基础设施的建设要求就显得格外重要。这就需要上海自贸试验区通过加强基础设施的建设来提高货运量的速度。

（二）"单一窗口"制度有待进一步创新

"单一窗口"作为企业和政府部门的桥梁，信息的公开化，为企业办理国际贸易相关的申报起到了重要作用。政府相关部门应该循着便利化的方向，继续完善"单一窗口"制度，挖掘更多新的功能，将"单一窗口"打造成为一个多元化功能的平台。

（三）自贸试验区在竞合中求均衡发展，综合效率有待提升

自2013年9月上海自贸试验区获批以来，随后其他几个港口城市如天津、福建自贸试验区也相继获批成立。2016年，国家为发展西部地区，同意成立西部地区重庆、四川等内陆自贸试验区。2019年，山东、河北、云南、江苏、广西、黑龙江六省（自治区）也设立了自由贸易试验区。全国自贸试验区的格局已经形成，依托当地的特色发展，各个自贸试验区的发展也各有特色，自贸试验区的功能也各有侧重，如今各个自贸试验区之间尚未形成互补关系，发展本地自贸试验区的竞争和摩擦现象仍然存在。

---

① 中国质量新闻网，2017.11.

（四）自贸试验区与地方发展目标的协同性问题

上海自贸试验区设立的目的不是要在上海单独搞一个经济特区，而是要对上海市整体做一个制度创新，上海自贸试验区肩负的不仅是上海的改革创新，还是全国的改革创新，更是国家深化改革内容、推动开放型经济发展的重大战略。作为国家推动经济发展的试验区，上海自贸区的发展应该具有可复制性和可推广性，这样才能在全国其他地方展开试点，带动国家经济发展。但从这样的一个角度来看，势必会跟上海市地方特色发展产生冲突。例如，上海作为中国的金融中心，金融产业的发展一直领先于其他城市，依靠上海的金融基础优势和各大金融机构，上海市可以有条不紊地推动各项金融创新制度，建设数字金融体系，把金融创新发展作为上海市金融发展的特色之一。

第四节　上海自由贸易试验区数字化发展与城市数字化建设的融合

一、全国自由贸易试验区（简称自贸试验区）数字化发展

（一）厦门自贸片区

福建曾率先提出"数字中国"这一概念，而在自贸试验区数字化发展上也是在积极响应国家号召。当前，厦门自贸片区正在积极探索具有福建特色的数字化转型之路，厦门作为港口城市，推动数字贸易的发展对城市的经济发展有着重要作用，因此厦门主动求变，于2020年底率先提出《厦门片区打造数字自贸试验区三年行动方案》（简称《方案》）[①]，《方案》为厦门建设数字自贸试验区建立了框架，指明了目标，设立了任务，这也将为全国自贸试验区如何进行数字化转型，如何发展数字贸易提供一些经验和思路。

根据《方案》，厦门数字自贸片区的建设既要保证经济安全平稳发展，也要加强开放创新发展，数字化转型的重点包括数字贸易、产业数字化和数字监管三个方面。将厦门自贸片区打造为数字贸易示范区。厦门应发挥在贸易方面的优势，将数字金融、保税与贸易相结合，推动发展具有特色优势的数字化产业，以贸易为基，以数字供应链发展为瓦，铸造以跨境电商和数字文化为核心的数字贸易大厦，为全国作出示范和榜样。在产业数字化方面，厦门将重点放在制造业和服务业上。制造业作为经济发展

---

① 厦门网，2020.09.

的基石和支柱，对推动厦门的经济发展具有重要作用，加快制造业数字化转型能够让厦门在全国经济发展中处于领先地位。推动服务业数字化转型也是民生所需，服务业数字化将会节省老百姓的成本，并为其提供便利。当然，在推动数字化转型的进程中一定要注重加强数字监管，发展和监管并重才能打造一个开放和安全的数字生态。

厦门是全国第一个将5G全场景技术应用与港口设施结合、打造智慧港口的城市。通过5G网络技术，减少了人力和物力成本，港口自动化装货卸货使得港口作业不再低效耗时。《方案》自发布以来，为建设数字贸易体系，厦门除了加强对跨境电商的发展，还着力于物流体系的建设。通过运用人工智能技术，厦门自贸片区启动机器人来协助开展仓储和物流业务，打造智能高效的物流仓储系统。通过人工智能，智能仓库可以保证货物能够准时准确地被分拣至规定的位置，减少了仓库内人工搬运和分拣货物的流程，极大优化了物流仓储业务。

厦门自贸片区与三大通信运营商合作，推进5G网络的建设，对自贸片区内的基础通信设施予以了额外的关注。截至2019年，厦门自贸片区内已完成了200多个5G基站的建设，5G网络能够覆盖整个公共区域。另外，厦门自贸片区将5G技术与大数据和云计算等信息技术结合，立志要在自贸片区内打造国内领先的数字基础设施。

（二）杭州自贸片区

杭州自贸片区通过在跨境电商、金融科技和人工智能三个方面的特色发展使其成为浙江自贸试验区数字经济的发展核心。

首先，从跨境电商来看，依托阿里巴巴在电商领域带来的优势，杭州自贸片区誓要成为全国跨境电商的第一区。2015年3月，中国（杭州）跨境电子商务综合试验区正式成立。杭州综试区成立后，一直积极探索跨境电商的产业链，希望能在园区内形成完整的跨境电商生态循环，提供综合的一体化服务。自贸片区在杭州市政府的大力支持下，目前已经培养出一大批跨境电商的创业者，生态链已初具规模。

其次，杭州接壤上海，金融科技的发展也处于国内领先的地位，将金融与电商和平台结合，打造互联网金融也是杭州发展的重心之一。杭州不断集中力量推动企业创新发展，加强企业与高校的合作。例如，推动阿里巴巴的互联网金融项目，推动恒生电子的创新发展，推动浙江大学与企业合作发展互联网金融、中钞区块链技术等创新平台的建设。这些措施都将为杭州自贸片区发展数字金融技术奠定坚实的基础。

最后，杭州在人工智能方面的发展也是名列前茅。杭州是国家批准的第三批人工智能发展的创新试验区，有阿里达摩院、浙江大学、西湖大学等众多高校和机构的支持，杭州能够聚集大量的科研资源，集中力量发展人工智能技术。在产业布局方面，杭州正在推进城西科创大走廊、未来科技城人工智能小镇、人工智能产业园等产业集聚区和产业平台的建设。

（三）北京自贸试验区

在数字时代背景下，与其他地区相比，北京在服务业和高端产业上具有无可比拟的竞争优势。因此，北京自贸试验区也具有很强的针对性，重点聚焦这些产业，是北京大有可为的地方。

北京大数据交易基础设施的建设内容在《北京国际大数据交易所设立工作实施方案》[①]中就已有明确的规划设计。《北京市关于打造数字贸易试验区实施方案》[②]提出，北京数字自贸试验区的特色主要包括以下几点：

北京自贸试验区着力提升以下四个方面的能力：以5G为代表的新型基础设施能力、以工业互联网为代表的数字化转型服务能力、以芯片和软件为代表的数字化基础产业能力和以软硬件开源为代表的国际创新合作能力。同时，将大力发展新的商业模式和新业态，以促进数字经济的新增长。另外，北京自贸试验区将以发展前沿为重点，将数字贸易和科技创新作为主要方向，推动发展大数据交换和跨境数据流动监管，以促进数据建设有序流动，同时将针对科技创新出台一揽子政策。

北京自贸试验区将建设新一代超级计算中心、新型数据中心、云端设施等世界领先的数据智能基础设施，继续完善安全保护基础设施以支撑跨境数据流动、数据交易等领域，形成点面结合、重点突破、牵引式数字经济发展的良好局面，从而探索数字经济发展的新路径。

面向未来，北京将进一步加快高质量的数字贸易示范区建设的步伐，在中关村软件园国家数字服务出口基地、金展国际合作服务区和自贸试验区大兴机场的支持下，建设数字贸易试验区。充分发挥区块链、人工智能、大数据等技术的巨大优势，赋能生产和交易的各个环节，以培育一批具有全球影响力和市场领先地位的数字经济龙头企业和独角兽企业，致力于建立一个持续稳定、开放、繁荣的全球数字贸易体系。

北京自贸试验区建设特别强调了数字贸易和科技金融，因为北京在这方面拥有良好的基础。在促进金融科技创新上，提出对人民银行数字货币研究所设立金融科技中心予以支持，建设法定数字货币试验区和数字金融体系，在人民银行贸易金融区块链平台的基础上，进一步形成贸易金融区块链标准体系，同时加强监管创新。

---

① 金十数据网，2020.09.
② 北京市人民政府，2020 09.

（四）基于其他数字自贸试验区建设的启示

发展数字经济这一新业态，是自贸试验区扩区开展差异化探索的主要方向之一。为响应国家大力发展数字经济的政策要求，杭州、北京、厦门自贸试验区在数字化发展上各有特色，具体来说，北京主要是数据服务，厦门是数字化和港口贸易的结合，而杭州更趋向于数字和金融、数字和商务的结合，北京、厦门和杭州自贸试验区的数字化发展这对上海自贸试验区的建设有着重要的借鉴意义。

厦门、北京、杭州三个自贸试验区的数字化发展各有特色。厦门着重于智慧港口和物流的数字化建设和港口数字化基础设施的建设，以港口贸易带动城市数字化和经济发展，上海和厦门同为港口城市，上海自贸试验区在港口数字化建设上略有不足，在港口数字化基础设施的建设上可以借鉴厦门，通过智慧港口的建设可以减少大量的人工成本和企业中转成本，提高货物入境和出境的效率。

北京和上海同为中国的一线城市，北京自贸试验区更加注重以数据流动和数据监管的数据服务的建设。数据泄露是目前最值得关注的问题之一，上海作为中国的中心城市之一，有大量的跨境数据流入和流出，在如何保证数据在流转过程中的安全问题上，北京自贸试验区对数据在流动过程中的监管服务建设是上海自贸试验区可以学习的。

杭州自贸试验区的跨境电商与数字的结合是其他自贸试验区无可比拟的。跨境电商作为新兴的发展模式，对国家经济发展以及未来经济发展有着极其重要的作用，上海与杭州接壤，可以借鉴杭州跨境电商数字化的建设经验，引进跨境电商企业，促进上海自贸区数字化进一步发展。

值得注意的是，国内各个自贸试验区都将金融科技和金融开放作为自贸试验区重要的建设和改革内容之一。上海作为中国的金融中心，在金融领域的建设上有着天然的优势，上海自贸试验区应该发挥金融中心的集聚优势，借鉴其他自贸试验区的金融创新建设，以长三角为中心，进一步扩大其金融资本市场的服务范围。

二、上海自贸试验区数字建设基础

（一）上海市数字化转型筑基自贸试验区发展

1.一体化数字底座为自贸试验区数字化提供强大内驱力

上海市不断夯实一体化数字底座。在数据资源方面，深入完善大数据资源平台，推进共享数据的共享开发和开发利用。2020年上海大数据核心产业规模呈上涨趋势，同比增长16.1%，实现了2300亿元的大数据产业规模，超过百亿条数据在上海数据中心流通，数量庞大。此外，上海大数据产业中核心企业数量突破1000大关，技术型企业也多达300家[1]。2020年上海市5G建设总投资近100亿元，1.2万个室外基站和3.2万个室内小站落地投入应用，基本实现5G全覆盖中心城区和郊区城镇地区[2]。上海市规划到2023年，落地60个以上的专题数据库，"一数一源"治理覆盖率达80%以上。在基础支撑方面，提升数字化基础设施能力和丰富数字化转型基础工具，构建强有力的数字底座支撑系统。建成"双千兆宽带城市"加固数字底座，通过建设新型互联网交换中心加快构建上海一体化大数据中心体系。同时，"随申码"正在从最初的防疫利器升级为个人数字名片，加快实现全市"一码通行"目标。

城市数字底座的不断完善为自贸试验区数字化建设提供了强大的基建平台，推动了上海市自贸试验区创新发展。

2. "三大治理"应用体系建设打造自贸试验区良好的营商环境[3]

上海聚焦经济治理数字化、社会治理数字化、城市治理数字化，"三大治理"重点应用场景基层覆盖率达100%。其中，在经济治理数字化中，全面推开"证照分离""一业一证"改革，提升工程建设、不动产登记、普惠金融等场景的数字化水平，做强"企业专属网页"和"一网交易"服务功能，降低企业综合成本。加强对全市产业发展的监测、分析功能，提供智能化综合经济运行分析和数字化综合监管；在社会治理数字化进程中，从基层治理、个人服务、数字法治三个方面实现人们有序参与治理、数字生态闭环治理、切实有温度的治理；在城市治理数字化进程中，基于"一张图"建设城市CIM（City Information Modeling，CIM，城市信息模型）底座，叠加BIM（Building Information Modeling，BIM，建筑信息模型）、物联网等数据，推动数字孪生城市建设，打造更有序、更安全、更干净的城市环境。

上海市从"三大治理"数字化转型着力，提升城市全面数字化治理水平，不断为上海以及上海自贸试验区打造市场化、法治化、国际化的一流营商环境。

（二）上海自贸试验区数字化建设现状

目前，上海以5G网络、物联网、边缘计算网络和数据中心为重点启动新的自贸试验区发展规划。新冠肺炎疫情的持续存在正加快着上海自贸区数字化发展规划的进程，其中包括线上交易、远程管理和无人驾驶送货等技术应用快速的发展。

上海自贸试验区临港新片区大力建设数字基础设施，并就通信基础设施制定了专

---

[1] 财经头条，2021.10.

[2] 新华网，2020.05.

[3] 放心签，2021.12.

项规划，加快建设上海自贸试验区临港新片区的互联共享数据中心，用数据中心连接5G应用网络、网络光纤宽带、物联网和工业互联网来强化自贸试验区数字基建。新片区继续加大投资总额，实现千兆接入能力全家庭覆盖以及万兆接入能力商务楼宇全覆盖。此外，新片区还将就跨境数据的安全高效流动作出探索，打造国际数据港。

2021年5月20日，临港新片区管委会"信息飞鱼"全球数字经济主题园区规划建设方案正式发布，国内首个"跨境数字新型关口"试验站在年内构建完成。此外，上海在跨境互联网数据交换和管理方面探索创建白名单，并构建离岸数据中心体系，为部分公司接入国际互联网构筑数字基础。[①]

三、上海自贸试验区与城市数字化的融合：数字贸易全产业链构建

（一）上海自贸试验区贸易全产业链构建现状

上海正在努力构建自己新一代的中国制造的全球化产业链。对外，陆续与其他国家建立经济伙伴关系，各组织协定、"一带一路"建设等持续推进；对内，新增临港片区为新的自由贸易区，聚焦大飞机、新能源汽车等高端制造业领域，实现新一轮产业链招商。

上海自贸试验区自2013年9月正式挂牌以来，促进建立境外投资工作体系，吸引备案境外投资企业，增加了投资总额。2016年，上海自贸试验区初步探索建立境外投资全产业链服务体系。[②]确定全产业链构建的重点主要在：① 继续推进企业境外投资便利化。② 着重打造企业境外投资全生命周期服务体系。③ 打造企业境外投资保障体系。为境外投资者提供权益保障、投资促进、风险预警等服务，采取各种措施，保障我国在境外人员的人身和财产安全。④ 积极探索构建上海优势产业"走出去"促进体系。目前，上海在金融、机械、装备、汽车、飞机制造、建筑等方面都形成了一定的产业优势。上海市要积极与产业资本互动，研究相关产业"走出去"所需要的信息、政策、法律等方面服务要求，为深化境外投资促进体系做准备。

临港新片区揭牌百日之际，新片区管委会正式向社会发布了《中国（上海）自由贸易试验区临港新片区产业地图》[③]，对新片区贸易全产业链构建作出了进一步探索，迈出了重要的一步。

---

① 网易首页，2020.04.
② 北京港骏，2016.11.
③ 新浪首页，2019.12.

（二）上海自贸试验区数字化有利于引导形成产业链创新链协同

产业地图有利于通过消除政府与社会间的信息壁垒、信息的互通公开助力实现监管各产业之间的动态发展，助力更便捷、直观发现支撑产业发展的关键要素，在此基础上，新片区通过对产业现状和布局特征进行梳理，明确重点支撑要素并进行发展，实现资源的最优配置，更好地引进重大项目以及资本，进而提高统筹布局区域产业的能力，推动区域产业发挥集聚效应，形成产业链创新协同发展。打造对全球经济具有重要影响力的产业集群。

（三）上海自贸试验区数字化有利于产生集聚效应，形成错位发展

通过调整优化区内各产业布局与资源配置，引领临港新片区找准优势，放大优势，补全短板，与原有片区在金融、贸易、航运等服务领域形成错位发展，重点发展新型国际贸易—数字贸易、跨境数字金融服务、航运服务、数字信息服务、科技创新服务五大现代服务业，打造属于片区的特色产业集群优势，建造吸引全球贸易资源的战略高地。

（四）上海自贸试验区数字化有利于构建数字贸易全产业链

1. 数字经济拓展了贸易的深度与广度，数字贸易已成为国际贸易新模式

自2019年底新冠肺炎疫情暴发以来，世界各国经济发展遭受严重冲击。我国迅速进入全面抗疫状态，目前，我国的疫情已基本被控制住，也加快了我国依靠数字经济发展从新冠肺炎疫情状态中恢复过来的脚步，并为未来调整经济结构的进程。当前，国内外贸易已构建一种新的贸易模式——数字贸易。数字贸易作为全球产业链、价值链和信息通信技术深度融合的产物[①]，其内在驱动力为数字技术，信息通信网络是其主要的交付形式，以数字技术催生新模式新业态，助力传统服务贸易完成数字化转型。数字经济的快速发展驱动我国的数字贸易，在国内经济发展任务艰巨繁重的情况下仍保持着强劲增长势头，以数据互联共享为核心不断扩大各贸易场景细分领域规模，以构建优质数字生态网络为支点显著提升贸易质量和效益。

2. 数字贸易带动全产业链重组构建

数字贸易的内核驱动力为数字技术。"十四五"规划纲要提出，在加快数字化发展的新路径的同时，也要高度重视数字经济领域核心数字技术的系统布局，并对人工智

---

① 方元欣.数字贸易成提振经济的重要抓手[J].网络传播，2020（10）：30-31.

能、移动通信等领域进行了重点部署和阶梯式布局。其中，人工智能领域已经组织编制了新一代人工智能发展规划，将发展人工智能上升为国家战略，并且15个国家新一代人工智能创新发展试验区已经建设落地，构建形成良好的区域生态，助推人工智能稳步发展。开放在未来很长一段时间内是推动发展的重要力量，数字贸易正在带动全球产业链、价值链和供应链的重组，日益成为经济增长的新引擎、制度构建的新高地、国际竞争的新赛道。[①]

（五）全产业链数字贸易与自贸试验区数字化

1. 自贸试验区跨境电商助力实现全产业链数字贸易

跨境电商通过支付+数字化能力助力实现全产业链数字贸易[②]。新型国际贸易的重要基础设施离不开支付和数字化能力，后疫情时代，国内外对数字化产业转型的需求都彰显迫切，无论是国内的买卖交易、还是跨境交易，都离不开数字化能力。跨境电商依托跨境支付和数字化服务平台，聚合跨境产业链各个场景方面形成相互协作共享的生态圈，致力于渗透上中下游多个环节和层级——跨境电商平台、产品及原材料供应商、产品卖家与消费者，整合优化整个环节的物流、仓储功能，提供专业高效的优质服务，包括提高收款的便利性、增加跨境购结汇的时效性、优化资金结算、提升定制化账户管理的安全性、开展供应链金融、数字化运营等。跨境电商通过以支付为基础的支付+数字化服务平台，促进产业链资金流与信息流相互融合，助力跨境产业链生态圈里的所有建设者、参与者，共同参与建设一体化、多元化聚合服务，发挥资源协同效应。

2. 自贸试验区大数据+人工智能为构建数字贸易全产业链提供核心动力[③]

数字贸易全产业链构建需要数字技术创新发展筑建强大牢固的数字基础基建。人工智能（Artificial Intelligence，AI）、5G、大数据等技术或产业为未来数字基建提供发展的方向，并且在实现经济社会数字化转型中发挥着越来越重要的作用，成为核心信息基础设施。核心信息基础设施除了云计算，后来的人工智能、分布式区块链技术以及5G甚至6G网络逐渐登上舞台并发挥优势，其中，各项基础技术的创新迭代都孕育着全新的产业形态和发展动能，进而推动所有传统产业的数字化转型与发展。数字贸易全产业链生态闭环的构建需要以大数据、AI等核心基础技术为内驱力，打造优质全产业内生态环境，促进生态圈内协同聚合，最大化数字贸易的全产业链集聚效应。

---

① 人民咨询，2021.07.

② 人民咨询，2020.10.

③ 人民咨询，2021.07.

第五节　上海自由贸易试验区数字化建设的挑战与建议

一、上海自贸试验区数字化建设面临的主要挑战

（一）监管服务的挑战

1. 加强数字监管平台的必要性

上海自贸试验区作为国家重点的战略平台，在基础设施数字化建设、监管与服务一体化、监管效率提升等方面还存在一些不足。上海应抓住此次新片区开发、开放的重大机遇，找准发展定位，聚焦发展的新模式、新内涵，有效处理新一轮投资贸易便利化与政府监管高效化、精准化之间的关系。

在信息技术环境的支持下，互联网平台和应用得到了快速迭代更新，移动智能端技术得到了广泛普及，凸显了数据的重要性，在当今的大数据时代，基于数据信息的人工智能以及相关应用产品已经逐渐融入人们的生活，促进城市数字化转型，基于数字化的监管平台也应运而生，数字化治理模式成为上海自贸试验区改革重要目标之一。

上海自贸试验区如果要达到国际公认竞争力最强的自由贸易区，就必须实施拥有国际市场竞争力的政策和制度，建设成为具有国际市场影响力和竞争力的特殊经济功能区，使上海自贸试验区成为推动我国对外开放、深度融合经济全球化的重要载体。

在原有的自贸试验区发展的基础上，新片区不仅要在双向开放和制度创新上加大投入力度，而且要注重开发建设。新片区兼具开放与开发两大特质，从而需要充足的物理空间进行综合开发。而与新片区的管理模式相适应的生态体系，必须要以数字围网和数字化大平台为抓手，同时启动互联网、大数据、人工智能、云计算与现代服务有机融合基础设施建设。只有充分发挥新片区特殊监管区职能，才能提高自贸试验区数字化建设和营商环境[①]。

2. 数字围网建设

与传统物理围栏监管模式相比，首先，数字围网能够消弭空间范围的监管困境，在服务贸易高端产业方面实施精准的特殊政策，与生产生活配套服务共同构成"制度创新特区"，优化营商环境，助力上海成为最具国际吸引力和竞争力的国际化城市，对推动上海构建全面开放新格局意义重大。同时，数字围网有助于进一步提升全球资源配置，上海的经济发展离不开外资，全球城市要参与全球分工，全球竞争并实现全球范

---

① 一财网，2019.03.

围内的资源配置。因此，上海必须聚集拥有国际影响力的全球功能性机构。

结合中国在数字经济背景下利用外资的新战略，上海自贸试验区在实施开放与开发并举的过程中，建立监管新模式是不可忽视的一个重要环节，数字围网是一种新型的虚拟围网监控体系，它应用了新一代信息技术和科技手段实现了非可视、非可触、非可感的特殊监管方式。

新片区采用数字围网技术划割特殊功能区，吸引全球优质企业入驻新片区，并在此开展资源配置业务，实现人流、物流、信息流、资金流、科技流、文化流等资源要素在新片区高效集聚和配置，全面提升上海的经济活力和核心竞争力。

（二）数字化发展背景带来的优势产业冲击挑战

"十四五"期间是我国数字化发展的重要时期。今年来，北京先后成立了朴道征信公司、大数据交易所。标志着碳数据中枢的全国碳交易产品登记系统落地武汉。如果要建设金融科技中心，上海自贸试验区就必须加快数字金融产业的发展。当前，随着互联网经济和大数据、区块链等技术的发展，世界各国都在积极推进数字化转型，加大对数字技术创新和数字应用能力的投资力度。

区块链技术具备去中心化、不可篡改、可追溯的特征，与金融领域的内在需求有着较强的契合性，被认为是"下一代互联网的基础协议"，在新的技术革新和产业变革中起着重要作用。在国际上，许多中央银行、主要交易所和国际投资银行都对区块链技术进行了深入研究。目前，区块链的发展与众多领域有着很好应用前景，例如，在供应链和贸易融资、发票业务、跨境支付、货币证券化和资产数字化、交易身份认证和交易跟踪、信用报告和欺诈防范、智能合同和数字保险合同等领域

2021年，全国人大审议通过《中华人民共和国国民经济和社会发展第十四个五年规划和2035年远景目标纲要》，提出了"加快数字化发展，建设数字中国"的目标。上海市委市政府发布了《关于全面推进上海城市数字化转型的意见》，提出了城市数字化转型的总体要求，即金融不仅是经济领域最大的数字化应用场景之一，而且是经济发展的重要基础产业，上海作为我国重要的国际金融中心城市，必须加快数字金融发展的步伐。

（三）上海自贸试验区聚焦金融产业数字化的挑战

1. 数字金融是上海自贸试验区建设的内生动力

上海自贸试验区新片区作为目前我国最高水平的开放平台之一，发展离岸经济、数字经济、创新经济，在新片区共建创新高地，形成服务长三角并辐射全国的资本市

场基地，创新成果在长三角地区共享。新片区要培育金融科技产业生态示范区，金融为科技助力，科技为金融赋能，打造金融开放创新自由港，建设离岸人民币金融中心；为长三角企业提供跨境金融服务，吸引长三角企业通过新片区实现"走出去"目标，打造长三角金融枢纽港。在以资本市场为核心的金融资源配置体系，让创新活力充分注入市场经济体系，让金融业更好地服务实体经济。国际金融市场在服务实体经济上具有丰富经验，在借鉴其经验的基础上，探索适合上海自贸试验区发展的新路径以促进自贸区新片区建设。

2.数字金融已成为国际数字经济竞争的制高点

随着数字经济的发展，世界主要发达国家与地区纷纷制定监管政策，大力发展数字金融。例如，2020年5月，美国国会议员提交了《推进区块链法》的提案，12月，美国证券交易委员会宣布其创新与金融科技战略中心升级为独立部门。2020年4月，欧盟委员会发布了《咨询文件：欧洲新数字金融战略咨询行动计划》。位于亚洲的新加坡更是把数字金融作为参与下一轮金融中心竞争的重要砝码，并且成立了亚洲数字金融学院，又分别批复成立了两家数字资产交易所，即iSTOX和ECXX。日本、韩国等国家也都在积极推进数字金融发展布局。中国香港数字资产交易所HKD.com的实体交易中心于2021年1月正式投入服务，主要提供包括数字资产实时开户及转账、数字货币钱包增值、数字资产托管等服务，努力打造线上和线下互相结合的数字金融高地。

3.我国数字经济的快速发展对数字金融服务提出了新要求

近年来，我国以线上交易为主要特征的数字经济发展迅速。数字经济的高速发展，特别是线上交易等经济活动比重日益提高，对线上金融服务提出了现实需求。但是，由于互联网经济的数据库建设各自为政，导致数据信息无法互联互通，造成了许多"信息孤岛"现象，金融服务不能做到线上线下全覆盖。最近几年，正是由于线上金融服务的需求与供给间的缺口导致一段时间内互联网金融的无序发展。因此，不论是普惠金融的发展，还是加强数据治理，都需要大力发展数字金融。

4.上海数字金融产业发展面临着激烈的国内竞争

从近期我国几个主要省市已发布的"十四五"规划及政府工作报告中我们看到，各地都把发展数字金融产业放在重要位置。自2019年末人民银行在雄安、深圳等地开展数字人民币试点以来，许多地方都在加紧开展数字人民币应用的场景开发，各地都在大力发展数字金融。2020年10月，以区块链技术为主要特色的通证经济产业园区在宁波成立。以互联网经济为特征的杭州，则借助在互联网大数据、云计算、人工智能、区块链等方面的雄厚基础，结合浙江自贸试验区杭州片区的建设要求，成立了数字自由贸易研究院。位于我国西南的重庆市，与2021年1月获得5000万美元A轮融资的新加坡iSTOX合作，将在重庆建立一个数字化证券交易平台，主要面向中国中西部地区。2021年，北京在数字金融发展方面频频出手，先后成立了朴道征信公司和大数据交易所。另外，海南、深圳、广州等地都在制订数字金融产业发展规划。综上，伴随着激烈的城市竞争，上海亟待进一步发展数字金融。

二、上海自贸试验区数字金融体系建设要点

（一）促进制度与服务体系的开放与发展

1.精简负面清单，金融领域完全开放

负面清单是限制外国投资准入的一种管理方法，也就是说，除了清单所列的禁止投资区域，所有其他经济领域都完全开放。与正面清单相比，负面清单管理模式在外国投资方面更加透明和开放。受到新冠肺炎疫情的影响，全球经济衰退，国务院于2020年6月公布了2020年外国投资准入的负面清单。与2019年版相比，金融业务范围大幅修改，外国投资可及性的负面列表减少至30条。上海自贸试验区完全开放了金融部门，对证券、期货、个人保险的外资股份比例没有限制。作为国际金融中心的上海自贸试验区大幅简化了负面清单，进一步扩大了外资准入范围，促进了金融服务业的开放，为构建中国新的发展格局提供了更高水平的金融资金支持。

2.建立"三位一体"的金融服务体系，发展跨境金融

上海自贸试验区积极开拓、率先发挥先行先试的优势，在中国提出了"离岸+自由贸易+海外分行"的金融服务模式，形成离岸账户和海外分行及自由贸易账户的"三位一体"，率先实现对本币和外币的综合管理及跨境资本流动及业务交流。同时，鼓励上海地区企业充分利用国际金融交流合作平台，掌握国内外资源和市场，谋求跨境金融发展，更好地吸引外商投资和国内企业的融资，吸引更多的外国企业落户园区。

3.扩大金融服务板块

2020年1月8日，上海市政府公布的《加快上海金融技术中心建设的实施方案》强调，到2025年上海将努力建设与国际标准相符合的金融技术创新中心，稳步提高上海的全球竞争力指数，进入世界金融中心的前列。目前，上海自由贸易区与主要国际证券交易所一起开辟了双向投资渠道，形成了互联互通机制，促进了人民币的国际化。2019年6月，"上海—伦敦"机制正式实施，宣布在上海和伦敦证券交易所之间建立互联互通机制，双方可以在遵守法律、遵守相关上市条件的基础上，通过存托结算发放相关经济权益证明，并在另一侧市场进行基础证券交易，进一步扩大人民币在海外的

使用，加强合作城市之间的合作。目前，"上海—德国"和"上海—新加坡"的合作也被列入议程，有关部门正在积极推进。陆家嘴金融城位于上海自贸试验区金融集聚的核心位置，致力于吸引外国投资的重大项目，并不断优化总部经济的发展环境。虽然全球范围内疫情不断扩散，但基于上海市对疫情的积极预防和控制应对，陆家嘴片区的总部经济发展呈上升趋势。以总部经济为中心，上海自贸试验区将持续吸引世界各国优质金融企业和功能产业，逐步扩大金融服务范围，从而推动国内产业结构的升级和经济增长模式的转变。

4.遵循"六个双"政府监管机制，安全审慎管控

首先，相关审查和批准部门为企业执照审查和批准设立了"双通报、双反馈、双跟踪"的事前监督机制，做好"先许可后发证"的审批工作。其次，通过"双随机、双评估、双公示"的事后监管协调机制，严格执行更正，加强各部门之间的信息共享机制，实现全过程动态监管目标。此外，在制度设计上，上海自贸试验区的宏观调控框架采取安全谨慎的态度，严格遵循"一线自由化和二线安全高效控制"的自下而上的调整原则，建立区域金融监管信息平台，加强自由贸易区的部门监管协调与合作，积极推进动态风险防控监管，积极推进功能性金融监管。同时，要严厉预防洗钱、恐怖融资等不良现象的发生。

（二）深化金融领域开放创新

1.扩大金融领域开放，开展本外币一体化试点

地区银行可以针对海外机构的人民币银行结算账户（Non-Resident Account，简称NRA账户）发放境外人民币贷款，研究和宣传境外机构投资者在国内证券投资渠道的整合，并针对境外投资者利用NRA账户处理国内证券的投资问题。支持建立文化创意产业发展的民营银行。鼓励合格的中国各个银行发展跨境金融服务，支持具有实际贸易背景的跨境金融服务需求，促进主要行业跨境人民币业务和外汇业务。探索面向临港科创中心科技企业的跨境融资渠道，在宏观审慎的框架下独立确定跨境融资的路径、金额和时机，创新企业的外债管理方法，逐步实现非金融企业在创新示范区的非金融外债务完全可转换目标。根据法律、法规，通过以市场为导向的方法，支持设立境内外私募平行基金。鼓励合格的私募和资产管理机构进行海外投资。协助跨国公司在中国设立合格的投资公司，按照中国的法律法规设立金融公司。

2.促进金融科技创新

重点关注清算和结算、登记和托管、信用评级、资产交易、数据管理等环节，通过重大金融技术项目的登陆和科学技术来完善金融基础设施服务。充分发挥金融科技创新监督试点机制的作用，在为实体经济提供服务、控制风险、充分保护消费者合法权益的前提下，坚持进行金融科技创新，构建金融技术应用方案测试区域，建立应用方案的发布机制。

3.强化金融服务实体经济

通过相关法律法规，允许对实物资产、股权转让、资本增加和股票扩张进行跨境交易。在遵守相关国家法律法规和控制风险的前提下，本地区汽车金融公司进行跨境金融，并按照相关国家有关规定申请同时保险机构资格。允许本地区注册金融租赁母公司和子公司分担企业的海外债务额度。

（三）数字金融平台建设

1.打造一流的数字金融产业园

数字金融的发展离不开云计算、边缘计算、大数据、区块链、物联网等技术的发展，离不开金融应用场景的挖掘、开发、应用。因此，发展数字金融，需要有一个相对集中的产业集群发展区域。我们对上海各区数字经济的基础条件进行了考察。临港新片区将实施"飞鱼计划"，建设相当于"数据保税区"的数字产业，其中，国际国内的数据可以在这里无缝对接，这对国际数字资产的交易将创造极为有利的条件。静安区的市北高新产业区是张江国家自主创新示范区的重要组成部分，集聚了以上海市政府大数据中心、上海数据交易中心、大数据流通与交易技术国家工程实验室、上海超算中心大数据产业孵化基地等为代表的170家核心大数据企业，占全市总数的1/3。2020年，又成立了上海市北区块链生态谷。静安区市北高新区发展上海数字金融产业有着良好的基础条件。上海市数字金融产业园建设，将从四个层面重点培育数字金融产业集群：一是以金融应用场景为目标，引进培育以云计算、大数据、区块链、人工智能、物联网、5G等技术赋能金融的应用技术开发企业；二是为金融机构提供资产数字存储、处理等服务的数据中心等基础设施企业；三是中国三大互联网公司如百度、阿里巴巴、腾讯等大型科技企业的科技金融服务板块的机构；四是集聚包括数字征信等在内的金融数据资产公司；五是集聚一批以通证经济为主要特征的数字资产经营服务机构；六是集聚一批以数字技术应用为基础的金融科技公司、金融资产管理公司，如科技银行、量化交易等金融机构。产业园的开发建设可利用上海现有的科技开发园区内已有的开发机制，为确保数字金融产业发展导入的专业化服务，拟成立专门的产业园运营服务公司，组织实施专门的产业发展规划，为入园企业提供专业化服务。

2.建设一流的数字征信平台

信用和资金是金融的两个基本要素。资金的数字化已由央行牵头自2019年开始开展数字人民币试点。但数字信用的建设，尤其是在企业信用征信方面还处于自发阶段，主要表现为，一是以蚂蚁金服等互联网平台公司为主，利用网商平台上交易数据的优势，建立了芝麻信用等征信平台；二是一些从事大数据的科技公司，利用网络爬虫等技术从事企业征信业务。因为这些数据涉及个人隐私、知识产权、商业机密等法律上的问题，所以央行对网络征信的态度一直比较谨慎，也正在利用大数据对过去一段时间内从事征信业务的市场乱象开展治理整顿。建立统一规范的数字征信平台，不仅是国家数据治理建设的重要内容，而且是数字金融发展的基石。只有数字征信建设好了，供应链金融、普惠金融才能有信用评估的基础，才能为金融机构在对融资企业做信用定价时提供真实、全面的信用数据。根据对数字征信重要性的理解，特别是在对网络信贷、POS贷等的得失做深入分析的基础上，我们认为，数字征信平台建设应放到战略的高度来认真对待，应作为数字金融建设的首要工程来抓。这是因为，数字信用是数字金融最核心、最基础的数字资产，只要数字征信做好了，数字金融的其他业务就有基础了。上海是我国最早开始个人信用征信试点的城市。1999年就成立了上海资信公司，制定了《上海市个人征信管理办法》，在全社会已形成了"一处守信、处处得益，一处失信、处处制约"的氛围。但是随着互联网经济的发展，越来越多的经济活动从线下转移到了线上的数字经济平台，这就对征信数据的获取、加工、使用提出了新的要求。为此，我们建议由市政府牵头，积极争取央行的支持，率先在上海开展统一的数字征信平台建设。数字征信平台公司的组建，建议采取国有资本与社会资本共同参与的混合所有制模式，既发挥国有资本的稳定器作用，又能调动社会资本的积极性，充分发挥市场化运作的机制。数字征信公司可先行在上海范围内开展数字征信和应用服务，并择时逐步向长三角地区拓展。

3. 建设一流的数字资产交易平台

数字资产将融入人们的日常生活，成为未来资产的重要组成部分。设立数字资产交易平台，有利于数字资产的流通和交易，有利于数字资产价格的体现，有利于数字经济条件下的投融资，也是上海国际金融中心的建设中不可或缺的重要内容。目前，新加坡、中国香港等地都分别设立了数字资产交易所，积极打造数字金融高地。在上海建设一流的数字金融交易平台，可以发挥数字金融产业发展的领头羊作用。数字资产交易平台建设，起步阶段可以重点围绕跨境贸易中的数字货币支付、大宗实体资产的数字化交易，以及积分通证、企业通证、证券通证等通证交易几个业务板块，逐步发展到数字货币交易。因为国家对交易所平台的整治工作还没有完全结束，特别是数字资产的法律规章还没有完善，所以上海数字资产交易平台建设拟在上海市政府及国家金融监管部门的指导下，先行开展数字资产交易的制度设计，研究交易规则，制定交易产品规划。当条件成熟时，再以上海市政府名义正式向国家有关部门提出报告。目前，发起人团队与新加坡、中国香港等有关数字资产交易机构建立了联席机制，代表他们在境内寻求合作。筹建上海数字资交易平台可以邀请上海国资、在沪金融交易市场以及大型国企和民企共同参与，也可以邀请国际机构参与建设。

4.建设一流的数字开放银行科技服务平台

开放银行是基于平台的业务模式，可将数据、算法、交易、流程和其他业务功能共享给业务商业系统。开放银行是从银行到长尾用户的重要途径。开放式应用程序编程接口和其他技术用于实现银行与第三方组织之间的数据共享，实现银行服务和产品的即插即用，从而提高用户体验感，建立开放式泛银行生态系统。与众所周知的"直销银行"和"互联网银行"相比，开放银行不再是服务渠道或单一业务领域的数字转换。在开放银行模式下，银行和生态合作伙伴在信息服务资源共享的基础上，在金融服务资源和合作伙伴的服务能力之间进行密切合作与协作，使银行的金融服务能够与我们生活的场景和消费场景深度融合，从而给客户带来更好的服务体验感。

当前，我国各商业银行一方面正在以数据中台为核心，全力打造"把数据用起来"的开放银行体系。另一方面，各银行间的数据还不能及时共享，各银行间还存在着严重的"信息孤岛"现象，特别是供应链金融、大小银行在存贷资产方面的资源禀赋差异等问题上，通过开放银行全新体制机制建设，完全可以实现银行服务效率的提升，真正实现普惠金融的目标。

5.构建一流的数字金融专业投资平台

数字金融产业的发展，离不开资本的投资推动。建立一支专业的数字金融产业投资基金，通过引进战略性有限合伙人，有利于吸引更多的投资人参与到数字金融产业的建设中来，让投资人分享数字金融大发展带来的成果。

6.建设一流的数字金融研究院

数字金融研究院主要围绕数字金融的科技、产业发展理论及产品与商业模式等开展研究，为行业内从业人员提供培训服务，目的是为数字金融提供可持续的发展能力，包括开展数字金融领域的重要课题研究、为业界提供研究方向指引等。规划中的数字金融研究院为非营利性机构，邀请海内外数字金融领域内学界、业界、管理界专业人士成立学术委员会和顾问团队。

（四）上海自贸试验区数字金融体系建设需注意的问题

1.以政府引导为主，避免成为推动政策红利的工具

上海自贸试验区成立初期，因为在开发的方方面面都不均衡、不完善，经济实力薄弱，所以要依靠政策来促进发展。为了吸引外国企业的进入，政府制定了一系列政策，包括最大限度地降低外国企业进入中国的准入门槛，扩大国内市场需求，给上海自贸试验区创造了额外的政策红利。上海自贸试验区成立后，广州、重庆、天津等城市宣布建立自贸试验区。因此，一些企业希望上海自贸试验区在财政和货币政策中引入一系列优惠政策，或出台相关政策以缓解对部分地区的监管。对此，政府要正确引导，防止企业对创新和变化的认识缺失，避免让自贸试验区逐步成为推进政策红利的工具。

2.金融市场机制不完备

金融危机爆发后，世界上大多数发达国家都改变了以前的金融发展模式，选择购买国债和扩大国家银行的货币基础等宽松的金融政策。但是，当短期内大规模的资金流入市场时，一些新兴经济体会受到不同程度的影响。从国内市场情况来看，中国正处于经济转型时期，整体深度和广度的扩大、产品种类和市场的丰富度、汇率利率市场等金融市场存在隔离问题和矛盾，资本价格的市场动员机制还没有发挥作用。

3.国际资源配置能力不足，溢出效应受阻

上海自贸试验区正式成立后，上海市出台了相关优惠政策，旨在持续吸引外资能投资入驻园区。上海自贸试验区大部分高科技企业是外国企业，具有先进创新能力的国内企业不多，在上海证券交易所上市的外国投资企业很少。金融是上海自贸试验区发展的核心关键，因为金融没有能与科技创新技术做到有效融合，所以上海在国际金融市场上影响力薄弱。虽然上海自贸试验区在部分地区有着绝对优势，但依然存在无法突破可在上海上市的高质量外围资金的国际资源配置能力不足的瓶颈，国际溢出效应受阻。

4.金融监管存在漏洞，诱发金融风险

中国的资本市场是在短期内建立的，缺乏监管经验，因此有必要防范风险，全面完善监管体系。在互联网技术发展突飞猛进的同时，自贸试验区对金融企业的监管强度和要求也随之提高，但无论是过于严格还是宽松的监管都对金融发展有着抑制的作用。宽松的监管会导致竞争的恶性循环，过度严格会导致创新意识和能力的削弱。因此，对金融监管范围的界定成为相关部门的一大难题。与此同时，部分发达国家实行利率市场化，对金融企业的综合监督就可能存在漏洞。企业金融创新不断增强，有关部门应关注加强金融监管制度，同时注意金融创新与金融监管之间的平衡。

5.缺乏高端国际人才

所有的发展和进步都离不开金融发展不可或缺的要素——人才的振兴。随着中国金融开放力度的加大，许多世界著名的金融机构在园区设立了总部，为金融人才提供了机会与发展空间。上海自贸试验区的战略目标是建设具有国际高标准的自贸试验区，国际金融人才成为建设国际金融中心、增强国际金融竞争力的关键因素之一。因此，上海的金融领域不但缺乏具有国际专业证书的金融人才，而且需要既懂金融业务又熟悉国际贸易政策法规的高端国际化人才。

三、借力上海自贸试验区数字化发展，推进城市数字化转型

（一）加强数字监管助力智慧城市

1. 完善数字技术监管的必要性

在全球新冠肺炎疫情肆虐的大背景下，城市各行业数字化转型是我国各省区市为应对疫情带来的冲击、实现产业结构重整、以数字经济带动国内经济复苏的重要发展路径。数字技术的革命性变化是推动城市数字化转型和建设数字自贸试验区的基础，数字技术也影响了人们生活的方方面面，重塑着政府与企业、政府与大众、企业与企业、企业与大众之间的关系，从而提升社会整体效益。与此同时，由数字底座搭建的网络生态圈中也存在着不规范、不成熟的地方。上海市打造的"1+1+x"数字底座需要更加强大和可靠，进而才能更好地结合各种各样的应用场景，数字底座数据的可靠性提高，数据传输的稳定性增强，数据存储的稳定性保障，以及数字网络规范性的进一步完善，都是助推上海市数字化转型以及建设特色数字自贸示范区的重要因素，而这一切，都需要数字技术监管，目前数字技术的监管框架正在逐渐完善，我们仍需要进一步完善数字技术监管，从根本上提供安全保障与风险防范，这需要我们做好长期工作的准备①。

2. 强化监管，为数字经济护航②

数字经济的持续健康发展离不开对网络交易的加强监管，这也体现了政府对网络交易中各方主体合法权益的维护。为了让网络交易稳步进行以及实现更多元化的发展，通过多项举措共同推行，不断强化监管能力，不断完善保障网络交易的相关法律法规，以大数据、人工智能、云计算、区块链等技术赋能监管创新，建立网络交易监管系统、监测平台，解决传统监管手段下违法行为的发现难、取证难、定性难等问题，依靠在线风险筛查进行提前风险预防、在线存证取证明晰各方责任、在线线索移交确保透明性、在线信用管理提高可靠性等方式强化网络交易监管。

数字经济作为疫情背景下经济发展的核心产业，持续推动数字经济赋能经济复苏发展，重塑构建新发展格局，需要努力构建责任划分清晰、多元主体共同参与的协同治理体系，并打造透明公开、有秩序的网络消费环境。

---

① 中国经济网，2018.05.
② 新浪科技，2020.11.

3. 数字监管框架——促进增长

一个只有适应新的经济形态和模式、充分认识数字经济给监管带来的挑战、充分理解数字经济时代的创新和竞争的问题而构建起来的数字经济监管框架，才能更好地支撑数字经济的增长、创新，让数字网络环境充满活力，让数字经济生态圈良好运转。在上海数字自贸试验区的建设过程中，对数字监管框架的构建，必须要考虑自贸试验区经济增长的因素。数字自贸试验区内数字核心技术和企业竞争工具的快速更新，改变着我们对市场竞争方法和竞争形态的认知；数字自贸试验区内由数字技术带来的行业创新进而出现的新经济增长点，并需要新的监管机制保证其健康发展；数字自贸试验区内跨境投资、贸易的行业间、各个国家间需要有更多的监管协同，是数字经济时代下自贸区数字化建设给监管带来的几个大的挑战。我们必须构建一个促增长的数字监管框架，为自贸试验区的数字化建设提供坚强保障。

（二）数字城市背景下自贸试验区发展新模式

1. 依托数字城市构建全球治理视角的高质量自贸试验区网络[①]

（1）在自贸试验区试行数字人民币

《中共中央关于制定国民经济和社会发展第十四个五年规划和二〇三五年远景目标的建议》中已经明确提出，"稳妥推进数字货币研发"。当前，我国数字货币的研发持续稳步推进，2020年10月和12月分别在深圳和苏州开展的数字人民币红包试点预示着数字人民币距离面向社会公众推出又靠近了重要的一步。法定数字人民币的研发和应用，不仅将助推我国数字经济加快发展，而且对人民币的国际化有着重要的战略意义。

上海市在数字人民币试点应用过程中，落地多个数字人民币场景，在白名单客户数、钱包数、钱包交易量等方面均领先全国。上海可将自贸试验区作为应用数字货币的关键节点，布局数字人民币的入口端，在我国目前已经构建的自贸试验区网络试行我国央行发行的数字人民币，达到以点连线、以线带面的效果，回归自由贸易之本，降低贸易成本，应对美元霸权，在减少不必要摩擦的同时，逐步使对单一数字货币的使用达到"最佳货币区"的效果，为构建面向全球的高标准自贸试验区网络实现统一货币的目标。上海自贸试验区作为中国第一个自贸试验区实验点，同时也是全国的金融中心，在自贸试验区率先开展数字人民币的统一使用对于促进全国乃至全球实现自贸试验区网络的货币统一至关重要。

（2）构建全球共享的自贸试验区网络

上海自贸试验区可基于区块链技术建设自贸伙伴联盟，区块链的特征可为自贸试

---

① 陈淑梅.基于区块链技术构建全球治理视角的高质量自贸区网络[J].国际贸易，2020（12）.

验区建设中的"存证"难题提供解决方案，打通自贸试验区间的"数据壁垒"，实现信息和数据共享，解决信息不对称问题，真正实现从"信息自贸试验区网"到"信任自贸试验区网"的转变。同时，通过区块链推动贸易自由化，通过数字网络营商环境的优化来促进贸易便利化，构建有活力、开放、全球共享的良好自贸试验区生态网络。

2. 数字金融助力新路径[①]

（1）推进自贸试验区资本优化配置跨区域发展

在数字自贸试验区的建设过程中，通过搭建数据互联、共享、协作的网络生态圈，推进自贸试验区内自由化投资、便利化投资以及安全化投资，数字网络生态系统以及数字监管机制为数字金融各业务流程保驾护航，实现各业务流程的自动化和集约化改革。而传统的流程中存在的信息不对称，以及由于信息不对称所引起的道德风险和逆向选择风险，会增加自贸试验区各区域之间的交易成本。自贸试验区金融数字化在各区域协同发展，保障了资本安全、快速流通，实现不同区域之间大范围、高安全传输属性进行资本最优配置。

（2）建立完善的自贸试验区创新型金融市场

数字金融助推自贸试验区数字化发展需要建立创新型数字金融市场。其发展重点可聚焦为以下两点：一是深化金融领域开放创新专项。通过两个试点——合格境外有限合伙人（QFLP）政策试点和资本项目收入支付便利化改革试点，便利化跨境投融资工作以及汇兑收款结算工作，实现拓展金融领域对外开放的深度与广度，金融风险提前预防与事后控制体系的建立与完善，助推科技金融创新进程更进一步。二是强化科技成果转移转化。重点聚焦科技人才培养，鼓励人才创新创业，打造活力创新环境，以科技创新策源地建设推进健全支持基础研究、原始创新的体制机制，完善落实"政产学研用金"六位一体科技成果转化机制，深化科技成果使用权、处置权和收益权改革。

（3）构建长期有效的法律法规体制

数字金融的发展依赖于数字科学技术的发展以及与社会关系变革相适应融合，两者随着时代的进步会不断变化，甚至变化迅速。这使得数字金融在发展过程中很容易产生和泛化数据信息的储存、传输安全风险，以及可能产生长尾风险，对金融数字化产生冲击和阻力。因此需要强化自贸试验区法治保障，重点推进加强地方立法，建立公正透明、体系完备的法治环境。

（三）技术创新助力自贸试验区与数字城市建设

技术创新对经济的发展发挥着驱动作用，我国现代化经济体系建设离不开创新发

---

① 杨梦溪，姚洋，史雪娜.金融创新助力雄安自贸区的路径研究[J].投资与合作，2021（04）.

展。当前，以数字技术为核心的新一轮科技革命正在重塑、创新、发展经济体系，技术创新赋能释放巨大发展潜力，助力数字自贸试验区的建设①。

数字技术、数据要素的快速迭代性和融合性决定了数字创新发展经济体系可以优化升级。数字技术的不断突破促使数据要素在创新发展经济体系中的价值不断凸显，为上海数字自贸试验区建设提供了技术上的可能性。

上海自贸试验区完成数字化转型需要科技的突破作为动力。例如，蒸汽机技术、电机技术、信息技术等技术的不断突破促使创新发展经济体系不断变革，历经了从机械化到电气化再到信息化等不同阶段。随着目前数字技术的不断提升，由高性能计算、大数据、云计算、人工智能、5G、人工智能、区块链、物联网等数字技术构成了数字技术生态系统，推动了数字创新和经济体系的发展。与传统技术相比，数字技术具有可编程性（可以对二进制信息进行再次处理）、可供性（有不同的应用场景）、同质性（可以将信息转换为二进制语言）等特征，能辐射至社会各领域。全球5G在网络建设、用户发展以及终端模组方面都呈现出良好发展态势。5G融合应用生态也正在加快形成，在工业、消费、民生领域都形成了许多具备商业价值的典型应用场景。在数字创新发展经济体系中，网络宽带、通信基站等构成了数字基础设施，使得数字要素能够实现低成本和快速流动，提高传统要素的连接效率，形成泛在互联的要素网络。

人工智能不仅是赋能产业转型创新的重要手段，而且是推动数字经济发展的动力。当前人工智能经历了初期爆发式增长后，现在进入了扩张整合的产业发展新阶段②。从技术上看，人工智能近几年发展迅速，并不断创新，已有相关技术应用于生活中。人工智能进入产业化阶段，不但为千行百业带来巨大的发展潜能，而且为上海自贸试验区建设带来无限可能。

---

① 康瑾，陈凯华.数字创新发展经济体系：框架、演化与增值效应[J].科研管理，2021，42（04）：1-10.
② 中国信息通信研究院.全球数字经济白皮书.2021.08.

第三章 上海先导及六大重点产业的供应链安全保障与提质增效对策研究[1]

第一节 概述

一、发展先导产业面临的国际背景

当前，受新冠肺炎疫情全球大流行冲击，叠加中美复杂博弈、国际经贸规则深刻变化、新一轮科技革命和产业链供应链变革深入发展等因素影响，全球产业链供应链加速重构。全球产业链供应链发展逻辑从效率驱动转向重视安全，新冠肺炎疫情加速了全球产业链供应链本地化、多元化和区域化[2]。新冠肺炎疫情的暴发，本身是一个外生的短期冲击事件，虽然不能改变各国的成本结构和技术能力，但是疫情促使部分国家在战略层面对供应链的安全因素给予高度关注，从而强化了这些国家改变全球供应链体系的紧迫感。全球疫情蔓延造成部分新兴产业供应链出现"断点"。随着全球疫情的扩散，国际航线减少导致物流运输资源不足，部分新兴产业发展面临国外资材交付不足、产业运输时效延长、交付成本增加、外籍供应商专家入境受阻等问题，增加了供应链风险和企业成本。

二、我国供应链的安全形势

在上述国际背景下，我国供应链的安全稳定面临重大考验，我国产业链供应链不

---

① 段鹏飞，经济学博士，上海对外经贸大学副教授。研究领域包括宏观经济政策、国际金融、产业经济。在《财政研究》《经济理论与经济管理》《公共支出与采购》《产业与科技论坛》等杂志发表论文；主持上海市人民政府发展研究中心决策咨询课题、参与国家社会科学基金项目等多项课题。承担本章的撰写工作。

② 葛琛，葛顺奇，陈江滢.疫情事件：从跨国公司全球价值链效率转向国家供应链安全[J].国际经济评论，2020（04）：67–83+6.

稳、不强、不安全的风险日益凸显。根据工业和信息化部对全国30多家大型企业130多种关键基础材料的调研，我国32%的关键材料仍是空白，52%依赖进口。近年来，美国陆续采取举措限制人工智能、集成电路等领域软件和技术与我国的合作，使得我国在集成电路、无人机、自动驾驶汽车等领域的发展受到较大影响。

可见，供应链的自主可控及其现代化发展对于构建新发展格局和推动现代化国家的建设至关重要，矢志不移地推动产业基础再造工程的发展，强化科技攻关，加快补齐影响产业链供应链安全的短板，锻造具有竞争优势和控制力的长板，练出更多的独门绝技，形成更多的优势领域，打造具有更强创造力、更高附加值和更安全可靠的现代化供应链，是经济建设和社会发展的迫切需求。

三、上海的先导产业战略

强化全球资源配置、科技创新策源、高端产业引领、开放枢纽门户等"四大功能"是习近平总书记立足世界百年未有之大变局和中华民族伟大复兴战略全局，对上海城市发展提出的战略要求，既是上海打造国内大循环中心节点和国内国际双循环战略链接服务及融入新发展格局的切入口和发力点，也是上海代表国家参与国际竞争的重要抓手和关键举措，是上海实现高质量发展、成为卓越全球城市的内在需求。

2021年7月21日发布的《上海市战略性新兴产业和先导产业发展"十四五"规划》指出，上海要以国家战略为引领，重点围绕集成电路、生物医药、人工智能、航空航天、新能源汽车等领域，谋划布局一批先导产业，为未来产业的发展奠定基础，打造相对自主可控、安全可靠的产业链和供应链，提升产业链、供应链的稳定性和竞争力，更好地参与国际合作和竞争。

"十四五"期间，国际形势日趋复杂、全球化协同创新体系面临新的挑战，为了践行总书记对上海市提出的"四大功能"要求，不仅要继续通过大力培育战略性新兴产业来强化"高端产业引领、科技创新策源"这两大功能，而且要通过谋划布局一批先导产业，为未来产业的发展奠定有安全保障的供应链，从而确保"全球资源配置、开放枢纽门户"这两大功能的实现。我们只有从全球供应链安全保障这个视角来研究上海先导产业的布局，才能为提高上海发展的质量和效益提供对策参考[①]。

---

① 盛朝迅.新发展格局下推动产业链供应链安全稳定发展的思路与策略[J].改革，2021（02）：1-13.

第二节　集成电路产业供应链发展现状及对策研究

集成电路（IC）是指经过特种电路设计，利用半导体加工工艺，集成于一小块半导体（如硅、锗等）晶片上的一组微型电子电路。相比传统的以导线连接独立电路元件的分立电路，集成电路的优势体现在两方面，一方面是成本，芯片通过光刻技术被整体印刷成独立单元，加上采用极少材料的封装技术，使得成本大幅降低；另一方面是性能，微小的体积以及元件的紧密排布使信息切换速度极快并且产生更少的能耗，工作性能卓越。如今集成电路已在众多领域广泛应用，通信、医疗、教育、传媒等领域都离不开集成电路，所以集成电路对于当今时代发展的重要性不言而喻。

集成电路的生产过程复杂、资金投入大、技术要求高、投入期长，属于典型的技术和资本密集型行业。集成电路的整个产业链上下游分割十分明显，可分为设计、制造、封测三大环节。我国处于集成电路产业链的下游，同先进国家的技术差距很大，所以打破外国企业的垄断局面、提高国产化率是当务之急[①]。

一、我国集成电路产业发展现状

（一）设计端

全球芯片设计产业龙头企业主要分布在美国、中国台湾等国家和地区。2018年，中国企业海思半导体首次入围全球芯片设计前十名企业，营收规模排名全球第五名。如表3–1所示，从整体上看，美国企业仍然占据了绝对主流，前十大芯片设计公司中有8家都来自美国，中国企业仅有海思半导体和联发科（中国台湾）上榜。到2021年第二季度，全球前十名企业中美国有7家，前三名也被美国包揽，中国台湾有3家企业入围，分别是联发科、联咏科技和瑞昱半导体。华为海思一度位居前十大公司中，但2020年遭遇美国实体清单制裁后，在2021年第一季度就退出了前十名之列。2021年6月，在全球智能手机芯片整体增长21%的大环境下，华为海思手机芯片出货量同比暴跌88%。

---

① 樊佩茹，李俊，王冲华，张雪莹，郝志强.工业互联网供应链安全发展路径研究[J].中国工程科学，2021，23（02）：56–64.

表3-1 2021年第二季度全球前十大IC设计公司营收排名

单位：百万美元

排名	公司名称	21Q2	20Q2	YoY（%）
1	高通	6472	3807	70
2	英伟达	5843	3461	68.8
3	博通	4954	4155	19.2
4	联发科	4489	2259	98.8
5	超威	3850	1932	99.3
6	聨咏科技	1219	622	96
7	美满	995	716	38.9
8	赛灵思	879	727	20.9
9	瑞昱半导体	834	579	44
10	新思国际	328	178	18
前十大公司营收总和		29863	18536	61.1

资料来源：集邦咨询。

在集成电路设计端，我国的销售额逐年稳步增加，由2011年的526.4亿元增加到2020年的3778.4亿元，行业发展增速明显。从总体上看，我国集成电路产业链结构在逐渐向上游发展，如图3-1所示。

图3-1 2011—2020我国集成电路设计销售额及增速

资料来源：上海海关。

目前，中国集成电路设计面临的主要问题是企业规模小、核心市场和客户供应体系进入难度大，技术能力和国外企业相比有较大差距。第一，芯片软件原创的设计工具缺乏。EDA（Electronics Design Automation）是芯片设计最重要的工具，被誉为集成电路的"命门"。但是EDA的市场主要由Synopsys（新思科技）、Cadence（楷登电子）和Mentor（明导）三大巨头垄断，占据全球60%以上的份额，而国产EDA只占10%。第二，国内EDA企业产品不全。国内最大的EDA公司——华大九天也只能提供1/3的EDA工具。

2018年，国产EDA销售额为3.4亿元，只占国内市场的10%，而Synopsys、Cadence销售额分别为30亿美元和21亿美元。第三，EDA设计工具进入壁垒高、投入周期长，且国内生态圈缺乏，产业链基础薄弱，人才数量也难以匹配。

（二）材料端

半导体材料产业分布广泛，门类众多，主要包括晶圆制造用硅和硅基材、光刻胶、高纯化学试剂、电子气体、靶材、抛光液等。半导体材料行业位于半导体产业链上游，是半导体产业链中细分领域最多的环节，细分子行业多达上百个。按大类分，半导体材料可以分为晶圆制造材料和封装材料。我国是全球最大的半导体消费国，也是全球最大的半导体材料需求国。

中国的半导体材料销售额稳步增长，晶圆厂的建厂潮加速了国内半导体材料行业的发展。在国家鼓励半导体材料国产化政策的影响下，本土半导体材料厂商不断提升半导体产品的研发和技术水平，逐步推进半导体材料的国产化进程，半导体材料市场规模持续增长。如表3-2所示，2020年，中国台湾地区凭借先进的芯片工艺和封装技术，连续十二年成为全球最大的半导体材料市场，规模达到124亿美元。中国的半导体材料方场规模达到97.63亿美元，同比增长12%，超过了韩国，全球排名第二位，受新冠肺炎疫情等一系列因素的影响，欧美地区则有不同程度的下降。

表3-2　全球半导体材料市场规模

单位：百万美元

区域	2019	2020	同比增长（%）
中国台湾	11449	12383	8.2
中国大陆	8717	9763	12
韩国	8885	9231	3.9
日本	7708	7947	3.1
世界其他地区	6415	6759	5.4
北美洲	5623	5590	−0.6
欧洲	3919	3634	−7.3
总计	52716	55307	4.9

资料来源：前瞻产业研究院。

但是，半导体核心材料技术壁垒极高，国内绝大部分产品自给率较低，市场被美国、日本、欧洲、韩国和中国台湾地区的境外厂商所垄断。根据半导体行业协会的统计，2018年在国内半导体制造环节中对国产材料的使用率不足15%，在先进的工艺制程和中对封装领域，半导本材料的国产化率更低，本土材料的国产替代形势依然严峻，且部分产品面临严重的专利技术封锁。

硅片作为集成电路的基石之一，是集成电路制造的重要载体，也是应用最广的半导体材料，还是芯片生产过程中必不可少的、成本占比最高的材料。但因为硅片市场目前被几大巨头所垄断，且我国在硅片产业起步较晚，所以我国硅片产业出现了发展不均的情况。在小尺寸硅片方面，我国可以大规模生产 4~6 英寸硅片，基本满足国内需求，但在大硅片（8~12 英寸）方面则存在较大缺口。虽然 8 英寸硅片我国能自主进行生产，但仍不能满足下游生产需求；而 12 英寸硅片几乎完全依赖进口。截至 2019 年 6 月，6 英寸硅片国产化率超过 50%，8 英寸硅片国产化率为 10%，12 英寸硅片国产化率小于 1%，且国产 12 英寸硅片在国内晶圆厂中大都为测控片，销售正片的工厂较少。随着下游需求回暖，国内硅片缺口将进一步扩大。根据 SEMI 数据可知，从 2016 年至 2018 年，全球半导体硅片行业集中度提高，信越化学、SUMCO（胜高）、Siltronic（世创）、环球晶圆和 SK Siltron（SK 集团）五家企业市场份额从 85% 上升至 93%。

在半导体制造过程中的重要材料——光刻胶，多是由日美企业垄断，我国国内自给率低，基本依赖进口。光刻胶属于高技术材料，纯度要求较高，生产工艺复杂，需要长期的技术积累。2019 年，在半导体光刻胶中，国内在 g 线/i 线光刻胶仅达到 20% 的自给率，而 KrF 光刻胶的自给率不足 5%，ArF 光刻胶则完全依赖进口。除了大硅片、光刻胶，还有靶材、抛光垫、抛光液、电子特气等多种半导体原材料被美、日、德、法等国家企业垄断，国内企业与这些企业之间还有很大的技术差距，国内企业的主要产品是应用于低端市场。

因此，作为全球最大的半导体材料需求国，大硅片、高端光刻胶等半导体原材料的国产化迫在眉睫、势在必行。

（三）设备端

半导体集成电路的制造过程极其复杂，需要用到的设备包括硅片制造设备、晶圆制造设备、封装设备和辅助设备等，其中，在 2020 年，晶圆制造设备的比重占到了 85% 以上。2020 年，中国的半导体设备销售额为 187 亿美元，同比增长 39.2%，约占全球份额的 26%，位居全球第一位。

但是，全球范围内半导体设备的生产方仍由美国、日本和欧洲公司把持，这当中，生产份额排名前五位的企业就占据了超过 65% 的全球市场份额，如表 3-3 所示。其中，被誉为"皇冠上的明珠"的光刻机，仅荷兰的阿斯麦（ASML）就占据了高端光刻机 70% 的全球市场份额，是世界上最大的半导体光刻机设备及服务提供商。

表3-3　全球前十位的半导体设备供应商

单位：亿美元

排名	国家	公司	销售额	全球份额（％）	主要领域
1	美国	应用材料	163.65	17.7	刻蚀、沉积、CMP、离子注入、热处理
2	荷兰	ASML	153.96	16.7	光刻
3	美国	泛林	119.29	12.9	刻蚀、沉积、清洗
4	日本	东京电子	113.21	12.3	涂胶显影、刻蚀、沉积、清洗
5	美国	科磊KLA	54.43	5.9	过程量测
6	日本	爱德万	25.31	2.7	测试
7	日本	SCREEN	23.31	2.5	清洗、涂胶显影
8	美国	泰瑞达	22.59	2.4	测试
9	日本	日立高新	17.17	1.9	过程量测
10	荷兰	ASM国际	15.16	1.6	沉积
		其他	215.97	23.4	
		合计	924.05		

资料来源：VLSI Research，东兴证券研究所。

半导体设备技术难度高、研发周期长、投资金额高、依赖高级技术人员和高水平的研发手段，具备非常高的技术准入门槛。国内半导体装备企业虽然在近几年内呈现了高速增长的发展趋势，但是毕竟发展时间有限，与美国、日本等国家相比还存在着一定的差距。

（四）制造端

在行业价值链中，半导体制造占有近一半的产值，毛利率也较高，但高价值伴随着高壁垒、技术限制，高额的资本投入导致制造领域马太效应十分明显，龙头厂商的市占率和毛利率均远高于其他厂家。目前，中国的半导体行业还处在初期发展阶段，国内企业长期研发投入和积累不足，使我国半导体行业在国际分工中多处于中低端领域，高端产品市场被欧洲、美国、日本、韩国、中国台湾等国家和地区的少数国际大公司垄断。

根据中国半导体行业协会统计，2020年中国芯片制造业排名榜前10名的企业（外资企业和台资企业也统计在内），包括三星（中国）、英特尔（中国）、中芯国际、SK海力士中国、上海华虹集团、台积电、华润微电子、联芯、西安微电子所、武汉新芯。根据企业性质来划分，虽然内资企业、台资企业和外资企业在中国的营收总体在增长。但是内资企业的收入占比在2016-2020年期间大幅下降，从44.0%下降到27.7%，外资企业的占比从49.1%上升到61.3%，台资企业的占比从6.9%提升到11.0%。这意味着行业整体在增长，虽然内资企业的营收也在增长，但是增长的速度远远低于外资企业和台资企业，如图3-2所示。

国际层面。2021年，在第二季度全球前十大晶圆代工业者营收排名榜中，台积电（TSMC）、三星（Samsung）、联电（UMC）位列前三名。中芯国际（SMIC）第二季营收强势季增21.8%，达到13.4亿美元，市占率也提升至5.3%，继续位居第五名。可喜的是第二季华虹集团营收季增9.7%，超越高塔半导体（Tower）、力积电（PSMC）和世界先进（VIS），以6.6亿美元位居第六名，如表3-4所示。

图3-2　2011—2020年我国集成电路制造销售额及增速

资料来源：上海海关。

表3-4　2021年第二季度全球前十大晶圆代工业营收排名

单位：百万美元

排名	公司	营收			市场份额	
		2Q21	1Q21	QoQ（%）	2Q21（%）	1Q21（%）
1	台积电	13300	12902	3.1	52.9	54.5
2	三星	433	4108	5.5	17.3	17.4
3	联电	1819	1677	8.5	7.2	7.1
4	格芯	1522	1301	17	6.1	5.5
5	中芯国际	1344	1104	21.8	5.3	4.7
6	华虹集团	658	600	9.7	2.6	2.5
7	力积电	459	388	18.3	1.8	1.6
8	世界先进	363	327	11.1	1.4	1.4
9	高塔半导体	362	347	4.3	1.4	1.5
10	东部高科	245	219	12	1	0.9
前十名合计		20505	22973	6.2	97	97

资料来源：集邦咨询。

技术水平层面。集成电路的技术水平核心指标是特征尺寸，特征尺寸是指半导体器件中的最小尺寸。特征尺寸越小，芯片的集成度越高、性能越好、功耗越低，公司的制造水平越高。从竞争格局现状来看，目前，国内IC（集成电路，IC）的制造能力与国际先进企业相比，制造能力要落后5~6年，制程能力相差2代到2.5代。

亟待解决的问题如下：

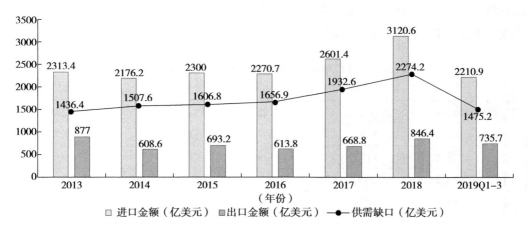

图3-3　国内半导体进出口情况

资料来源：中国半导体协会。

一是供需失衡。中国是全球最大的半导体消费市场，也是全球工业制造中心，人口基数决定了半导体终端产品的消耗量。虽然中国半导体产业的销售规模持续扩大，但本地制造商只能满足本国约30%的需求。

二是结构失衡。国内半导体行业结构失衡。大多数半导体公司都是定位于中低端市场的中小半导体设计公司，大规模、技术壁垒高的制造公司比较少。从国内半导体设计、制造、封测销售额看，半导体制造的销售量在三者当中一直是最低的，多年来制造占比虽然有所提高，但依旧在30%以下。

（五）封测端

集成电路封测是集成电路产品制造的后道工序，指将通过测试的晶圆按产品型号及功能需求加工得到独立集成电路的过程。

封测行业为典型的劳动密集型行业，技术壁垒相对较低，国内企业最早以此为切入点进入集成电路产业。近年来，国内封测企业通过外延式扩张获得了良好的产业竞争力，技术实力和销售规模保持在世界第二梯队，并且仍在高速发展，有望进入第一梯队的行列。根据Trend Force数据，2021年第二季度全球前十大封测业者中，大陆封测三巨头江苏长电、通富微电、天水华天分别以10.99亿美元、5.91亿美元、4.67亿美元营收排在第三、第六、第七位，市占率分别为14%、7.5%、5.9%。整体来看，大陆封测厂商在全球十大封测厂商中市占率总额超过25%，如表3-5所示。

技术水平层面。目前国际先进封装技术发展趋势主要有FCBGA（倒装芯片球栅格阵列的封装格式）、WLCSP（晶圆级封装）、FO-WLP（晶圆级扇出封装）、Sip（系统级封装）等技术，目前中国龙头企业如长电科技、华天科技已拥有此类先进封装技术，其技术水平虽有所落后国际龙头企业，但差距较小，未来有望全面赶超。

表3-5　2021年第二季度全球前十大封测业者营收排名

单位：百万美元

排名	公司	2020营收	2021营收	2021市占率（%）	2021营收年增率（%）
1	日月光	1379	1863	23.7	35.1
2	安靠	1173	1407	17.9	19.9
3	江苏长电	879	1099	14	25.0
4	矽品	910	931	11.8	2.3
5	力成	649	742	9.4	14.3
6	通富微电	351	591	7.5	68.3
7	天水华天	284	467	5.9	64.7
8	京元电	256	274	3.5	6.8
9	南茂	182	251	3.2	38.4
10	颀邦	168	251	3.2	49.6

资料来源：集邦咨询。

发展趋势层面。封测行业为典型的劳动密集型行业，技术壁垒相对较低，市场新入者增加，行业竞争加剧，导致中国集成电路封测行业的增速放缓。中国集成电路封测行业销售额经历了2014年和2017年两个高峰，分别是1555.9亿元、增速14.29%，1889.7亿元、增速20.80%。2018-2020年的销售额增速一直是下降的趋势，从增速16.1%下降到6.8%，如图3-4所示。

图3-4　2011—2020年我国集成电路封测行业销售额及增速

资料来源：上海海关。

中国的封测厂商快速崛起，但国内封测市场仍有较大的国产替代空间。相较于集成电路其他环节，封装测试技术水平相对较低，目前是中国集成电路发展最为完善的板块。国内长电科技等龙头厂商在技术能力上与国际先进水平比较接近，2019年，在国内封装测试前十名企业中，我国内资企业占据前3名，但是外资企业在国内封测市场中仍占据较大份额，国产替代存在着较大空间，如表3-6所示。

表3-6 2019年中国半导体封测前十名企业

排名	企业	2019年销售额（亿元）	类型
1	江苏长电	235.6	内资
2	南通华达微	225.1	内资
3	天水华天	97.4	内资
4	恩智浦	81.1	外资
5	威讯联合半导体（北京）	61.9	外资
6	三星电子（苏州）	60.0	外资
7	海太半导体（无锡）	38.9	外资
8	安靠封测（上海）	37.7	外资
9	全讯射频（无锡）	34.0	合资
10	晟碟半导体	27.0	外资

资料来源：《中国半导体产业发展状况报告（2020年版）》。

二、上海市集成电路产业发展现状

上海市集成电路产业起步早、基础扎实，经过60多年的发展，上海市已形成了集设计、制造、封测、材料、装备及其他配套、服务于一体的完整集成电路产业链，是国内集成电路产业链相对完整，也是产业结构较均衡的城市。截至2020年，上海市集成电路行业重点企业超过700家，从业人员超过20万人，集聚了全国约40%的产业人才，承担了50%的集成电路领域国家重大专项工程，产业规模约占全国的22%，产值超过2000亿元，仅张江国家自主创新示范区，集成电路领域2020年产销规模就达到1800亿元。根据上海市集成电路行业协会的数据，2020年上海市集成电路产业实现销售收入2071.33亿元，同比增长21.37%；设计业实现销售收入954.2亿元，同比增长33.39%；制造业实现销售收入467.2亿元，同比增长19.87%；封装测试业实现销售收入430.9亿元，同比增长12.64%。

（一）产业布局

上海市集成电路产业分布形成了"一核多极"格局。从2019年企业分布地区来看，上海市集成电路企业主要集中在浦东地区，占企业数量的63%，松江区、闵行区和嘉定区各有几家集成电路企业，中心城区分布占比为14%，宝山区和青浦区分布数量最少。从空间分布情况来看，形成了"一核多极"的空间分布格局。"一核"是指以浦东新区为核心，"多极"是指多个地区分散发展，其中，芯片制造集中区为浦东新区、松江区、嘉定区，如表3-7所示。

表3-7 2019年上海市各区集成电路企业分布情况

序号	行政区	重点企业数量	占比（%）
1	浦东新区	57	63
2	松江区	6	7
3	闵行区	5	6
4	嘉定区	5	6
5	宝山区	1	1
6	青浦区	2	2
7	中心城区	14	16

数据来源：中商产业研究院。

（二）企业类型

全国集成电路产值分布有显著的聚集性，长三角地区产值占全国集成电路总值的52%。作为长三角地区的核心，上海市一方面吸引国际先进企业在沪设立研发中心或分公司，包括设计业的高通、博通、AMD（超威半导体）、NVIDIA（英伟达）、联发科；EDA提供商Cadence（楷登电子）和Synopsys（新思科技）；装备巨头AMAT（应用材料）、Lanresearch（泛林集团）、ASML（阿斯麦）、TEL（东电电子）、KT（韩国电信公司）；晶圆代工台积电、联电，存储器制造商海力士；封测龙头日月光、安靠等都在长三角设立研发中心或者分公司。另一方面集中了国内本土细分领域的先进生产力，包括芯片研发制造领域的中芯国际和华虹半导体，IC设计领域的上海贝岭、紫光展锐，豪威科技。值得一提的是，上海市的中小集成电路企业创新创业活跃，产品涉及在无线通信芯片（Wi-Fi、蓝牙等）、射频前端、高性能电源管理芯片、MCU（微控制单元）、传感器、音视频多媒体芯片、人工智能芯片等多个领域，前十名集成电路设计企业仅占上海设计业总销售额的40%左右。

在集成电路制造和封测行业，上海市囊括了国内国际上的众多龙头企业，产能高度集中。在集成电路设计行业，虽然整个长三角包括上海的IC设计企业数量众多，但以中小企业为主，规模较大的IC设计企业主要还是集中在粤港澳大湾区。在整体的产业链方面，长三角地区占据一半，与粤港澳大湾区、中西部和京津环渤海数量相比，占比仅为16%~20%。

（三）技术水平

上海市聚集了张江园区、漕河泾开发区、松江工业园区、紫竹开发区等多个集成电路产业园区，这些园区是上海集成电路产业发展的主要载体。其中，张江高科技园区是目前国内集成电路产业较集中、综合技术水平较高、产业链较为完整的产业园区。

张江科技园拥有国内集成电路较完善、较齐全的产业链布局。在芯片设计领域，上海市集成电路设计企业一半来自张江，已经有多项技术领先的产品，如移动智能终端芯片的紫光展锐、智能卡芯片的华大半导体和复旦微电子、传感器的格科微电子和深迪半导体以及电源管理芯片的韦尔半导体等。在装备材料领域，张江在自主创新方面也已取得非常大的突破，尤其是中微的等离子刻蚀机已经达到了国际先进水平。在晶圆制造领域，张江科学城拥有19条生产线技术引领全国，其中，中芯国际和华虹是排在第一名和第二名的芯片制造企业，中芯国际14纳米芯片已进入量产阶段。

虽然上海目前是国内集成电路产业链布局较完整的区域，但是受技术水平、产能产量等因素的限制，上海市对集成电路的需求还是远超过自己的产量，因此仍会大量进口集成电路，对国外产品的依赖程度较高，如图3-5所示。

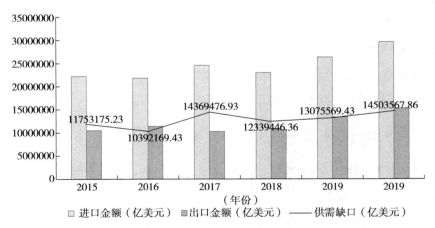

图3-5　2015—2019年上海集成电路进出口

数据来源：上海海关。

三、集成电路产业供应链发展问题分析

（一）设计工具、半导体设备难以突破，制造能力、制程能力落后于国际较多

在集成电路设计工具方面，作为芯片软件原创设计工具的EDA缺乏，根据公开数据可以看到，2019年EDA的市场国产化替代率仅约10%，且份额基本被产品较为全面的华大九天占据。我国的华大九天、芯远景、芯禾科技、广利微电子等企业虽然能够提供部分环节的EDA软件，但在技术成熟度和完整性上与顶尖企业相比还存在差距。在高端芯片的设计工具中，还没有非常好的本土化软件可以替代境外软件。

在半导体设备方面，全球范围内半导体设备的生产仍由美国、日本和欧洲公司把持，在世界份额中排名前五位的企业就占据了65%以上的全球市场份额。而国内在半导体设备的研发投入还是比较有限，对技术差距的追赶速度缓慢，根据摩尔定律（集成电路中可以容纳的晶体管数目每经过18个月便会增加一倍，揭示了信息技术进步的速度）先进的工艺制程研发成本越高，能投入资金并跟上先进企业发展速度的半导体设备厂商就越少，无形中增加了企业技术追赶的难度。

在制造能力、制程能力方面，目前，国内IC制造能力与国际先进技术比较，制造能力落后5~6年，制程能力相差2代到2.5代。我国的半导体制造龙头中芯国际虽然已经实现了14nm（纳米）芯片的量产，也掌握了7nm芯片的工艺，但是中芯国际缺乏EUA光刻机。上海微电子是国内光刻机制造的龙头企业，在国内市场的占有率为80%，在全球市场占有率为40%，目前，最先进的就是40nm芯片工艺，主要供应中低端市场。因此，中芯国际在7nm芯片无法量产的同时也限制了企业对5nm芯片，甚至3nm芯片工艺的探索。与此同时，世界顶尖芯片制造商——中国台湾的台积电已经在测试3nm芯片的工艺制程，5nm芯片的工艺制程已经实现商用。

（二）半导体材料自给率低，材料发展水平有待提升

在半导体材料领域，由于高端产品技术壁垒高，国内企业长期研发投入和积累不足，我国半导体材料在国际产品市场中多处于中低端领域，高端产品市场主要被欧洲、美国、日本、韩国、中国台湾等少数国际大公司垄断。国内半导体材料企业集中于150mm（毫米）以下生产线，目前有少数厂商开始这行国内200mm、300mm生产线，而目前的硅片主流产品是300mm的。我国硅片产业集团规模较小，只占全球半导体硅

片市场份额的2.18%。除此之外，高端光刻胶也基本被外资企业把控，许多材料不能满足国内企业生产制造的需求，对进口产品的依赖程度高。

（三）行业人才存在缺口

人才已经成为制约中国半导体设备产业成长的瓶颈，对半导体人才的培养是一个漫长的过程。2018年全国本硕博毕业生数量超过800万人，在集成电路专业领域的高校毕业生中只有3万人进入本行业就业。中国电子信息产业发展研究院白皮书预测：2022年集成电路整体从业人员即使达到74.4万人，人才缺口还有近25.2万人，设计与制造领域人才缺口均在9万人左右。虽然许多高校通过新开设计专业或扩大招生规模来提高相关行业的人才供给水平，但人才培养需要时间，2019年仅有12%的集成电路专业毕业生进入本行业工作，如图3-6所示。

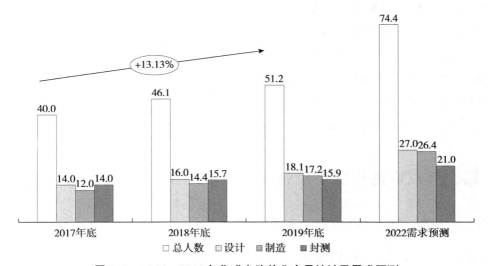

图3-6 2017—2019年集成电路从业人员统计及需求预测

资料来源：中国电子信息产业发展研究院。

上海作为中国集成电路产业的龙头城市，拥有集成电路企业约700家，对专业人才的需求量占全国需求总量的32.8%。高校学生在学校所学习的课程以及实践与集成电路企业一线的真正需求相比出现了滞后问题，主要体现在以下几个方面：一是教学内容相对滞后。集成电路的发展日新月异，而传统高校教学所采用的教材内容还大多停留在十几年前，与领域的前沿技术相比存在一定滞后认知；二是理论与实践脱节。集成电路产业需要具有产品化和工程实践能力的人才，需要能够解决工程应用问题的人才，而部分学校可提供的集成电路工程实践条件有限。目前，上海地区不但只有少数院校具备完整的实验生产线，而且学院还要承担不菲的日常维护费用，因此普遍要求高校添置大型工艺设备并不现实。三是知识体系单一。传统微电子专业本科学生的培养方案一般分为器件、电路设计与系统架构三个学科，由于这三个学科方向侧重点不同，不同专业课程之间关联度不高，长期固化之后不可避免地就造成了学科之间的隔阂。由于当前集成电路发展趋势涉及大量学科交叉问题，其相关研究需要复合型人才。因此，对集成电路专业人才的培养需要打破传统学科间的壁垒。

（四）上海集成电路设计占比低，缺乏龙头企业辐射带动，规模增速较慢

上海市虽然拥有全国较完整的集成电路产业链，但是相对于制造和封测方面来说，设计是上海市集成电路产业发展较弱的环节。2019年国内IC设计十大企业包括深圳海思、豪威集团、北京智芯微、深圳中兴微、清华紫光展锐、华大半导体、汇顶科技、格科微、士兰微和兆易创新，其中，位于上海的只有华大半导体和格科微，这种状况对处在集成电路行业发展高地的上海并不有利。2020年，在国内IC设计规模最大城市排名中，上海虽然排在第二名，约950亿元，但还是低于自身的制造和封测规模。另外，在设计增速最高的十个城市中，上海以39.7%位列第六名，远低于重庆的206%，南京的123%，杭州的50%、苏州的59%以及西安的49%。IC设计位于产业链的上游，是产业内利润较高的环节，其发展得好、坏、快、慢对下游的制造和封测环节有着较大影响。因此，IC设计已成为制约上海IC产业发展的瓶颈。

四、集成电路产业供应链安全发展对策

（一）加大资金投入力度，攻克技术难题

对于半导体行业，持续高强度的研发投入是企业发展的必须。对比海外半导体龙头企业的研发投入，华为是唯一能够跟上国外龙头企业研发投入的中国企业，这也是国内大部分半导体企业虽然一直在成长，但是却难以追上国际龙头企业的重要原因。

在材料方面，要重点加大对大硅片、高端光刻胶等高端材料的投入力度。扩大200mm硅片产能，确保满足国内下游企业的基本需求；积极研发300mm硅片，突破技术瓶颈，再逐步转化为产能优势。同时，要进行对更大尺寸的硅片研究探索。在设备和制造方面，加大对设备研发的投入力度，先进制程的制造依赖于先进设备，最重要的是光刻机、刻蚀机以及薄膜沉积这三大核心设备，特别是光刻机这个首要的"卡脖子"设备，这方面可以大力支持上海微电子的研发工作。在封测方面，企业要加强精细化运营，优化内部管理流程，积极提高服务能力，在服务全球顶级客户方面做好全

面准备，力争使上海的封装测试产业链达到全球一流水平。在集成电路设计端，上海市应该加大政策、资金支持力度，吸引设计龙头企业"落沪"，弥补集成电路产业链设计短板，壮大、完善上海集成电路产业链，以提高其应对风险的能力。

（二）利用金融优势，扩大资金来源

上海市是中国的金融中心，资金来源多，融资条件好，加大金融对集成电路产业链的支持力度，发展创投、风投等基金，鼓励金融机构提高制造业中长期贷款比例，支持企业创新。继续发挥"大基金"的作用，进行资金的三期募集，重点投向芯片制造以及设备材料、芯片设计、封装测试等产业链各环节，支持行业内骨干龙头企业做大做强。

（三）建立企业联合实验室

由政府牵头发起建立半导体研究联盟，尝试建立企业联合实验室。由集成电路行业的龙头企业组建各个领域的研究团队，进行基础技术研究和技术难题攻关，重点是设备和材料研究。资金方面除了企业各自投入，政府应做相应的补贴。这样一方面减轻了由单个企业进行研发的资金投入压力，避免资金断链，保证研究的可持续性；另一方面，企业间的技术交流可以各取所长，从而推动技术创新、提高研发效率、缩短研发周期。

（四）依托下游应用产业，提高芯片国产替代率

集成电路产业的发展，只有依托下游应用产业，才能最大地发挥综合效应。下游系统产品端的巨大需求将成为未来国内电子产业自主可控、创新升级的核心优势。伴随着手机等传统消费电子行业增长趋缓，5G、物联网、人工智能、自动驾驶、高端制造等领域成为集成电路行业新的应用热点。这些新兴的应用领域，尤其是新能源汽车、高端制造领域，上海拥有较大的产业优势。上海应该抓住这一机遇，扶持对汽车芯片、智能移动芯片、物联网芯片、AI储存器芯片、安全芯片以及智能储存器芯片等高端芯片企业的研发和发展。未来在产业链国产化配套需求趋势下，国内终端产品使用国产芯片，在应用端提供试错、改进、提升的机会，同时，通过降低上游国产配套产品采购成本，促进下游整机产品形成核心竞争力，这将是国内芯片产业有效的突破机会。

（五）吸引国际龙头企业"落沪"，加强技术积累

吸引集成电路国际龙头企业"落沪"，虽然难以实现技术的直接转移，但是可以通

过使内资企业与这些企业合作，实现技术积累目标。上海市拥有上海汽车、上海电器、上海华虹等国有背景的集成电路中游、下游企业，这些企业正是进行长期技术吸收的最佳载体。上海市应该通过这些企业和外资企业的业务合作，吸引相关国际企业加速对沪投资落地，并通过合作积聚产业经验和技术人才，达到为上海集成电路产业中长期输送人才、技术、实现最终供应链自主化的目标。

（六）完善人才培养体系，引进国际人才

第一，建议搭建集成电路人才培养平台。整合上海市的科研院、国家实验室、高等院校等在集成电路产业的专业优势和布局，筑巢引凤，吸引高水平人才落地；将企业相关前沿研究课题和软硬件资源合理开放给学校和科研机构，实现人才和资源共享的双赢模式；为解决高校专业课程材料滞后问题，鼓励学校聘请企业的专家在学校内定期授课，与学院教师联合编写培养教材，企业的技术专家定期和学校教授进行深入频繁的交流探讨，内容包括共同完成科研项目以及教学内容的编写。

第二，培养适应时代和产业需要的毕业生。完善课程体系，全面梳理集成电路全产业链，使学校课程体系与集成电路产业链的每一环节相配套，针对集成电路产业需要的重要设计软件和设备编制完备的培养体系；组织高年级本科生和研究生进入集成电路全产业链从材料、设备、代工厂、设计、封装测试到系统集成的相关企业进行系统的参观、调研、学习，增强学生对产业链的认识，帮助其决定深造及择业方向。

第三，优化海外高端人才引进制度体系，建立更加完备的海外高层次人才的引进政策体系，做好海外高层次人才引进的规划工作。优化海外高端人才引进中介服务机制，用高端专业的团队招揽高端专业的国内外人才，建立更具比较优势、更具吸引力、更为开放、更为主动的人才引进机制，通过国内和国外两个平台、两种资源，吸引集成电路行业高端人才。

第三节　人工智能产业供应链发展现状及对策研究

人工智能至今历经三次发展浪潮，当前已成为科技创新、经济发展、社会进步、民生改善的重要驱动力量。人工智能是研究类人机器或系统的科学技术，这类机器或系统在某种程度上具有可替代人的智力或行为能力，其发展及应用将对人类的经济社会发展产生深远影响。当前，以深度学习、跨界融合、人机协同、自主操控为特征的新一代人工智能技术持续创新突破，在促进科技创新、培育新兴产业、改造升级传统业态、加快实体经济转型等方面的作用日益突显。

一、我国人工智能产业发展现状

（一）规模

企业数量。目前，我国人工智能企业数量较多，据中国新一代人工智能发展战略研究院于2020年6月公布的统计数据显示，截至2019年，我国共有797家人工智能企业，约占全球人工智能企业总数的14.8%，仅次于排名第一的美国。

市场规模。2017年7月，国务院印发了《新一代人工智能发展规划》，将人工智能发展上升到国家战略层面，受益于国家政策的大力支持以及资本和人才的驱动，我国人工智能行业的发展走在了世界前列。中国人工智能市场规模在2016–2020年持续增长，市场规模从2016年的154亿元增长至2020年的1280亿元，年复合增长率达到69.79%。预计人工智能市场将持续大幅度增长，2021年会达到1963亿元，如图3–7所示。

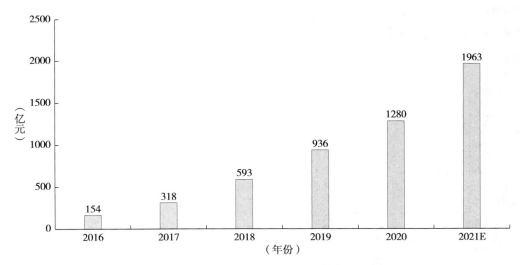

图3–7　2016—2021年中国人工智能市场规模及预测趋势图

资料来源：中商产业研究院。

企业注册量。近两三年来，人工智能相关企业注册量飞速上升。据企查查数据显示，2017年人工智能发展上升为国家战略后，相关企业年注册量首次突破1万家，2019年注册量已达到4.26万家。2020年，人工智能新科技的链接价值、赋能价值表现得更为突出，全年注册量增至17.10万家，如图3–8所示。

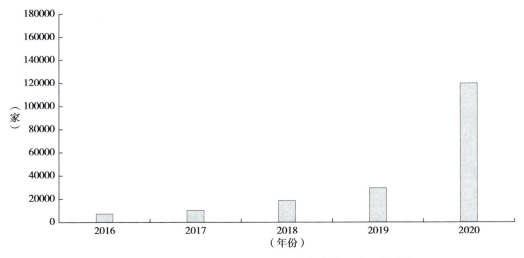

图3-8　2016—2020年中国人工智能相关企业注册量统计

资料来源：中商产业研究院。

融资规模。随着我国对人工智能的日趋关注，带动着投资行业也开始关注这一热门。自2016年以来，我国对人工智能的投融资非常活跃。2020年投融资事件663起，投融资金额1415.21亿元，2018—2020年投融资金额均超过1000亿元，投融资事件呈现下降的趋势，由此看来，企业人工智能的投融资更加理性，资金流向头部项目的趋势明显，如图3-9所示。

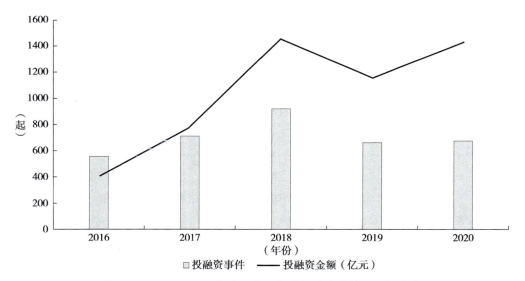

图3-9　2016—2020年中国人工智能投融资事件及金额统计

资料来源：中商产业研究院。

科学机构。在国际上，2020年，在全球人工智能大类Top200科学机构的地区分布中，美国以38%的占有量排第一名，中国以12%位列第二名，仅次于美国。这表明，我国的人工智能研发能力是位居世界前列的，如图3-10所示。

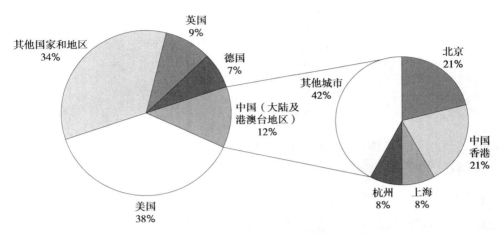

图3-10　2020年全球人工智能大类Top 200科学机构地区分布

资料来源：CSRankings计算机科学排名。

（二）技术水平

我国视觉、语音等基础智能任务的工程达到了全球领先的水平，算法模型的二次创新优化能力也非常突出。我国人工智能算法技术的发展着重于对业内主流算法模型的吸收改造与产业化应用，一方面，我国拥有一批追求算法技术极致优化的人工智能企业，如旷世、百度等；另一方面，我国在视觉、语音、自然语言处理等多类基础任务的全球比赛中名列前位已成常态。我国企业在多个全球权威比赛中成绩显著，不断挑战更为复杂的任务。商汤、旷视、依图、腾讯等企业在细粒度图像识别、自动驾驶场景定位及追踪、行人重识别（ReID）、人体视频解析等复杂任务上位列各类比赛榜单首名，哈工大讯飞联合实验室在推理阅读理解评测任务（HotpotQA）全维基赛道中获得第一，百度提出面向端到端问答的检索模型RocketQA刷新微软MS MARCO（微软机器阅读理解）段落排序任务的榜单。

（三）人工智能细分市场

中国人工智能行业可按照应用领域分为四大类别：决策类人工智能、视觉人工智能、语音及语义人工智能和人工智能机器人。2020年，在中国人工智能市场中视觉人工智能市场占比最大，为43.5%，其次为决策类人工智能（20.9%）、语音及语义人工智能（18.2%）及人工智能机器人（17.4%），如图3-11所示。

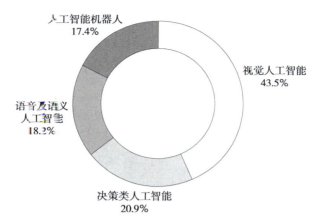

图3-1 2020年中国人工智能细分市场占比情况

资料来源：中商产业研究院。

行业分布。当下行业份额格局比较集中。2020年，中国人工智能市场主要客户来自政府城市治理和运营（如公安、交警、司法、城市运营、政务、交运管理、国土资源、监所、环保等），互联网与金融行业也位居前列，如图3-12所示。

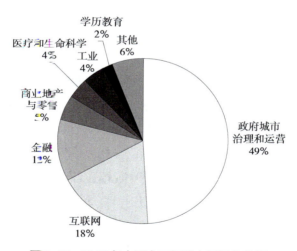

图3-12 2020年中国人工智能市场行业份额

资料来源：CSRankings计算机科学排名。

核心技术分布。从人工智能企业核心技术分布看，首先是大数据和云计算占比最高，达到41.13%；其次是硬件、机器学习和推荐、服务机器人，占比分别为7.64%、6.81%、5.64%；最后是物联网、工业机器人、语音识别和自然语言处理分别占比5.55%、5.47%、4.76%，如图3-13所示。

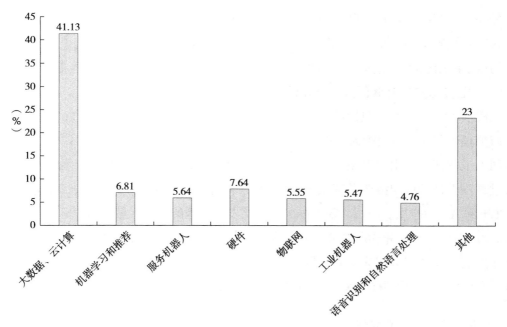

图13　2020年中国人工智能企业核心技术分布

资料来源：前瞻产业研究院。

（四）我国人工智能产业发展特点

1. 我国人工智能市场应用以政府为主导

我国人工智能市场主要以政府端为主，带动企业人工智能的应用与落地，原因主要在于我国战略和市场需求两方面。

从国家战略方面考虑，国家规划打造科技强国，虽然将人工智能列入重点发展的行业，但由于当前人工智能产业应用落地情况一般，因此，国家通过政府需求带动社会对人工智能的普遍需求来提高人工智能产业的发展和渗透；从市场方面考虑，我国正在加强对新一代基础设施的建设，逐步实现落地"政府雪亮工程""平安城市""智能安防""城市大脑"等项目，我国人工智能发展较为领先的云计算、计算机视觉等领域符合政府项目需求，落地程度较高，因此应用较为广泛。

2. 我国人工智能市场进入规模应用时代

我国人工智能市场的整体发展主要是由点及面，再由大面积铺设带动细分领域的深入应用，智慧城市是我国人工智能市场占中比最大的板块。随着计算机性能的提升和海量数据的不断积累而推动的人工智能第三次浪潮，我国人工智能在语音识别、图像识别和自然语言方面均取得较大突破。因此，智能语音，基础人工智能图像分析在2010年前后进入市场，主要应用于基础的智能音箱、智能家居和智能手机中。随着核心的深度学习技术取得突波，海量数据提供测试样本和强大计算机能力支持，不断优化人工智能算法与模型　人工智能开始向前高速发展，覆盖领域逐渐由点及面，从单一的点状应用逐渐向整体解决方案、人工智能生态系统和社区环境打造等方向发展。

3."智慧城市"是我国人工智能最佳的发展土壤

截至2020年4月，我国的"智慧城市"试点数量累计已达749个。2020年，政府城市治理运营业务占我国人工智能市场的49%，远高于其他板块。主要原因是：第一，我国人工智能市场由政府主导，在人工智能商用化效率不理想的当前市场，我国政府通过顶层设计的框架搭建及基础设施建设数据化转型，从而带动我国人工智能市场整体ToB和ToC的应用。第二，随着中国城市化发展进程的加快，城市的边际也在不断增大。自2010年起，我国的GDP、人均可支配收入、城市人口数量以及机动车保有量均高速发展。在全球数字化浪潮和网络技术优化的宏观因素推动下，中国需要人工智能这一有利抓手管理幅员辽阔、数据量庞大、系统复杂的现代化城市。

（五）基本情况综述

在数据方面，中国企业积极提高训练数据标记质量，提高模型的准确程度。中国人工智能企业加强与政府及相关事业单位的合作，取得较权威的训练数据，同时通过数据孪生等方式解决小样本数据不足等问题。

在硬件方面，在中国政府的支持和企业的努力研发下，中国企业，如华为、寒武纪、商汤科技、地平线等企业推出了自主研发的人工智能芯片。当前大多数企业研发的芯片以自用为主，对境外的人工智能芯片依赖程度略有降低。近年来，中国企业在芯片、光刻胶、传感器等领域取得了进步，国产化率逐步提升。硬件的国产化将较大提升中国人工智能行业进步的速度。因此，硬件国产化替代也是中国人工智能企业发展的重要方向。

在商业化方面，中国企业的创新能力较强，"智慧城市""智慧安防"的落地率和普及率较高，ToC的硬件，如智能音箱、智能电视、智能可穿戴设备等的渗透率不断提高。中国人工智能企业通过可复制的人工智能解决方案、优秀的工程成本控制能力降低产品成本。但中国人工智能行业处于起步阶段，研发投入大，盈利空间被一定程度压缩，短期内能够实现盈利的企业不多。

总体来说，我国人工智能发展处于初步阶段，有了一定成绩，但与国际先进技术仍有差距，但发展空间大、成长力较强。整体市场格局呈现三个梯队，第一是以BAT（百度、阿里巴巴和腾讯）和华为为代表的互联网及通信企业，整体实力较强，架构铺设较为完整，研发实力强，是中国人工智能行业的领军企业；第二梯队是以科大讯飞、海康威视、商汤科技等为代表的人工智能专业细分企业，在人工智能行业深耕多年，有着较强的专业技术和在细分领域的强势竞争地位；第三梯队是众多的中小型人工智能企业。

二、上海人工智能产业发展现状

（一）政策支持

近年来，上海前沿创新成果加速涌现，启动建设上海市的国家新一代人工智能创新发展试验区。根据上海市人民政府办公厅印发《上海市战略性新兴产业和先导产业发展"十四五"规划》中提出，政府将推动人工智能全面赋能制造业，支持企业引进开发人工智能产品和系统，加快建设人工智能创新应用先导区，计划到2025年，将上海建成基本具有国际竞争力的人工智能创新高地。在研发培养方面，上海已经形成一批高水平的平台型研发机构。同时，上海人工智能产业集聚效应非常明显，上海拥有千余家人工智能核心企业，其人工智能产业产值达到千亿级别，国内外科技巨头在上海围绕产业生态的布局已逐步成熟。在人工智能场景应用方面，上海也初步构建了各行业的智能应用小生态圈，为此后人工智能技术在应用层面的发展奠定了良好的基础。

上海市一级政府部门2020年共发布71条提及人工智能，科技创新、智能制造、战略性新兴产业等扶持政策都将人工智能纳入考虑，其中，明确政策优惠与补贴细则的有7条，倡议使用人工智能应用的有46条[①]。

（二）上海人工智能行业概况

企业数量。人工智能企业数量多，应用层企业行业分布较广。根据深圳市人工智能行业协会数据，2020年上海市人工智能企业规模快速增长。截至2020年底，上海市人工智能相关企业数量为1298家，占全国比重为20%，仅次于北京和深圳，如图3-14所示。

产业链分布。上海市人工智能企业中21.3%的企业布局在人工智能基础层，重点聚焦在大数据、物联网以及云计算领域；16.67%的人工智能企业分布在技术层，主要聚焦于计算机视觉、生物特征识别、虚拟/增强现实、智能语音等领域；62%的企业布局在人工智能应用层，重点聚焦智能机器人、公共安全、智能运载工具等领域。由此可以看出，上海市人工智能应用层在智能机器人领域优势明显，在公共安全、智能运载工具领域涉足企业众多，行业发展具有一定基础，发展较为迅速如图3-15所示。

---

① 杨秋怡，马海倩. 上海推进经济增长动能转换的战略性新兴产业发展研究——以新型生产要素的视角 [J]. 科学发展，2021（01）：11-20.

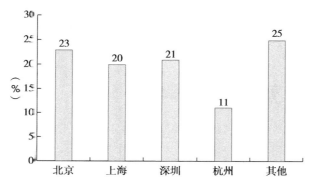

图3-14　2020年全国人工智能企业区域分布

资料来源：前瞻产业研究院。

产业集聚区。上海一方面加强示范引领，加快建设上海市的国家新一代人工智能创新发展试验区、上海（浦东新区）人工智能创新应用先导区；另一方面优化产业布局，致力于构建"东西互动、多点联动"的空间格局，促进高端产业特色化集聚。目前，上海形成了以浦东张江、徐汇滨江为引领，以杨浦、长宁、静安等各区联动，自贸区临港新片区和闵行码头创新驱动蓄势待发的人工智能产业集群，如图3-8所示。

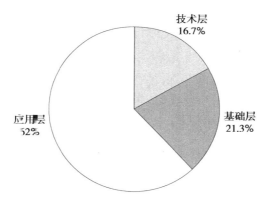

图3-15　2020年上海市人工智能企业产业链分布情况

资料来源：前瞻产业研究院。

表3-8　上海市重点人工智能产业聚集区

园区名称	功能定位	布局领域（入驻企业）
"张江-临港"人工智能创新承载区	打造成为以人工智能为特色的科创中心主体承载区，并成为具有全球影响力的人工智能技术创新策源地和产业化基地	地平线、寒武纪、树根互联、百度创新中心、航天八院等
"徐汇滨江-漕河泾-闵行紫竹"	打造人工智能创新带	重点布局智能制造、智能汽车、智能医疗、机器人等

续表

园区名称	功能定位	布局领域（入驻企业）
华泾北杨人工智能特色小镇	打造成上海人工智能特色小镇	重点发展类脑模拟、软硬件、智能感知、智能驾驶等
上海松江洞泾人工智能特色产业基地	打造以人工智能研发、生产为核心的智能制造基地	重点发展工业机器人、工业互联网、服务机器人、智能传感器等

资料来源：前瞻产业研究院。

（三）上海人工智能在全国竞争格局中的地位

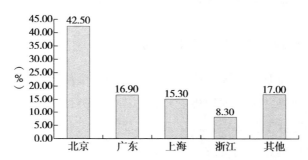

图3-16 2019年末中国人工智能企业区域分布

资料来源：前瞻产业研究院。

人工智能企业的区域集中度。截至2019年末，北京市、广东省、上海市和浙江省的人工智能企业数量合计占全国总数的83%，说明我国人工智能企业的分布是较为集中的，行业发展较为密集，但上海的人工智能企业密集度仍低于北京和广东，如图3-16所示。

城市竞争力。在人工智能科技产业城市竞争力排名中，上海以30.5位列第二名，但是相比北京的80.3，差距较大，如图3-17所示。

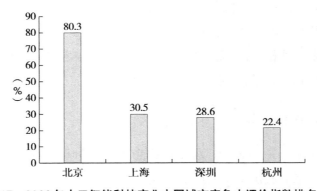

图3-17 2020年人工智能科技产业中国城市竞争力评价指数排名Top4

资料来源：CSRankings计算机科学排名。

AI算力。在2021年中国人工智能城市排行榜中，Top5城市依次为北京、杭州、深圳、南京、上海，排名6～10的城市为苏州、广州 济南、成都、合肥。与2020年相比，在位居前十名的城市中，南京首次进入前五名，济南和成都进入了前十名，分别位居第八、九名。除了排名在前十位的城市，在人工智能这一新技术的支撑下，中国各地加速发展智能产业，不断推动产业升级，使各地在人工智能开发和智能产业推广上迈向更高的台阶。通过对不同地区人工智能发展程度和应用层面的覆盖程度来看，我国对人工智能领域的研究保持着高度的投入，在应用层面的拓展也保持着持续上升的趋势。

三、人工智能产业供应链发展问题分析

（一）场景化落地只在少数行业实现

目前，人工智能商业落地效果比较好的是安防、金融等行业领域，在其他领域的部分场景中，落地效果并不是太理想。究其原因，一方面是安防、金融等落地效果好的领域，都有良好的数字化基础，多年来积累了大量有价值的数据，利用人工智能技术来挖掘数据价值自然是水到渠成；另一方面，是对当前人工智能算法所能解决问题的边界没有厘清，与用户的期望值有偏差，用户期待的效果，可能当前AI算法还达不到成熟标准，而AI算法能解决问题的场景，还有待进一步挖掘。

（二）基础研究创新动力不足

人工智能发展的基础理论研究不足，缺乏创新。如反向传播、人工神经网络等深度学习基础理论，以及知识工程、计算神经科学等其他分支的基础理论均由他国引领，相关的统计学、认知科学等底层近现代学科早期创始人、重大贡献者鲜有我国学者身影。我国虽已涌现出了一批具有全球影响力的学者，在图像识别、机器翻译等领域不断发声，但深度学习理论体系、新型学习方式等颠覆技术主导权几乎被全球几位巨头掌握，卷积神经网络、循环神经网络、生成对抗网络等阶跃型算法技术多数在原始创造团队各分支中产生，延续性较强，人工智能颠覆、阶跃技术的市场几乎是寡头垄断的格局[①]。

（三）技术方面的挑战

1.AI芯片由国际巨头把持。作为人工智能产业的基础，基础层约占人工智能核心产业规模比重的20%。我国基础层产业规模占全球基础层产业规模的10%～15%。据

---

① 人工智能核心技术产业白皮书——深度学习技术驱动下的人工智能时代.中国信息通信研究院.2021（04）.

相关预测，2022年全球基础层产业规模将达到2339亿元，其中我国约为238亿元，占全球总量的10.17%。但由于创新难度大、技术壁垒高、资金需求多等原因，上游基础层前沿技术的高端产品主要被欧洲、美国、日本、韩国等国际巨头垄断。受限于技术积累与研发投入的不足，国内在基础层领域尚待提升。

2.算法严重依赖有标注的数据。数据在人工智能商业化落地中有着不可替代的作用，目前人工智能算法以有监督的深度学习为主，即需要标注数据对学习结果进行反馈，在大量数据训练下，算法才能取得预期的效果。算法从大量数据中进行学习，挖掘数据中蕴含的规律。数据决定了人工智能模型精度的上限，而算法则是不断逼近这个上限。

3.高质量数据需求导致数据成本高昂。为了提高数据的质量，原始数据需要经过数据采集、清洗、信息抽取、标注等处理环节。得益于大数据技术的快速发展，当前采集、存储海量数据已经不再是难事。在时间和成本上，数据标注成为制约环节。目前数据标注主要是人工标记为主，机器自动化标注为辅助，而人工标注数据的效率并不能完全满足算法的需求。因此，研究提升机器自动化标注的精度，是提高效率的重要思路，也是数据标注的一个重要趋势。

4.数据噪声、数据污染带来人工智能安全问题。人工智能训练模型时用到的训练数据，如果数据本身有较大的噪声，或者数据受到人为破坏，就可能会导致模型决策出现错误。由于一些客观因素，训练数据中不可避免含有噪声，如果算法模型处理得不妥，就可能会导致模型出现漏洞；如果模型不够健壮，就给了黑客可乘之机。另外，也存在黑客故意通过在训练数据中植入恶意数据样本来引起数据分布的改变，导致训练出来的模型决策出现偏差，进而按照黑客的意图来执行。如果从数据源角度进行攻击，就会产生严重的后果。例如，在无人驾驶车辆上，会诱使车辆违反交通规则导致发生事故。

（四）基础层研究创新有限，城市竞争力有较大提升空间

在人工智能基础层研究发展方面，上海市的占比并不具备绝对优势，算力虽然处于第一梯队，但与前几位相比仍有差距。算力、算法、数据是人工智能产业发展的三大要素，人工智能基础层主要包括智能计算集群、智能模型敏捷开发工具、数据基础服务与治理平台三个模块。AI基础层企业通过提供AI算力、开发工具或数据资源助力人工智能应用在各行业领域、各应用场景落地，支撑人工智能产业健康稳定发展。因此，上海市应该加大在人工智能基础层的投入力度，提高算力，促使人工智能落地范围扩大，提高智能科技城市竞争力。

（五）人工智能专业人才缺乏

缺少专业人才是企业在探索AI应用中遇到的主要障碍。从对中国企业的调查来看，企业认为在推进人工智能的探索应用中遇到的最主要障碍首先是AI专业人才的缺乏，占比高达51.2%，其次是高质量的数据资源，占比达到48.8%，如图3-18所示。

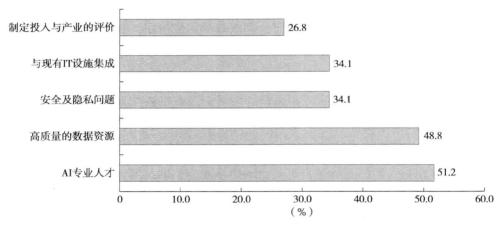

图3-18　2020年中国企业在AI应用实施过程中遇到的阻碍Top5

资料来源：前瞻产业研究院。

根据工信部发布的数据显示，人工智能不同技术方向岗位的人才供需比均低于0.4，说明该技术方向的人才供应严重不足。从细分行业来看，智能语音和计算机视觉的岗位人才供需比分别为0.08、0.09，相关人才极度稀缺，如图3-19所示。

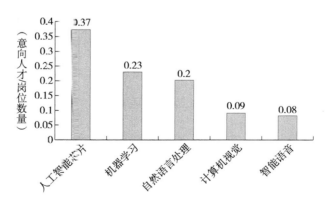

图3-19　人工智能各技术方向岗位人才供需比（意向人才/岗位数量）

资料来源：前瞻产业研究院。

四、人工智能产业供应链安全发展对策

（一）AI基础原创技术的创新突破，打造融合创新生态系统

1.进一步构建人工智能基础理论与应用技术相结合的学科体系

当前，多所高校已着手布局人工智能学科建设，多以"人工智能+"为主线，重视应用学科的发展。然而，相较应用技术，人工智能的基础理论是我国下一时期提升人工智能颠覆性创新话语权的关键，但其学术周期更长、取得成效更缓，难以一蹴而就，需要完备的综合型学科体系作为支撑。因此，基础理论与应用并重的学科体系建设成为"颠覆型技术"取得突破的关键。

2.打造区域人工智能技术融合创新生态系统

建立以政府主导的区域技术融合创新系统，将链状创新"基础研究—应用研究—试验开发"升级为连通企业、高校、研究院所、政府等创新主体的共同体生态；围绕区域特色优势，在生态之上建立针对不同细分领域的技术专攻实验室，有机整合各类要素、多元主体、异质产业群等，形成区域技术创新生态系统。当前，全球已有部分国家率先开展该类载体建设，荷兰人工智能创新机构（ICAI），已联合43家合作伙伴建立了16家基础研究、行业应用等类型的高校–企业实验室，联合多方进行技术成果的转化落地；美国计划在未来五年内投资7.65亿美元，用于数十个由联邦政府、工业界和学术界联合建立的人工智能（AI）和量子信息科学（QIS）科学中心的发展，进一步完善其人工智能技术创新生态系统。

（二）协同发展AI基础核心生态，加快构建一批行业智能软件平台

充分利用我国大市场与产业链完备的发展优势，补强智能计算、开发框架的基础生态。从全球来看，谷歌、Facebook等头部企业的开发框架体系基本确立，市场份额和社区生态已远超其他框架，我国框架以一己之身突围难度很大。同时，我国集成电路发展较全球起步晚，英伟达、英特尔等芯片大厂已在工艺制程、芯片架构、软件生态等方面有数十年积累，构筑了庞大的生态体系，并不断提高行业壁垒，导致其他初创智能芯片企业一时间难以进入市场进行规模应用。目前，我国虽涌现出一批智能芯片企业，也在研发框架方面有所布局，但两类基础生态构建所面对的形势仍然非常严峻。因此，深度聚焦本土市场的需求持续、快速创新，驱动我国智能芯片生态和开发框架生态的协同、融合发展，形成合力占领国内市场份额，成为补强两类基础生态的关键方向。

凭借国内智能应用先行落地的时间优势，沉淀一批行业智能核心软件平台，同时提升我国在传统行业产业链中的地位。应用创新活跃是我国自互联网时代至今的长期

发展优势，目前，我国已在多个领域内发挥了全球智能应用的引领作用，并持续推进人工智能应用先导区的建设，不断挖掘新的应用场景，沉淀行业数据和算法模型。在先行试点、应用创新、行业数据、行业算法模型均有一定优势的背景下，我国的发展方向应是在深度融入关键行业的产业链中，沉淀一批面向行业的基础核心智能软件平台，以行业软件平台为核心构筑应用生态，替代或加强原有产业链条中的软件环节，从而提升企业在传统产业链中的作用，转变过去仅在应用模式上创新的局面，驱动我国关键行业产业结构向高附加值方向转变。

（三）打造分领域分区域的人工智能产业创新中心

打造一批分领域、分区域的人工智能产业创新中心，构建纵向垂直一体化的、产业链与创新链合一的产业发展平台，助力人工智能关键核心产业在技术路线、适配标准、生态构建、应用推广等方面的协同创新发展，加速构建金融、制造、能源、医疗、灾害应急、农业、生态环保等领域的应用创新体系，助力区域人工智能产业特色化、深入化、规模化发展。

（四）加快人工智能和各产业深度融合，打造人工智能产业集群

培育更多人工智能领军企业，引导相关行业的龙头企业加速智能化改造步伐。推动开展一批重点领域融合创新工程，培育一批标志性人工智能技术产品，提高重点领域人工智能产品的智能化水平。加快推动人工智能与工业、交通、医疗、农业、能源、应急安全等领域深度融合，推动人工智能在智能制造、智能医疗、智慧城市、智能农业等领域得到广泛应用。发展一批人工智能产业园，按应用领域分门别类进行相关产业布局，培育人工智能产业创新集群。

（五）加强人才培养与高端人才引进

一方面，在人工智能学科建设方面，上海市应积极尝试探索和建设"新工科"，将学生的兴趣与社会需求结合起来，将人才培养模式与国家重大发展需求结合起来。通过人工智能与教育的深度融合，大力推进交叉学科发展，进一步提高人工智能领域的科创能力，加快人才培养模式转换。

另一方面，在引进人才方面。上海市鼓励高校和企业引进人工智能领域拥有原创性研究成果的高端人才，并为其配置合理的柔性引进机制和社会保障。鼓励本地高校、科研机构与企业联合培养人工智能领域的专业人才，合作开设人工智能专业课程、共建人工智能研究院、不断丰富各地区的人工智能人才库。

第四节　生物医药产业供应链发展现状及对策研究

一、生物医药产业发展基本概况

（一）市场、规模和盈利

作为世界第二大经济体，中国的生物医药市场发展迅速并且逐渐受到跨国生物医药企业的青睐，跨国药企纷纷将中国设为全球重点战略市场。随着时间的推移，中国的生物医药产业也在逐步发展，包括制度体系、研发能力和产品管线的日益丰富。在2021年的十三届全国人大四次会议上发布的政府工作报告中，生物医药的发展不断被提及。2020年，药审中心受理1类创新药注册申报共1062件（597个品种），较2019年增长51.71%。其中，受理IND（临床阶段）申报1008件，较2019年增长49.78%；受理NDA（临床研究完成注册上市申报）54件，较2019年增长100.00%。截至2020年，中国生物医药行业市场规模为3.57万亿元。根据中产研究院预测，中国的生物医药行业市场规模将在2022年突破4万亿元，如图3-20所示。

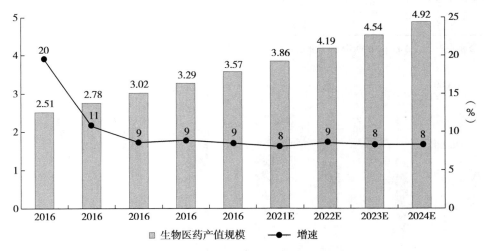

图3-20　我国生物医药行业市场规模及预测

资料来源：中产研究所。

2015年是"十二五"收官之年。我国医药产业总体上保持了 2014 年的发展态势，产业发展进入中高速新常态，如表3-9所示。在产业结构调整的大背景下，2015 年规模以上医药工业增加值同比增长 9.8%，增速较上年下降 2.7 个百分点，高于工业整体增速 3.7 个百分点，反映出医药工业长期抗经济波动的特性，对整体工业增长贡献进一步加大。主营业务收入增长放缓，增长率首次低于 10%。利润总额 2768.23 亿元，同比增长 12.22%，高于全国工业增速14.52 个百分点，较上年下降 0.93 个百分点。全年利润增速高于主营业务收入增速，显示医药工业盈利水平有所提升。医药产业近年来的盈利率一直保持在10%以上，远高于高技术产业和制造业的平均水平，但盈利能力有缓降趋势。生物医药产业的盈利率略高于医药产业的平均水平。

表3—3　2015年医药工业主要经济指标完成情况

行业	主营业务收入（亿元）	同比（%）	利润总额（亿元）	同比（%）
化学药品原料药制造	4614.21	9.83	35.03	15.34
化学药品制剂制造	6816.04	9.28	816.86	11.20
中药饮片加工	1699.94	12.49	123.90	18.78
中成药制造	6167.39	5.69	668.48	11.44
生物药品制造	3164.16	10.33	386.53	15.75
卫生材料及医药用品制造	1858.94	10.68	169.86	13.04
制药专用设备制造	182.02	8.94	19.00	1.63
医疗食品设备及器械制造	2382.49	10.27	232.56	5.34
合计	26885.19	9.02	2452.22	12.22

资料来源：工信部《2015年医药工业主要经济指标完成情况》。

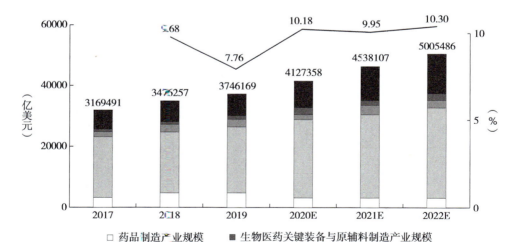

图 3-21　生物医药产业规模预测（一）

（产业规模单位：亿元）	2017	2018	2019	2020E	2021E	2022E
药品制造产业规模	338314	459557	528563	675609	793638	919430
增速（%）		36	15	28	17	16
化学药及原料药制造产业规模	1922426	1998391	2064531	2120262	2200195	2284546
增速（%）		4	3	3	4	4
中药及民族药产业规模	153413	181645	208121	241420	277633	319278
增速（%）		18	15	16	15	15
生物医药关键装备与原辅料制造产业规模	118337	134664	153255	174425	1985.34	225993
增速（%）		14	14	14	14	14
生物医药相关服务产业规模	637000	702000	791700	915642	1068107	1256240
增速（%）		10	13	16	17	18

图3-21 生物医药产业规模预测（二）

根据智研咨询发布的《2020—2026年中国生物制药行业市场全景调查及投资价值预测报告》显示：2019年我国生物制药行业规模以上企业数量1012家，生物制药行业销售收入为2479.2亿元，利润为485.4亿元，行业总资产4957.82亿元，产值2644.13亿元。

（二）生物医药范围分类

1. 生物药

生物药物是指运用微生物学、生物学、医学、生物化学等的研究成果，从生物体、生物组织、细胞、体液等，综合利用微生物学、化学、生物化学、生物技术、药学等科学的原理和方法制造的一类用于预防、治疗和诊断的制品。

基因工程生物制药处于初创阶段。目前，我国基因产业虽初具规模，但在自主知识产权产品、产业规模及经济效益上与世界发达国家相比存在差距。随着人类基因组计划的完成以及对基因组学、蛋白质组学、生物信息学等的深入研究，基因工程制药迎来了新的技术浪潮，并将有更多机会获得突破性进展。

单克隆抗体和疫苗产业处于发展初期，正在从销售驱动向研发驱动转变。从整体上讲，单克隆抗体和疫苗现有品种稳定有限，在研重磅品种多。重磅品种如HPV、肿瘤治疗性疫苗、各种联合疫苗等的推出将带领产业进入成长期。

此外，在不属于通常意义上高科技"生物药"的生物制品中，血液制品产品规格技术都相对确定，市场刚需明确，已处于成长成熟期。青霉素、磺胺类等药品经过长期应用，已开始进入衰退阶段，此类产品销售增长缓慢，利润增长率在下降，竞争异常激烈。

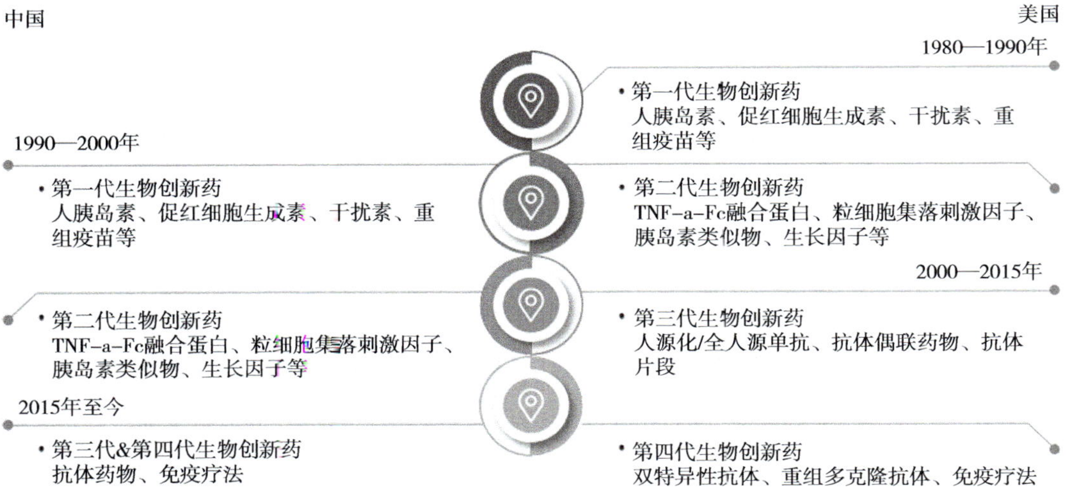

中国   美国
                                                                        1980—1990年
                                                        • 第一代生物创新药
                                                          人胰岛素、促红细胞生成素、干扰素、重
                                                          组疫苗等

1990—2000年
  • 第一代生物创新药   • 第二代生物创新药
    人胰岛素、促红细胞生成素、干扰素、重   TNF-a-Fc融合蛋白、粒细胞集落刺激因子、
    组疫苗等   胰岛素类似物、生长因子等

                                                                        2000—2015年
  • 第二代生物创新药   • 第三代生物创新药
    TNF-a-Fc融合蛋白、粒细胞集落刺激因子、   人源化/全人源单抗、抗体偶联药物、抗体
    胰岛素类似物、生长因子等   片段
2015年至今
  • 第三代&第四代生物创新药   • 第四代生物创新药
    抗体药物、免疫疗法   双特异性抗体、重组多克隆抗体、免疫疗法

图3-22　中美生物创新药研发比较

2. 化学药

化学药是缓解、预防和诊断疾病，以及具有调节机体功能的化合物的统称。生产化学药物的工业即为化学制药工业，包括化学原料药业和化学制剂业两个门类。中国是化学原料药生产大国，化学原料药一直是医药出口的支柱，具有国际比较优势。化学制药业是化学原料的分解，合成技术与现代临床诊断医学相结合的制造工业，也是衡量一个国家制药能力和水平的主要标志之一。中国化学制剂加工能力位居世界第一。

我国化学药产业发展相对成熟，产业规模保持增长，但占医药产业比重有所降低。作为多种原料药生产大国，我国原料药生产技术与规模水平持续上升；药物制剂在生产环境设施、装备机械、辅料及包装等基础条件方面进步显著，本土领军企业的产品基本达到国际要求。

国内仿制药产业则处于高速成长期，有望借助国际仿制药发展迎来爆发性增长。从全球仿制药市场来看，供需两方面都为其提供了发展条件：一方面部分重磅药专利到期，另一方面各国为削减药品开支，鼓励选用性价比更高的仿制药。在此背景下，全球仿制药的年平均增速或达到新药增速的两倍。

我国创新药仍处于发展起步期。受自主开发能力薄弱、研发投入不足等因素影响，我国创新药的研发能力与国际水平相比存在较大差距，产业发展始终徘徊于中端。在现有国情下，发展仿制药仍是主要的发展路径，但这样也会致使创新药的发展一直难有大的突破，如图3-23所示。

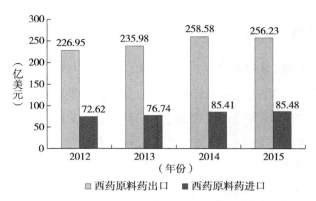

图3-23 2012—2015年化学原料药进出口状况

3. 中药与民族药

中药行业是中国国内赢利能力较强的行业，产品利润率高。在整个医药行业内部，中成药工业的收益水平较高。中国中药工业与石油工业、橡胶工业等41个工业行业相比，8项经济指标中有7项名列前茅，其中，百元固定资产利税率仅次于烟草加工业。中国中药行业发展迅速，中成药和中药饮片的销售占国内医药市场的40%以上。

民族药发源于少数民族地区，具有鲜明的地域性和民族传统。据初步统计，全国55个少数民族，近80%的民族有自己的药物，其中，有独立的民族医药体系的约占1/3。新中国成立以来，由于党和政府的关怀、重视，民族药的发掘、整理、研究工作取得了显著的成果，出版了一批全国和地区性民族药专著。据有关资料报道，目前我国民族药已达3700多种。

近年来，随着国内经济增长及居民消费水平的提高，不断刺激着中药医疗消费需求的增长，高新技术推动重要产业数字化变革，新的生产工艺和设备的更替也推动着中医产业链上相关工业的快速发展。根据统计，仅是中国中药材市场年平均复合增长率就接近10%。在国家一系列扶持政策驱动下，现代中药及民族药制造市场的发展前景可观。

（三）生物医药关键装备与原辅料制造

我国制药装备行业市场规模年复合增速在20%左右，2019年行业总销售规模高达千亿元。由于我国的人口老龄化加剧等国民健康现状，为未来药品、保健品的需求将持续维持高增长态势，我国制药装备市场未来需求持续旺盛。

根据国家食品药品监督管理总局南方医药经济研究所报告，按我国药用辅料占药品制剂总产值不低于2%的比例估计，2014年我国药用辅料市场规模已超过310亿元，以原料增速为基准按15%的复合增速估算，2022年我国药用辅料市场规模可达948.3亿元，未来行业的发展空间和市场规模巨大。

（四）生物医药相关服务产业

作为生物产业新兴领域的生物服务有着两层含义：一方面是依靠生物技术和其他现代科技手段，为社会发展和生活改善提供的新型服务业态；另一方面是针对生物产业自身特点，为生物产业自身的发展提供的专项技术服务。这一领域包括对重点创新产品产业化的技术外包服务，例如，医疗领域的委托合同研究（CRO）和委托制造（CMO）；针对生物技术自身，从基础研究到产品研发各环节的公共技术服务；依靠现代生物技术开展的各种延伸服务，例如，个体化医疗、远程医疗和远程环境监测等。此外，生物服务还包括为生物技术和生物产业发展提供的专业中介服务，例如，法律、金融、技术孵化等。

随着中国医药服务市场逐步开放以及人们的自身保健意识逐渐增强，整个医药服务产业逐渐转型，带动了相关产业链上下游从医药研究、检验检测到医药临床等医药服务产业的快速成长，多元化医疗服务主体蓬勃发展。

（五）我国生物医药产业基本情况概述

当前，我国医药产业的主要经济指标占全国全部工业总额的比重逐步提高，医药产业在国民经济中的比重也不断增加。但是从总体上讲，医药产业仍存在很多问题。长期以来，我国医药产业徘徊在中端水平。出口药品附加值低，国际竞争力弱，相比世界先进水平仍存在较大差距。从整体实力上看，欧美生物医药产业已在全球范围确立了代际优势。美国研发实力和产业发展领先全求，生物药品已被广泛应用到癌症、糖尿病、慢性疾病的治疗之中；欧洲坚实的产业基础和技术优势，使其生物医药产业发展紧跟美国走在世界前列。

"十三五"以来，我国的生物医药产业发展迅猛，主营业务收入和利润总额增速远高于同期工业和高技术产业的平均增速，在部分领域与发达国家水平相当，甚至具备了一定优势。例如，手足口病（EV71型）疫苗和Sabin株脊髓灰质炎灭活疫苗研制成功，自主研发的全球首个生物工程角膜"艾欣瞳"，抗肿瘤新药阿帕替尼、西达本胺等成功上市。尤其是今年在抗击新冠肺炎疫情期间，我国的科技人员通过不同的技术路线迅速研发出病毒灭活疫苗、腺病毒载体疫苗等新型冠状病毒疫苗。目前已有3种疫苗进入了三期临床试验。此外，我国的基因检测服务在全球已处于领先地位，青蒿素的主要研发人员获得了诺贝尔奖，高端医疗器械核心技术的突破，大幅降低了相关产品和服务的价格。目前，我国已形成了北京中关村、上海张江、武汉光谷、天津滨海、泰州医药城、本溪药都、苏州生物纳米园等有代表性的生物医药产业园区，以及以长三角地区、环渤海地区、珠三角地区为核心的生物医药产业聚集区，形成了生物产业加快发展的良好格局。

同时也应看到，我国在这一领域还存在重基础轻应用，科技研发与市场需求脱节，造成了科技成果转化率低的现状。对于医药研发高投入、长周期、高风险的忧虑，导致政府专项转化资金少、企业不敢投入、资本不愿投入、科研院所和高校无钱投入。企业对生物医药的研发受限于资金和人才，创新成果无法及时转化。具体表现如科技创新质量和水平仍需提高，科技支撑产业创新发展的能力还不够强，原创性科学发现和颠覆性技术缺乏，具有自主知识产权的新型疫苗、抗体等生物制品的市场竞争力薄弱，基础研究向产业化转化的效率亟待提高，这些因素制约着我国生物医药产业的高质量和快速发展。

二、生物医药产业供应链基本情况

（一）供应链整体环节介绍

生物医药产业链的上游为基础研究的开展，通常是由独立医学实验室，即第三方检测中心完成，有部分医院亦设有独立实验室，可承担一部分医药外包的项目。中游为生物医药制造，包含疫苗、血液制品、诊断试剂以及单克隆抗体领域。下游为消费终端，分别为医疗机构（含医院、基层医疗卫生机构、专业公共卫生机构）以及医药零售终端（包括实体药店以及电商平台）。

在上游医药研发行业，国外独立实验室 Quest 以及 Labcorp 是全球知名企业，国内以迪安诊断、金域医学、凯普生物等企业为主。从中游生物医药制造来看，疫苗领域以智飞生物、沃森生物等企业为主，单抗领域以复星医药、三生国健等企业为主，诊断试剂领域以科华生物、迈克生物等企业为主，血液制品领域以上海莱士、天坛生物等企业为主。下游消费终端以医疗机构和零售药店为主，如图3-24所示。

图3-24　产业生态图谱

医药产业各个环节的附加值可以用"微笑曲线"来概括："微笑曲线"U字的左边（价值链上游）代表药物研发，右边（价值链下游）是药物营销，这两部分都处于利润空间中附加值高的环节；处于"微笑曲线"中间底部的则是加工制造环节，作为劳动密集型的中间制造环节，其技术含量低、利润空间小，且市场竞争激烈。因此，市场竞争中处于优势的企业多占领着价值链上下游的环节，处于劣势的企业则聚集在中间部分，如图3-25所示。

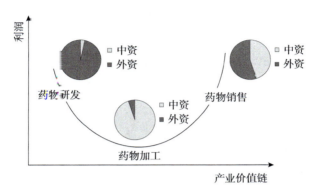

图3-25　生物医药产业"微笑曲线"

在全球价值链分工中，我国医药产业仍处于中低端。尽管中资企业在劳动密集的中游制造占据主导，但中游利润空间很少，价值利润高的上下游还是多被外资占据，如代表产业核心竞争力的药物研发环节，外资占绝对优势，利润丰厚的药物销售部分外资占大半，这种结构说明我国医药产业在技术专利、科技创新方面亟待加强，在销售模式、管理范式等方面有很大提升空间。未来，创新研发将是促进医药产业价值链向高端攀升的重要驱动力。

（二）生物医药企业数量规模及龙头企业

2020年上海市的生物医药产业规模超过6000亿元，创历史新高，生物医药产业已是上海战略性新兴产业的重要支柱。一系列配套政策的推出，促使生物医药领域的头部企业纷纷落地上海。信达生物、威高集团等十余家知名企业签约落地上海，上海医药等十余家企业项目扩大投资或本地转化，复宏汉霖等100个亿元以上的在建投资项目加快建设进度，如图3-26所示。

从投资签约的项目上看　上海2020年共签约84个项目，其中10亿元以上重大项目22个。目前，国际Top20药企中有18家将中国区或研发总部设在上海，国际Top20医疗器械企业中有17家将中国区或研发总部设在上海。2020年12月22日，国家药品监督管理局药品审评检查长三角分中心、医疗器械技术审评检查长三角分中心也正式在上海挂牌。经过多年积淀，上海在生物医药领域的国际竞争力已经逐步显现。近20年来，上海在生物医药领域的专利申请呈现出快速增长的态势，尤其是近年来创新主体的海外知识产权保护意识也越来越强。作为海外专利布局最重要的途径之一，递交PCT（Patent Cooperation Treaty）专利申请情况就是一个重要指标。智慧芽专利数据库数据显示，截至9月10日，近10年来上海医药领域的PCT申请量逐年增长，共有2855件专利进行了PCT申请，且100%都是高含金量的发明专利。另外，北京生物医药领域的PCT申请量为2456件，广州生物医药领域的PCT申请量为1249件。

目前，上海已经形成了以张江药谷为研发核心基地，上海其他产业基地承接制造，形成一定的生物医药企业集聚，并与张江、临港等地错位发展，承接其生物医药产业的落地转化项目。各区的联动和错位发展将在张江这个风向标下有序发展。在生物医药产业链的各个环节，上海已经培养了一批处于行业领先地位的核心企业。其中，在生物药和疫苗制造方面，上海莱士、君实生物和复星医药都处于行业领先地位。在化学药制造方面，上海医药具有很大的领先优势，同时它还在中药产业方面有一定布局。在医药器械和原料制造方面，复星医药布局已久，拥有很强的市场竞争力。

1. 上海医药

上海医药在 Pharm Exec（美国《制药经理人》杂志）发布的 2021 年全球制药企业 Top50 中位列第 42 名，在南方医药经济研究所发布的 2020 年中国医药工业百强系列之"中国化药企业 Top100"中位列第 3 名。上海医药是国内工商业均处于领先地位的综合产业集团，业务覆盖医药工业、医药商业，使得公司具有独特的共享与互惠商业模式，能够从医药行业价值链的主要环节获得可持续的发展动力。

公司中药产品资源丰富，旗下拥有 7 家中药重点企业、9 个广受认可的核心品牌、5 大治疗领域（心血管、消化、呼吸、骨骼肌肉及泌尿生殖系统）以及多项保密配方和独家品种，中药销售收入约为工业板块总体收入的1/3，其中 12 种产品于 2020 年的销售收入超过 1 亿元。2021 年上半年，公司中药板块销售收入同比增长 18%。

2. 复星医药

根据工信部中国医药工业信息中心颁布的 2020 年度中国医药工业百强企业榜单，复星集团位列第 7 名；根据 IQVIA 统计，报告期内复星集团的医院用处方药的销售收入位列全国第 13 名。复星集团医疗器械业务专业覆盖面广，通过业务整合与协同提升，已初步构建形成医疗美容、呼吸健康、专业医疗为核心的三大业务分支。复星集团医学诊断业务布局广、产品线丰富，且具有完善的研发、生产制造、市场营销、全球化 BD（商务拓展，BD）及投资的一体化能力。

复星集团在创新研发、BD、生产运营及商业化等多维度践行国际化战略，全球 BD

团队通过合作开发与许可引进等方式布局前沿领域，其在美国、非洲、欧洲及印度的药品临床及注册团队持续加强海外药品注册申报能力，国内产线加速推进国际质量体系认证，加强国际营销能力建设，持续拓展国际市场。

3.君实生物

上海君实生物是一家创新驱动型生物制药公司，致力于创新药物的发现和开发，以及其在全球范围内的临床研发及商业化。行业内的可比公司主要为生物制药公司与创新药物研发公司。君实生物为第一家获得 NMPA（中国国家药监局）的抗 PD-1 单克隆抗体上市批准的中国公司。创新药的研发模式包括自主研发或从其他创新药企业许可引进或其他形式开展的合作研发模式。君实生物 IND 及之后阶段的绝大部分产品均通过自有的全产业链平台自主开发，且拥有国内第一个获批上市的国产 PD-1 单抗、国内首个抗 PCSK9 单抗临床批件、国内首个抗 BLyS 单抗批件和全球首个获批临床的抗 BTLA 单抗。截至目前，君实生物已拥有 44 项在研药品，分别处于不同的研发阶段，项目储备丰富，其中含多个"源头创新"类靶点药物，体现了君实生物卓越的创新药物研发能力，是国内少数具备开发全球首创药物潜力的公司。在可比公司中，君实生物的市场估值水平位于前列，体现了市场对公司的高度认可。

4.上海莱士

公司的主营业务为生产和销售血液制品，主要产品为人血白蛋白、静注人免疫球蛋白、特异性免疫球蛋白、凝血因子类产品等，是目前中国最大的血液制品生产企业之一。

公司整体规模为国内血液制品行业领先，是国内同行业中结构合理、产品种类齐全、血浆利用率较高的领先血液制品生产企业。公司目前共有上海、郑州、合肥、温州 4 个血液制品生产基地，拥有单采血浆站 41 家（含分站 1 家），采浆范围涵盖广西、湖南、海南、陕西、安徽、广东、内蒙古、浙江、湖北、江西、山东 11 个省（自治区），浆站数量、遍布区域行业领先，产品已经覆盖了白蛋白类、免疫球蛋白类及凝血因子类三大类共计 11 个产品，是目前国内少数可从血浆中提取六种组分的血液制品生产企业之一，也是国内同行业中凝血因子类产品种类最为齐全的生产企业之一。

三、生物医药产业供应链发展问题分析

（一）生物医药专利技术基础薄弱，原研药、创新药占比低

目前，我国生物医药行业中的大部分药厂以仿制药为主打产品。而国际上大的制药公司往往会围绕一种原研药构建一整套的专利申请和防御策略，针对一种原研药提

交多项专利申请，分别保护原研药本身、晶型、组合物、衍生物及制备方法等，这样即便原研药的药物专利已经过期，仿制药也会遇到专利问题，这也会使许多中国生产仿制药的药企望而却步或者需要花费更长的时间来研究侵权风险而延误仿制药上市时间。生物技术的专利问题是我国生物医药的一大痛点，在短时间内难以打破国外的专利封锁，不仅难以满足国民健康需求，而且在国际产业链中处于被动局面。

（二）生物医药研发材料、设备仪器、试剂耗材严重受制于人

1.用于研究的细胞模型依赖进口。有生物医药产业"原始芯片"之称的细胞模型，我国目前主要依赖从欧美进口，用于发酵和细胞培养的原代细胞，均来自美国最大细胞生产商 ATCC 公司，我国尚无一家公司可以替代 ATCC 的细胞产品，一旦对方断供，我国众多依赖细胞培养的生物医药公司就会面临没有"种子"的危险境地，有些类似生物行业的"中国芯"问题。

2.高端研究仪器受制于人。我国生物医药实验室中，涉及微观定性定量的仪器设备和原料大多数源自进口。据 C&EN（美国化学工程新闻周刊）杂志公布的"2018 年度全球分析和生命科学仪器制造商 Top20"名单，尚未有 1 家总部在中国的企业入选。在高端仪器制造方面，如基因测序仪、引物合成仪器、质谱仪、电镜、核磁共振仪器等产品，我国企业严重落后于欧洲、美国、日本等国家和地区，无法在短期内实现国产替代，一旦对方断供，就会进一步阻碍我国生物医药技术的发展。

3.生物医药企业生产研发所需的试剂耗材等严重受制于人，大部分来自欧美国家和地区进口产品。据统计，进口产品约占总需求的 80%～90%，特别是酶制剂、蛋白、抗体、IVD 诊断试剂、荧光染料、基因测序试剂等，试剂耗材主要集中在几大欧美国家和地区公司手上，包括 Thermofisher、Merck（Sigma-Aldrish）、Roche、GE、Corning、Qiagen 等大品牌商，国内还没有一家公司可以完全替代上述任何一家公司。国产试剂耗材在技术水平、质量稳定性等方面都存在很大的差距，在短期内很难替代。

四、生物医药产业供应链安全发展对策

（一）强化上海市内区域协同

首先，政府应把握将五大新城建设为上海生物医药产业化发展带来的机遇。上海要充分利用五大新城建设带来的产业导入机遇，在新城优化布局生物医药产业化环节，更好实现"张江研发+新城转化"。其次，继续发挥好"张江研发+金山转化"的优势。通过与张

江生物医药基地合作，实现两地联动发展。最后，努力实现上海生物医药特色产业园区之间的协同，避免低层次重复竞争，立足各自优势，努力形成错位有序发展的态势。

（二）多措并举，解决人才供求矛盾和结构矛盾

政府应进一步完善各类人才政策。加大力度引进生物医药高层次人才、青年人才、科技成果转移转化人才等。政府要推动全方位的人才发展，从大学开始进行生物医药多元人才培育，技术与管理并行，加大对年轻人才的培养孵化力度。加大对国际人才回归的吸引力度，如提供签证优惠、落户通道等生活稳定方面的支持。

（三）构建商业化评价体系，提高创新水平

政府应进一步提升研发用样品跨境流动的快捷性，酌情降低研发用药品/医疗器械的进口税。政府应建立科研成果的商业化评价体系，对于创新技术设立高门槛，提高创新水平。推动专利增补机会，让在创新研发过程中的"新发现"能够获得更全面的专利保护。

（四）发挥资本优势，促进金融创新服务医药实体经济

国内资金充足，医药领域投资热情高涨，药企资金、政府财政、风险投资、保险等其他产业资金都在积极布局医药产业。政府应加大对中小型创新企业的支持力度，进一步完善投资环境，加强配套体系建设。引导相关企业投资长期性、原创性、高水平的医药项目。同时，政府应该主动承担对原创性创新项目的投资风险，尤其考虑到原创性生物创新药的成功研发上市可能带来的社会利益，引导商业投资机构将资金投入原创性创新项目上。

第五节　六大重点产业供应链发展现状及对策研究

一、光子芯片与器件产业发展现状及供应链安全发展对策

（一）产业背景

近年来，由于微电子芯片技术趋于成熟，人们无法再用过去晶体管堆叠的方式来大幅提升计算机的性能，传统电子芯片逐渐遇到性能瓶颈，电子行业渐渐进入"后摩尔"时代。

光子芯片通过运用光电子技术，实现了芯片中电信号与光信号之间的相互转换，与传统电子芯片相比，光子芯片具有运算速度快、信息失真小、消耗能量少等突出优势。目前，光子芯片主要应用于光通信领域中，光子芯片组成的光模块是光通信系统的核心组件，可实现光通信接收、发射中电信号与光信号的相互转换。在光通信系统中，光子芯片占据着技术与价值的制高点，光子芯片的性能直接决定着整个系统的性能。

（二）产业现状

中国是全球最大的光通信市场，但"头重脚轻"的形势依然严峻。国内光器件公司较多，但规模参差不齐。国内企业的主要优势在于成本管控能力较强，对中低端产品的进口替代效应逐渐显现。上游对境外高端芯片的依赖度较高，少数企业在25G及以上光芯片领域已取得突破性进展。

光器件位于光通信产业链的中游，上游包括光芯片、电芯片、光组件等，下游包括系统设备。因为光信号在光纤中的传输速率接近宇宙极限，而光器件、光设备的处理和传输速率存在瓶颈，所以光器件和光设备是限制光信号传输的核心环节，每一代通信系统都在不断追求光器件和光设备的升级。

虽然中国是全球最大光通信市场，但是同内行业的产业链竞争实力相差巨大。在下游光通信系统设备领域中，华为、中兴、烽火等已经成为产业引领者，占据全球半壁江山；在中游光通信器件领域，中国约占全球30%份额；在上游光芯片、电芯片领域中，占全球份额不到10%。虽然我国光通信器件厂商众多，但普遍收入规模不大，主要生产中低端产品。国内大多数厂商以中小企业为主，产品比较单一，规模参差不齐，自主研发和投入实力相对较弱，主要集中在中低端产品的研发和制造上。国内企业的主要优势体现在成本管控能力较强、人力成本相对较低、多为承接一些特定光器件客户的代加工作业上。因此，在中低端产品领域中，进口替代效应逐渐显现。

（三）发展对策

1. 加强核心关键技术与产品创新

加强核心关键技术与产品创新。政府应加大对波长可调制光源、半导体材料InP和Ploymer工艺研究、高速芯片、高速集成电路lC及光电集成技术等重点技术领域的研发投入力度。在40G、100G和400G光器件及核心芯片下一代PON用光器件及模块等领域加快重点研发技术/产品的进程。在10GPON、40G光器件及模块产品产业化应用、低成本直调16×2.5Gb/s WDM光纤接入芯片及传输模块产业化、100G、400G器件与模块产业化等项目上加大研发力度。

2. 提升产业创新能力，推动产业升级

政府应持续完善光器件行业的创新体系。依托核心企业，建立、完善创新平台，为企业创新提供支持，继续推进技术改造。鼓励企业增加技术投入，强化企业的创新基础。进一步促进行业的基础研究成果与工程化、产业化的衔接，提升产业核心竞争力。通过组建产业联盟或技术协作联盟等形式，推进产业链上下游合作，开展联合攻关，提高产品技术水平，促进推广应用。积极引导企业转型升级，向精细化、节能环保型发展。

3. 加强对高端人才的培养，积极参与国际交流合作

围绕光器件对高端专业技术人才的需求，引进国际顶尖人才，带动我国光器件产业高端技术的创新，特别是在核心芯片、lC集成电路方面的人才，以实现高速芯片与lC的自主创新，摆脱核心部分受制于人的状况。充分发挥行业协会、高等院校、科研院所及相关社会机构的作用，为行业的持续发展培养各级各类专业人才。加强国际交往与合作，积极参与国际标准的制定工作，增强中国在国际标准领域的话语权。

二、类脑智能产业发展现状及供应链安全发展对策

（一）产业背景

类脑智能又称为类脑计算，是受大脑神经运行机制和认知行为机制启发，以计算建模为手段，通过软硬件协同实现的机器智能。类脑智能是人工智能发展的两条技术路径之一，另一个是数据智能。类脑智能具备信息处理机制上类脑、认知行为表现上类人、智能水平上达到或超越人的特点。2018年8月，Gartner公司发布2018年新兴技术成熟度曲线，公布了5大新兴技术趋势，其中，类脑智能、神经芯片硬件和脑机接口被认定为重要技术趋势。

类脑智能可以解决数据智能的局限性和不足。类脑智能特点有以下几个方面：可处理小数据、小标注问题；适用于弱监督和无监督问题；更符合大脑认知能力，自主学习、关联分析能力强，鲁棒性较强；计算资源消耗较少，人脑计算功耗约20瓦，类脑智能模仿人脑实现低功耗；逻辑分析和推理能力较强，具备认知推理能力；时序相关性好，更符合现实世界；可能解决通用场景问题，实现人工智能和通用智能协同运用。

（二）产业现状

我国类脑智能的研究水平处于国际前沿。2016年，我国正式提出"脑科学与类脑

科学研究"（简称"中国脑计划"），它作为连接脑科学和信息科学的桥梁，将在极大程度上推动通用人工智能技术的发展。此外，多所高校都成立了类脑智能研究机构，开展类脑智能研究。例如，清华大学于2014年成立类脑计算研究中心，中国科学院自动化研究所于2015年成立类脑智能研究中心，2018年，北京脑科学与类脑研究中心、上海脑科学与类脑研究中心先后成立。目前，清华大学类脑计算研究中心已经研发出具有自主知识产权的类脑计算芯片、软件工具链。中国科学院自动化研究所开发出类脑认知引擎平台，能够模拟哺乳动物大脑，并在智能机器人身上实现了多感觉融合、类脑学习与决策等多种应用。

"十三五"期间，北京和上海成立了北京脑科学与类脑研究中心、上海成立了脑科学与类脑研究中心，均已启动"脑科学与类脑智能"地区性计划，开始资助相关研究项目，各高校也纷纷成立类脑智能研究中心。

（三）发展对策

1. 加快构建全景战略视图，突出重点方向

从科研、技术和产业等多维度形成类脑智能体系化布局，并突出重点发展方向，具体围绕结构、器件、功能三个层面开展重点布局和超前部署。

2. 加大对基础工艺、算法、软件等的投入力度

我国长期以来在新算法、新结构、新原理的研究方面原创不足，制约了类脑智能整体的创新供给能力。因此，政府仍需持续加大对原始科研创新的重视力度，对关键基础工艺、算法、软件等加大投入力度。

3. 强化政产学研合作，推动技术体系化创新

类脑智能体系涉及要素较多，需要政产学研紧密合作，深化多方协同的合作，共同推动技术实现体系化的创新。借鉴其他先进国家的布局经验，突出政产学研多方合作在类脑智能创新中的合力作用，构建国内多方协同的创新体系。

三、基因和细胞产业发展现状及供应链安全发展对策

（一）产业背景

当前，以干细胞治疗、精准医疗为核心的再生医学，正成为继药物治疗、手术治疗后的另一种疾病治疗途径，引领着一场医学革命。造血干细胞移植已成为白血病、淋巴瘤、多发性骨髓瘤等血液肿瘤的一种成熟的常规治疗手段，干细胞用于其他领域

疾病的研究也正加快开展。数据显示，我国恶性肿瘤每年新发病310万例，因心脑血管疾病年死亡350多万人，糖尿病患者超过1亿人。干细胞和精准医疗将有望解决传统医学方法难以治疗的重大疾病，惠及千百万患者。相关数据表明，2020年全球干细胞与精准医疗产业产值达到5000亿美元，中国达到1000亿美元[①]。

FDA（美国食品药品监督管理局）对基因治疗（gene therapy）的定义是基于修饰活细胞遗传物质而进行的医学干预。细胞可以在体外修饰后再注入患者体内，或将基因编辑治疗产品直接注入患者体内，使其细胞内发生遗传学改变。在基因治疗的技术发展过程中，"转基因"和"基因编辑"双线发展；在治疗方式上，"体内（in vivo）"和"离体（ex vivo）"各有所长；在治疗思路上，分为上调和下调目的基因表达。

细胞免疫治疗是一种新兴的肿瘤治疗方式，已成为恶性肿瘤治疗研究的热点领域。细胞免疫疗法是基于免疫学原理与方法，采集人体免疫细胞，进行体外培养和扩增，以增强靶向性杀伤功能，再输回人体内，通过调动机体免疫系统杀伤血液与组织中的病原体、癌细胞及突变细胞，抑制肿瘤生长，增强人体免疫能力。它分为非特异性和特异性两类。非特异性疗法将一种及以上的免疫细胞在体外进行培养，再导入人体内，激活人体的天然抗肿瘤系统，释放穿孔素、颗粒酶、细胞毒素等活性物质，间接地杀伤肿瘤细胞。特异性免疫疗法同样在体外培养免疫细胞，但是利用基因工程处理，当免疫细胞再输回人体内时，因其具有特异识别靶向肿瘤细胞的功能，可以精准定位、直接消灭癌细胞。

（二）产业现状

2019年10月，临港新片区管委会授牌"临港新片区生命科技产业园"，2020年3月，"生命蓝湾"入选上海市特色产业园区，成为临港新片区三大特色产业园区之一，"生命蓝湾"日益发挥出品牌效应，促进了产业生态的集聚发展。目前，园区内集聚了拥有全流程制药能力的君实生物、CDMO（医药研发生产外包模式）工厂白帆生物、CRO（医药研发合同外包服务机构）都创医药等，以及一批生物医药上下游企业。

2021年10月12日，"2021上海国际生物医药产业周——首届张江生命科学国际创新峰会"开幕式发布了张江细胞和基因产业园成立的消息。目前，张江细胞产业全面领先，基因治疗集聚成势。在全国批准的细胞药物临床试验项目中有16项来自张江，占上海的2/3、占全国近1/3。在基因治疗领域中，集聚各类基因治疗企业超过30家，在研管线产品超过80个，发展动能强劲。

---

① 黄扬，孙嘉，张磊. 生物医药产业发展现状与趋势探析[J]. 现代金融，2021（07）：33-37+32.

（三）产业发展分析

1. 基因检测及分析服务领域相对成熟，仍将是精准医疗近期发展最为稳定的领域。基因检测作为精准医疗产业的基础，细分产业链相对成熟，发展方向比较明确，未来该领域预计将在稳固肿瘤检测、产前筛查两大传统应用领域基础上，逐步扩大在药物研发、遗传病治疗等应用领域内的拓展。

2. 癌症的诊断和治疗最受关注，有望成为下一阶段表现最为突出的领域。当前研究的热点靶向治疗、细胞免疫治疗等均是围绕这一领域展开。

3. 精准治疗技术突破时点虽然具有很强的不确定性，但潜在收益巨大。精准治疗技术的精准性体现在对特定人群的治疗有效性上，这些相应的治疗方法研究和靶向药物研发周期长、投入高、不确定性大，其突破时点和应用效果具有很大的不确定性，这也是精准医疗投资风险最大、收益最高的领域。

四、新型海洋经济产业发展现状及供应链安全发展对策

（一）产业背景

现代海洋经济包括为开发海洋资源和依赖海洋空间而进行的生产活动，以及直接或间接开发海洋资源及空间的相关服务性产业活动，这样一些产业活动而形成的经济集合均被视为现代海洋经济范畴。

1. 资源依赖型特征

从海洋经济本身的涉海性要求来看，一个国家（或地区）如果没有一定面积的管辖海域，没有一定规模的可供研究和开发利用的海洋或海洋资源，就谈不上发展海洋经济。

2. 技术密集、资金密集和高风险特征

海洋高新科学技术的密集研发和应用一般都伴随着高额的资金投入，现代海洋经济产业的技术密集型特征决定了其具有资金密集型的特征。因此，包括陆域经济在内的一国（地区）国民经济总体实力，是发展现代海洋经济重要的资金基础和来源。

3. 国家主导型特征

目前，几乎所有国家都将管辖的海洋资源界定为本国所有。但是国家不可能直接进行海洋资源的开采、利用和经营，必须授权涉海企业、单位或个人来开采、利用海洋资源。这些涉海企业、单位和个人是海洋经济活动的真正主体，也是海洋经济参与

国际竞争的真正主体，各级政府海洋相关部门只是承担管理、监督、服务和协调的责任[①]。

（二）上海产业现状

根据2020年上海市海洋经济统计公报数据可以看出，2020年上海市实现海洋生产总值9707亿元，位居全国第四名，同比下降6.7%。2020年，上海市海洋生产总值约占当年全市生产总值的25.1%，占当年全国海洋生产总值的12.1%。

目前，上海逐步形成了以滨海旅游业、海洋交通运输业、海洋船舶工业等传统海洋产业为主导，以海洋电力、海洋生物医药业、海洋工程装备制造等海洋战略性新兴产业为新发展动能的现代海洋产业体系，形成了"两核三带多点"的海洋产业空间布局，自贸试验区临港新片区和崇明长兴岛海洋产业发展成效显著。

（三）产业发展分析

经过多年的发展，我国海洋信息基础设施建设初具规模，逐步构建海洋环境观测系统，海洋资源综合调查手段和范围不断增加，资料获取能力和数据量得到极大提升，观测范围初步覆盖近岸、近海、大洋和极地，形成了较为丰富的海洋信息和数据家底。重大海洋信息装备研制项目取得重要成果。

与世界上海洋经济发达国家相比，我国海洋信息体系建设总体能力不强，海洋观测和开发的核心装备"硬实力"不足，海洋信息体系"软实力"不够完善，主要表现在：一是缺乏全局战略性顶层设计，海洋信息资源散又弱，难以发挥整体优势；二是海洋核心技术装备的自主研发能力不足，关键设备依赖进口，难以有效支撑海洋信息基础设施建设；三是海洋信息自主获取与通信能力严重不足，覆盖范围、观测要素、时效精度和数据质量都亟待提升；四是海洋相关标准不一、共享机制不畅，"信息孤岛"现象严重；五是海洋信息服务规模小、水平低，难以满足海洋综合管理、军事活动、经济发展等方面的需要。总之，我国海洋信息体系既不能适应全球海洋治理格局的重大变革，也不能满足我国加快海洋强国建设的重大需求。

海洋信息智能化基础设施建设是以核心海洋智能科技创新与核心信息装备研发为支撑的。海洋大数据云平台是智慧海洋的神经中枢，通过建设海洋大数据云平台，实现对全部涉海行业信息基础设施的集约利用，以及各种海洋数据资料的交互融合和智慧挖掘，显著提升海洋信息资源的智能分析和共享服务水平，为海洋环境认知、装备

---

① 伍业锋.海洋经济：概念、特征及发展路径[J].产经评论，2010（03）：125-131.

研发、安全管控、智能应用等提供海洋存储计算资源、数据资源和应用资源等支撑服务[①]。

（四）海洋信息应用服务体系建设

1. 提升海洋信息应用服务能力是海洋信息化建设的根本目的。在统一的技术要求和标准框架之下，海洋信息服务应该面向各种不同服务对象、领域和场景，体现开放包容、共享协作。

2. 提高海洋信息政务服务水平、提升海洋综合管理决策信息服务能力、提升海洋资源开发利用信息服务能力、提升海洋环境认知信息服务支撑能力。

3. 海洋信息资源体系建设。整合汇集海洋信息资源、完善涉海行业间海洋数据资料传输、汇交、报送与交换机制，制定国家层面海洋数据资料汇集管理办法和相关技术标准规范，为海洋信息资源汇集提供管理制度和技术标准层面的保障。利用海洋大数据智能挖掘分析利用神经网络、深度学习、模式识别等信息化技术，面向海洋开发利用、海洋经济发展、海洋环境认知、海洋生态文明建设、海洋政务管理等领域开展海洋大数据分析和智能挖掘工作，提高海洋数据增值服务能力。

五、氢能与储能产业发展现状及供应链安全发展对策

（一）产业背景

近年来，中国氢能及燃料产业加速布局，虽然与发达国家相比，中国在氢能自主技术研发、装备制造、基础建设方面仍有一定差距，但产业化态势已经在全球领先。目前，中国的氢能及燃料电池产业基础设施薄弱，有待集中突破。该产业链企业主要分布在燃料电池零部件及应用环节，氢能储运及加氢基础设施发展薄弱，成为"卡脖子"环节。

特别是在加氢站布局上，截至2018年底，中国已建成加氢站23座。随着相关政策的逐渐完善，技术标准的逐步规范，装备技术的不断进步，中国加氢站建设将进入快速发展阶段。预计到2020年、2030年中国加氢站数量将分别达到100座和1500座，远期2050年规划是全国加氢站要达到10000座以上，整体规模将位居全球前列。

根据总体目标规划，氢能将成为中国能源体系的重要组成部分，预计到2050年氢能在中国能源体系中的占比约为10%，氢气需求量接近6000万吨，年经济产值超过10

---

① 王银银.海洋经济高质量发展指标体系构建及综合评价[J].统计与决策，2021（21）：5.

万亿元，交通运输、工业等领域将实现氢能的普及应用，燃料电池车产量将达到520万辆/年、固定式发电装置2万台套/年、燃料电池系统产能550万台套/年。按照此目标，中国可减排二氧化碳约7亿吨，可累计拉动经济产值33万亿元，预计2050年平均制氢成本不高于10元/公斤。

（二）上海产业现状

上海市临港新片区规划指出，到2025年，完成1500辆氢燃料电池车辆应用，建成各类型加氢站点14座，年氢气供给量不低于14000吨，年氢气自给率不低于当年需求量的30%，推广氢能分布式能源和热电冷三联供系统技术在建筑领域和工业园区的示范应用。

上海是国内较早介入氢能和燃料电池领域的城市之一。早在"十五"期间就开始参与燃料电池汽车和关键设备研发，2006年建成全国第一座示范运营固定站——安亭加氢站，具备了氢能产业发展的"三大优势"：氢气资源优势、加氢站先发优势、高端制造优势。

据悉，围绕2023年上海燃料电池汽车产业发展实现"百站、千亿、万辆"的目标，上海市将大力推动科学合理布局氢能产业，整合利用资源，构建高质量发展的氢能产业体系，形成产业集群效应；积极参与氢能标准、规范的制定和修订工作，推动氢能应用领域的测试平台建设；促进氢能各类技术和产品在制氢、储运应用、基础设施建设中的商业化、市场化的推广应用模式，促进氢能开发利用的多元化发展，并形成规模。

上海市已在氢能产业应用方面取得很好的成绩：开展示范运营的氢燃料电池车辆已累计销售1080辆，已投运的各类加氢站8座。目前，上海市政府正在研究制定《上海市燃料电池汽车加氢站建设运营管理办法》和《上海市车用加氢站布局专项规划》等配套政策；积极完成上海氢能全产业链布局，初步形成覆盖氢能产业链的区域产业集群；在重点发展区域建成相对完善的氢能产业基础设施与应用网络，推进大规模商用，构建"氢能社会"，打造可复制、可推广、社会认可度高的氢能应用示范模式。上海市氢能产业将迎来前所未有的发展机遇。

（三）产业发展分析

1. 建立与健全相关顶层设计和标准体系

建立国家层面的氢能发展路线图，吸引良性资本市场支持，合理分配资源，加大技术短板环节投入力度，鼓励因地制宜和"先示范后推广"的发展理念，引导氢能行业有序发展，避免重复建设和盲目竞争。建立健全将氢气作为能源品的生产、储运、管理标准规范体系，完善涉氢系统的本征安全、主动安全和被动安全措施，确保氢能安全体系成熟完整。

2. 加强核心技术攻关，完善基础设施建设

推动产学研结合，增加良性国际合作，强化人才培养，以问题为导向，加强核心技术攻关，以实现相关技术的国产化。基础设施的普及程度与用氢终端的推广是相互依存的关系，基础设施的不健全与用氢终端的发展相互掣肘。在具有用氢潜力的地区，需提前部署输氢管网、加氢站等基础设施。实现核心技术的国产化和平价化、健全氢能基础设施，对降低氢气使用成本、推广氢能应用具有重要作用。

六、第六代移动通信产业发展现状及供应链安全发展对策

（一）产业背景

所谓6G就是第六代移动通信系统（6th Generation Mobile Networks，或6th Generation Wireless Systems，简称6G），它是5G系统的延伸和发展。这里的G就是Generation，即"代"的意思。6G网络将是一个地面无线与卫星通信集成的全连接世界。通过将卫星通信整合到6G移动通信，实现全球无缝覆盖，网络信号能够抵达任何一个偏远的乡村，让远山深处的病人能接受远程医疗，让孩子们能接受远程教育。此外，在全球卫星定位系统、电信卫星系统、地球图像卫星系统和6G地面网络的联动支持下，地空全覆盖网络还能帮助人类预测天气、快速应对自然灾害等。这就是6G的未来。6G的通信技术不再是对简单的网络容量和传输速率的突破，它更是为了缩小数字鸿沟，实现万物互联这个"终极目标"，这便是6G的意义[①]。

6G的数据传输速率可能会达到5G的50倍，时延缩短到5G的1/10，在峰值速率、时延、流量密度、连接数密度、移动性、频谱效率、定位能力等方面远优于5G。

（二）6G产业发展现状

1. 国际产业情况

中国。目前，国内IMT2020新技术工作组已开始开展6G的总体研究，科技部2018–2019重点专项中有11项与6G相关，信通院等单位牵头负责《后5G/6G系统愿景与需求研究》。2019年4月26日，毫米波太赫兹产业发展联盟在京成立，该联盟由信通

---

① 何楷，何金阳，陈金鹰. 6G移动通信技术发展与应用前景预测分析[J]. 通信与信息技术，2019（2）：3.

院与产业界、科研院所等相关企业和专家共同筹建，旨在加快我国毫米波太赫兹产业发展，提升我国在通信领域的技术水平与产业化能力。同时，由国家发改委、工信部、科技部共同支持举办的未来移动通信论坛（"Future论坛"）已发布《ApeekBeyond5G》等3本6G相关白皮书。ITU-T启动的FGNET2030研究，中国运营商也深度参与。

美国。6G的研发推进以政府资助高校的模式为主，重点研发"融合太赫兹通信与传感"的项目。

日本。6G的研究工作以国内最大电信运营商NTTDoCoMo为主体，主攻太赫兹、轨道角动量等方向。

韩国。三星负责6G技术预研，计划在6G时代将全双工技术打磨精熟。

欧盟。欧盟2017年成立由德国、希腊、芬兰、葡萄牙、英国等跨国TERRANOVA计划，明确提出研发超高速太赫兹创新无线通信技术。欧洲电信标准化协会（ETSI）也逐步开展6G基础技术的研究项目及其他研发方向的征询工作[①]。

2. 上海产业情况

近日，上海市人民政府办公厅印发《上海市战略性新兴产业和先导产业发展"十四五"规划》（简称《规划》）。《规划》提到"十四五"期间，上海将结合自身科教资源与产业基础优势，谋划布局一批面向未来的先导产业。

在第六代移动通信方面，重点突破新一代信道编码及调制技术、新一代天线与射频技术、太赫兹无线通信技术与系统、空天海地一体化通信技术、软件与开源网络关键技术、基于人工智能的无线通信技术、动态频谱共享技术等第六代通信（6G）关键技术。深度参与国家6G技术专项，研究部署一批科技攻关项目，积极参与6G标准化竞争，在芯片、测试设备、移动终端等领域保持先发优势。

第六节　结论与对策

后危机时代，全球经济从工业经济向知识经济转变、从规模型经济向创业型经济变革，呈现出经济全球化和大规模的科技成果产业化两大趋势，创业和创新成为经济的决定力量。面向未来，上海制造如果要成为全球价值链上的领军者，就需要充分发挥产业基础雄厚、门类配套齐全、市场前景广阔等禀赋优势，链接全球产业创新资源，

---

① 张小飞，徐大专. 6G移动通信系统：需求，挑战和关键技术[J]. 新疆师范大学学报：哲学社会科学版，2020，41（2）：13.

强化高端产业引领功能，增强产业链现代化水平。当前，上海要打好先导产业发展的攻坚战，还面临着诸多挑战。

一、上海先导产业供应链安全面临的挑战

（一）从产业链的创新引领来看

上海在集成电路、人工智能、生物医药、大数据、5G等战略性、前瞻性的产业领域正在加快布局。但是，产业创新的引领优势尚未确立，面临动能转换的空档期，与国内外优势地区相比仍有差距，对爆发式成长的新兴行业培育不足，产业链高端环节竞争优势不强，先发基础优势不能支撑产业的高速发展。国民经济和社会发展统计公报显示，上海与北京、深圳一线城市的战略性新兴产业增加值规模相比不占优势，占地区生产总值比重明显低于其他一线城市。2019年，上海战略性新兴产业增加值为6133.22亿元，比2018年增长8.5%。其中，工业增加值为2710.43亿元，增长3.3%；服务业增加值为3422.79亿元，增长13.3%。战略性新兴产业增加值占上海市生产总值的比重为16.1%，比2018年提高0.4个百分点。北京战略性新兴产业实现增加值为8405.5亿元，按现价计算，增长7.3%；占地区生产总值的比重为23.8%，比2018年提高0.1个百分点5。深圳战略性新兴产业增加值合计为10155.51亿元，比2018年增长8.8%，占地区生产总值比重37.7%[①]。

（二）从产业链的基础支撑来看

产业基础薄弱是最大短板，战略性、全局性产业仍需"补链、强链"，面临"产业孤岛"的困局。信息社会背景下的基础软件、操作系统、计算机算法等现代产业的核心基础主要依赖国外。核心基础零部件（元器件）、关键基础材料、工业软件、测试及专用设备受制约程度仍较高，已成为制约上海工业由大变强的关键因素，也是制约上海制造提高技术创新能力和全球竞争力的瓶颈所在。例如，光刻技术是芯片制造中重要的工艺，而光刻胶则是光刻技术实现的关键材料，即涂覆在半导体基板上的感光剂。当前，集成电路制造使用的光刻胶基本上依赖进口，占芯片制造成本约7%，日企在该领域占据了80%以上的市场。

中美贸易摩擦加剧了两国对科技主导地位展开的全球争夺，中国产业"卡脖子"问题日益凸显。美国通过"长臂管辖"将特定的中国高科技企业或科研机构加入出口

---

① 熊世伟，翼谦.提升上海产业链现代化水平，强化高端产业引领功能[J].科学发展，2021（10）：14–23.

管制"实体清单"，从而限制重要原材料、设备、开发工具与软件出口，企图切断中国高科技企业供应链，使目标企业经营陷入瘫痪。此外，美国以国家安全风险为由，限制中国企业对美方"敏感领域"的投资并购活动。

（三）从产业链的要素保障来看

创新链、金融链和产业链的沟通不够顺畅。创新、资金资源和产业的联动协同，涉及范围广、链条长、环节多，也离不开科技、产业、金融主管部门、金融机构、产业联盟、行业协会和高校科研机构等相关主体的上下联动与共同参与。上海仍未形成一套精准联络及高效的联动机制，缺少跨区域、区域内各主体之间科技产业金融信息共享的平台，导致需要使用信息的部门与机构无法共享或利用这些信息资源。

当前，产业生态体系依然薄弱，产业链上各个环节单打独斗，从产品设计、技术研发、产品制造到品牌塑造、物流分销等环节不能形成有机的统一体。新一代信息技术与实体经济的融合、制造业和服务业的融合，促进产业之间相互渗透、业务关联、链条耦合，导致产业边界逐渐模糊，这是工业化进入高级阶段的重要特征，也是产业转型升级的必由之路。

二、上海先导产业供应链安全提质增效对策

针对以上问题，笔者结合本文内容分析提出，上海市提升发展先导产业供应链安全，促进提质提效的可能路径如下：

（一）以产业链现代化为目标，推动产业基础再造工程

产业基础高级化是产业链现代化的前提和基础。紧紧围绕国家产业基础高级化的战略布局，结合上海高端产业发展需求，实施产业基础再造工程，在重点领域关键环节实现精准突破。加快推动5G、区块链、工业互联网、大数据、云计算、物联网、IDC等新型基础设施建设，大力发展工业设计、工业互联网、数据库等基础软件，为产业链现代化提供数字化、网络化、智能化支撑。聚焦集成电路、人工智能、生物医药等先导产业，重点突破与之配套的核心基础元器件、关键基础材料、先进基础工艺、产业技术基础等，加快提升核心技术的自给水平。

（二）以安全可控为核心，提升产业技术创新水平

围绕产业链部署创新链，围绕创新链布局产业链。坚持市场导向和应用牵引，聚

焦关键共享技术、前沿引领技术、现代工程技术等创新，发挥重大平台作用、企业主体作用、人才支撑作用，完善科技成果转移转化机制，加快创新链、产业链、人才链、政策链、资金链深度融合。着力破解科技创新与产业转化脱节的问题，打造一批国际一流的制造业创新中心。聚焦基础、前沿研究领域，积极引入市场机制，协调开展前沿引领技术、关键共性技术、重大产业技术等创新研究，为产业链现代化赋能赋智。积极培育和壮大科技服务市场主体，创新科技服务模式，促进科技服务业专业化、网络化、规模化发展。搭建全链条式转化与产业化创新平台，加快创新成果的产业化、市场化步伐。

（三）以"新基建"为抓手，提升区域新型基础设施规模新能级

发挥数字新基建带动作用，持续打造"智能底座"，持续推动以新一代网络基础设施为主的"新网络"建设、以创新基础设施为主的"新设施"建设、以人工智能等一体化融合基础设施为主的"新平台"建设、以智能化终端基础设施为主的"新终端"建设。加快重大智能基础设施建设，鼓励企业和科研机构围绕核心芯片、软件框架、智能传感器、基础软件等重点领域开展技术研发和产业化突破。联动长三角地区和上海人工智能创新中心布局，进一步扩大创新中心在行业技术攻关、应用落地中的示范带动作用。

（四）以一体化发展为方向，聚合区域产业链协同发展新格局

抢抓长三角一体化发展战略机遇，深化与江苏、浙江、安徽的产业分工合作，加强与三省优势产业的发展衔接，合力打造集成电路、电子信息、生物医药、高端装备、汽车等世界级制造业产业链，共同构建区域产业链、创新链、价值链，合力推动重点产业的产业链现代化，提升国际竞争力。联合长三角地区开展重点领域的技术研发，推动关键核心技术攻坚和产业化，打造若干产业创新示范区、创新平台。

（五）以价值链为纽带，构建不同所有制企业协作创新支柱

坚持以企业为主体、以市场为导向，大力培育国际化大企业、产业（行业）龙头企业、新兴行业领军企业等，逐步在全球价值链、创新链上由"参与者"转变为"引领者"。以强化质量管理为手段，以创建自主品牌为载体，打造一批质量水平一流的高新产品和自主品牌，大幅提升产品的附加值。加大对"专精特新"中小企业的支持力度，鼓励中小企业参与产业集群化发展，帮助中小企业融入全球价值链，以纵向一体

化提升产业链竞争力。更好地发挥企业家作用，积极营造企业家成长环境，弘扬企业家精神，激发市场活力。

（六）以创新组织为牵引，持续优化以才引才和以业聚才的创新生态

发挥企业技术中心和制造业创新中心两个中心和联盟的平台优势，加强长三角一体化联动，及时了解产业链上外地企业来沪落户需求，做好跟踪对接。发挥集成电路、人工智能、生物医药等专家学者和企业家在行业内的影响力，对应成立高端产业细分领域的专家咨询委员会，鼓励高级别专家推介上海，精准有力地吸引海内外高层次人才和领军企业向上海集聚。认真落实中央交给上海的三大重点产业任务，推动四大高端产业集群发展成势，通过高能级的产业生态圈吸引人、凝聚人。会同有关部门编制高端产业紧缺人才目录，争取给予重点产业人才政策倾斜，吸引紧缺急需人才集聚。

第四章 虹桥国际开放枢纽建设的效果评价、存在问题与对策措施研究[①]

第一节 虹桥国际开放枢纽建设的背景

2018年11月5日，习近平总书记在虹桥商务区出席首届中国国际进口博览会时宣布，支持长江三角洲区域一体化发展并上升为国家战略。2019年5月，中共中央、国务院印发《长江三角洲区域一体化发展规划纲要》，明确提出打造虹桥国际开放枢纽。

在成功举办了三届进博会后，为持续放大进博会溢出效应，推动虹桥商务区成为联动长三角、服务全国、辐射亚太的进出口商品集散枢纽，2019年，根据党中央、国务院战略部署，上海市委、市政府印发《关于加快虹桥商务区建设 打造国际开放枢纽的实施方案》，进一步加快国际化中央商务区、国际贸易中心新平台和综合交通枢纽建设，为承担国家赋予的虹桥国际开放枢纽功能奠定了基础。

2021年2月，国务院批复了《虹桥国际开放枢纽建设总体方案》（以下简称《总体方案》），虹桥国际开放枢纽包括上海虹桥商务区及所在的长宁区、嘉定区、闵行区的其他区域和松江区、金山区，江苏省苏州市的昆山市、太仓市、相城区和苏州工业园区，浙江省嘉兴市的南湖区、平湖市、海盐县和海宁市。《总体方案》明确了虹桥国际开放枢纽建设的指导思想、发展目标、功能布局和主要任务，标志着虹桥国际开放枢纽成为继自贸试验区临港新片区、长三角生态绿色一体化发展示范区之后，上海落实长三角一体化发展国家战略的又一重要承载地。

---

① 车春鹏，经济学博士，上海对外经贸大学副教授。研究领域包括产业经济、国际贸易等。在《改革》《上海交通大学学报(哲学社会科学版)》《宏观经济研究》上发表论文20余篇，出版专著2部。主持上海市人民政府发展研究中心决策咨询课题、上海市人大课题、上海市张江高新技术产业开发区管理委员会课题等10多项。承担本章的撰写工作。

第二节　虹桥国际开放枢纽建设的目标

一、总体目标

打造虹桥国际开放枢纽，是长三角一体化发展国家战略的重要组成部分。根据《总体方案》，沪苏浙皖将发挥各自优势，共同打造虹桥国际开放枢纽。根据《总体方案》规划，到2025年，虹桥国际开放枢纽将基本建成，中央商务区和国际贸易中心新平台功能框架与制度体系将全面确立，服务长三角和联通国际的作用将得到进一步发挥；到2035年，虹桥国际开放枢纽将全面建成，成为推动长三角一体化发展、提升我国对外开放水平、增强国际竞争合作新优势的重要载体。

二、功能布局

根据《总体方案》规划，虹桥国际开放枢纽将形成"一核两带"的发展格局。"一核"是上海虹桥商务区，面积为151.4平方公里，主要承担国际化中央商务区、国际贸易中心新平台和综合交通枢纽等功能。"两带"是以虹桥商务区为起点延伸的北向拓展带和南向拓展带。北向拓展带包括虹桥—长宁—嘉定—昆山—太仓—相城—苏州工业园区，重点打造中央商务协作区、国际贸易协同发展区、综合交通枢纽功能拓展区；南向拓展带包括虹桥—闵行—松江—金山—平湖—南湖—海盐—海宁，重点打造具有文化特色和旅游功能的国际商务区、数字贸易创新发展区、江海河空铁联运新平台。

在空间上，通江达海。"一核两带"功能布局从苏南长江口经上海市域一直延展到杭州湾北岸，纵贯南北、江海通达，总面积达7000平方公里（其中上海市域内面积约2100平方公里，占全市面积近1/3），2020年经济总量近2.3万亿元，随着虹桥国际开放枢纽建设的推进，虹桥国际开放枢纽必将成为长三角地区发展活力最强、潜力最大、开放度最高的区域之一。

在形态上，"弯弓"待发。"一核两带"功能布局犹如一张蓄势待发的"弯弓"，位于中心位置的虹桥商务区是其"动力核"，将长三角乃至更广腹地的发展动能和开放势能汇聚于此、辐射而出，进一步凸显虹桥商务区和虹桥国际开放枢纽的国际定位、开放优势和枢纽功能，如图4-1所示。

图4-1　虹桥国际开放枢纽空间规划："一核两带"

来源：新华报业，2021-03-03。

三、主要任务

为实现虹桥国际开放枢纽的建设目标，《总体方案》提出的主要任务是围绕大交通、大会展、大商务三大核心功能，着力建设国际化中央商务区，着力构建国际贸易中心新平台，着力提高综合交通管理水平，着力提升服务长三角和联通国际的能力。主要表现在下面几个方面。

（1）通过打造现代服务业发展高地、提升国际高端都市商业功能、做优做强特色园区和特色楼宇、形成高品质商务活动集聚区、推进虹桥国际人工智能中心建设等具体行动来推动一流的国际化中央商务区建设。

（2）通过打造进出口商品集散地、促进各类贸易平台集聚、培育高能级贸易主体、率先打造全球数字贸易港等具体行动来建设开放共享的国际贸易中心新平台。

（3）通过打造总部经济集聚高地、推动会展经济提质增效、提高招商引资的质量和水平、集聚高能级国际组织和机构、实现更高水平"走出去"、助推长三角高质量一体化发展、探索重点领域开放的先行先试等行动来增强联通国际国内的开放枢纽功能。

（4）通过加快智慧虹桥建设、推动绿色低碳发展、创设虹桥国际商务人才港、提高公共服务配套水平、建设协同高效的一体化综合交通体系、实施更大力度的支持政策等具体行动来营造国际一流的商务生态环境。

四、保障措施

为了保障建设目标的实现，以高水平政策措施为突破口，以高水平功能平台为载体，以高能级重大项目为抓手通力打造虹桥国际开放枢纽，《总体方案》发布102项政策举措，其中涉及上海市的有75项。

在《总体方案》中的29项政策中，有16项是仅在虹桥商务区实施的创新政策措施，再加上保税物流中心（B型）、虹桥国际商务人才港、国家数字服务出口基地等20多个功能平台在商务区落地。

作为打造虹桥国际开放枢纽的载体，《总体方案》中有47项涉及功能平台建设，其中33项由上海建设，如"鼓励新虹桥国际医学中心发展医疗服务贸易""支持建设金山华东无人机空港"等。《总体方案》重大项目有26项，上海要完成其中的13项，主要涉及主要基础设施互联互通、重点产业发展等领域。

作为虹桥国际开放枢纽建设的突破口，政策主要涉及服务业、金融领域、数字贸易、贸易便利化、人才开放、区域协同等诸多方面。

（一）服务业开放措施

（1）允许在上海自由贸易试验区临港新片区设立的境外知名仲裁及争议解决机构在虹桥商务区设立分支机构，就国际商事、投资等领域发生的民商事争议开展仲裁业务。

（2）依托虹桥临空经济示范区发展航空服务业及配套产业，鼓励发展飞机整机、航空发动机等融资租赁业务，积极发展飞机全周期维护、航空资源交易、航空培训等高附加值业务，开展对航空服务业等重点企业的特殊监管创新试点。

（3）鼓励新虹桥国际医学中心发展医疗服务贸易，研究制定符合条件的外籍医务人员在虹桥国际开放枢纽执业相关管理办法，为外籍医务人员在区域内居留、执业以及患者与陪护人员入境、停留、就诊提供便利。

（4）对社会办医疗机构配置乙类大型医用设备实行告知承诺制，自由贸易试验区社会办医疗机构配置乙类大型医用设备实行备案制，对甲类大型医用设备配置给予支持。

（5）放宽外商捐资举办非营利性养老机构的民办非企业单位准入。

（6）允许外商投资建设剧院、电影院、音乐厅等文化场馆和设立演出场所经营单位。

（7）支持对外资投资性公司放宽准入限制，给予金融、人才、通关等方面便利。

（二）金融开放措施

（1）支持虹桥商务区内符合条件的企业开立自由贸易账户，为国际贸易企业等提供便利的跨境金融服务。

（2）鼓励金融机构在依法合规、风险可控、商业可持续的前提下为虹桥商务区内企业和非居民提供跨境发债、跨境投资并购等服务。

（3）支持开展人民币跨境贸易融资和再融资业务。

（4）支持虹桥商务区内符合条件的企业开展资本项目收入及支付便利化试点。

（5）支持符合条件的跨国公司开展跨境资金集中运营管理，鼓励跨国公司设立全球或区域资金管理中心。

（6）积极支持符合条件的开发建设主体申请首次公开发行股票并上市，以及符合条件的基础设施项目开展REITs试点，率先推广应收账款票据化、积极试点"贴现通"业务，探索建立公共信用信息和金融信用信息互补机制。

（三）数字经济开放措施

（1）支持虹桥临空经济示范区探索建立国家数字服务出口基地。

（2）设立虹桥商务区至国际通信出入口局的国际互联网数据专用通道。

（四）贸易开放措施

（1）支持给予虹桥国际机场空运整车进口口岸资质。

（2）扩大虹桥国际机场免税购物场所，开展离境退税"即买即退"试点。

（3）将进口博览会期间的展品税收支持、通关监管、资金结算、投资便利、人员出入境等创新政策依法上升为常态化制度安排。

（4）支持虹桥商务区内贸易真实且信誉度高的企业通过自由贸易账户开展新型国际贸易。

（五）人才开放措施

（1）在虹桥商务区开展国际人才管理改革试点，为境外高层次专业服务人才来华执业及学术交流合作提供签证、居留、永久居留便利。

（2）支持经认定的外籍高层次人才凭其持有的外国人永久居留身份证创办科技型企业，并与中国公民享受同等待遇。

（六）跨区域协同措施

（1）支持上海登记设立跨区域社会组织。

（2）鼓励长三角其他地区各类主体在虹桥国际开放枢纽内布局设点，利用政策优势进一步提高对外开放的层次水平。

（3）按照市场化方式设立服务长三角一体化发展的投资基金。

（4）推进虹桥国际机场在苏州、嘉兴等地建设虚拟航站楼，"一站式"提前办理出关、乘机手续，提高交通出港便利度。

（5）依托苏州（太仓）港、嘉兴港江海河联运平台，加快建设通州湾长江集装箱新出海口码头航道、芜湖马鞍山江海联运枢纽，为长三角货运客运出港提供出关检查、航班信息、仓储中转、中介代办等优质服务。

第三节　虹桥国际开放枢纽建设的政策推进现状

随着《总体方案》的颁布，上海从市政府到涉及的行政区域都作出了积极反应。上海市印发了有关虹桥国际开放枢纽中央商务区的"十四五"规划；虹桥国际开放枢纽涉及的闵行区、长宁区、青浦区、嘉定区以及金山区纷纷制定区域贯彻落实工作方案或行动计划，明确未来3～5年的工作目标和具体举措。

《总体方案》颁布仅8个月时间，虽然上海市相关部门以及涉及的各区政府在尽力推进，但是建设效果尚不能充分显现出来。

一、空间范围界定

2019年11月13日，上海市人民政府发布《关于加快虹桥商务区建设打造国际开放枢纽的实施方案》，按照街镇整建制提升的原则，将长宁区新泾镇和程家桥街道（虹桥临空经济示范区）、闵行区华漕镇、嘉定区江桥镇、青浦区徐泾镇，原未纳入虹桥商务区的部分共64.8平方公里，全部作为虹桥商务区的拓展区，统筹进行规划建设管理和功能打造，实现虹桥商务区151.4平方公里整体协调发展。因此，本节将分别以上述四个区以南向拓展带上的松江、金山区为切入点，评价虹桥国际开放枢纽的建设效果。

二、上海市相关规划

为更高水平、更高质量推进虹桥国际开放枢纽中央商务区建设，根据《总体方案》和《上海市国民经济和社会发展第十四个五年规划和二〇三五年远景目标纲要》，上海市政府于2021年8月23日印发了《虹桥国际开放枢纽中央商务区"十四五"规划》（以下简称《"十四五"规划》）。

《"十四五"规划》以"强化国际定位、彰显开放优势、提升枢纽功能"为主线，贯彻服务长三角一体化和中国国际进口博览会两大国家战略，构建以一流的国际化中央商务区为承载主体，打造开放共享的国际贸易中心新平台、联通国际国内综合交通新门户、全球高端要素配置新通道、高品质的国际化新城区、引领区域协同发展新引擎，到2025年，基本建成虹桥国际开放枢纽核心承载区。在高能级主体集聚、现代产业经济集群初显、带动区域经济高质量发展的引领力增强、核心功能显著提升的基础上，中央商务区和国际贸易中心新平台功能框架和制度体系全面确立，综合交通枢纽管理水平显著提升，服务长三角和联通国际的作用进一步发挥。《"十四五"规划》从总体规模效益、开放枢纽功能、品质城区建设三个维度、六个方面，提出16项预期性指标，如图4-2、表4-1所示。

图4-2 虹桥国际开发枢纽中央商务区功能布局："一核四片区"

图片来源：澎湃新闻，2021-09-07。

表4-1 虹桥国际开放枢纽中央区主要预期性指标

序号	类别	指标名称	目标值（2025年）
1	总体规模效益	区生产总值	年均增幅高于全市至少2个百分点
2		税收收入	年均增幅10%～15%
3		外贸进出口额	年均增幅10%～15%
4		新增外资法人企业数量	1500家左右
5		商品销售额	5000亿元左右

续表

序号	类别	指标名称	目标值（2025年）
6	开放枢纽功能	总部企业数量	500家左右
7		数字经济增加值占地区生产总值比重	60%以上
8		进口商品集散地平台建成面积	50万平方米以上
9		国际性组织（机构）占全市比重	25%以上
10		国际性展览占比	80%左右
11		国际性会议占全市比重	25%左右
12		综合交通枢纽年客流量	4.5亿～5亿人次
13	品质城区建设	人均公园绿地面积	10平方米左右
14		路网密度	4.5公里左右/平方公里
15		社区公共服务设施15分钟步行可达覆盖率	85%以上
16		绿色建筑星级运行标识认证面积	300万平方米左右

资料来源：《虹桥国际开放枢纽中央商务区"十四五"规划》。

第一，提升产业能级，建设一流的国际化中央商务区。重点发展商务会展等现代高端服务业，大力发展总部经济，持续壮大商务区发展动能。

第二，放大进博会效应，打造开放共享的国际贸易中心新平台。做优做强进出口商品集散地，打造全球数字贸易港，加快形成联通全球的数字贸易枢纽；打造国际组织和贸易促进机构集聚高地，吸引商贸领域龙头企业入驻；打造国际化购物消费新地标，高质量建设国家进口贸易促进创新示范区。

第三，增强辐射功能，打造联通国际国内的综合交通新门户；高水平建设交通基础设施，全面强化虹桥综合交通枢纽核心功能。

第四，推进改革创新，构建高效率全球高端资源要素配置新通道。探索国际人才管理制度改革，建设虹桥国际商务人才港；推进资本要素市场化配置，加快发展技术要素市场，打造技术成果转移转化高地，以搭建平台、优化环境、深化改革为重要抓手，促进要素自主有序流动，构建一流的营商环境。

第五，促进产城融合，打造引领高品质生活的国际化新城区。全面推进产城融合发展，构建布局合理、功能完备、优质高效的高水平居住生活服务体系。

第六，扩大双向开放，构建引领区域协同发展新引擎。发挥对内和对外开放"两个扇面"的枢纽作用，对照国际通行规则，创新区域合作机制，推动商品和要素流动型开放向规则等制度型开放的转变。

三、各区行动方案

（一）长宁区行动方案

2021年3月19日，根据《总体方案》规划，长宁区发布了《长宁区推进虹桥国际开放枢纽建设行动方案》。长宁区的行动方案提出：长宁将发挥虹桥国际开放枢纽在上海市域范围内唯一中心城区的优势，依托虹桥经济技术开发区，如图4-3所示、虹桥临空经济示范区，如图4-4所示、"虹桥智谷"国家双创示范基地这三大国家级平台，不断提升发展能级，到2035年，基本建成具有世界影响力的国际精品城区，充分发挥虹桥国际开放枢纽核心节点双向开放、双向联动的功能优势，成为长三角更高水平协同开放、协同改革、协同创新的枢纽门户。同时，明确了"四个主攻方向"和"五方面重点举措"。

图4-3　虹桥经济技术开发区

图片来源：新民晚报，2021-03-19。

图4-4　虹桥临空经济园区

图片来源：新民晚报，2021-03-19。

一是着力提升国际高端商务功能，建设高标准的国际化中央商务区核心区。构建特色鲜明实力强劲的现代产业体系，提升总部经济要素配置能力，促进经济载体提质增效，深化科技创新人才集聚区建设，提升高端公共服务品质，加快推进新型基础设施建设，打造国际一流营商环境。二是着力提升贸易便利化水平，构建国际贸易中心新平台重要承载区。加强重点领域制度创新供给，推进数字贸易创新发展，培育吸引高能级贸易平台集聚，推动金融赋能贸易便利化发展。三是着力提升区位交通优势，提高综合交通服务水平。积极拓展国际航空枢纽服务功能，优化完善综合交通网络体系。四是着力提升利用"两个市场两种资源"能力，强化服务长三角和联通国际的开放门户枢纽功能。深度参与长三角区域协同联动发展，强化联通国际的开放门户枢纽功能。

对照《总体方案》的"三个一批"，长宁提出了对应的"三个一批"。一是拟提出一批高含金量政策措施作为推进虹桥国际开放枢纽建设的突破口，如依托虹桥临空经济示范区建设全球航空企业总部基地和高端临空服务业集聚区，探索建立国家数字服务出口基地，争取设立国家互联网数据专用通道等；二是拟提出一批较高水平的功能平台作为推进虹桥国际开放枢纽建设的重要抓手，如与中国人民银行数字货币研究所等机构合作打造高水平金融科技功能平台，打造东方国信虹桥跨国企业（总部）科创园、苏河汇全球共享经济数字贸易中心、西郊国际金融产业园等一批特色产业园区；三是拟提出一批高能级的项目作为推进虹桥国际开放枢纽建设的重要载体，如临空12号地块、东虹桥人才公寓、宜家荟聚购物中心等重大项目。

（二）闵行区行动方案

2021年3月3日，根据《总体方案》规划，闵行区发布了《加快推进虹桥国际开放枢纽建设行动方案》。作为虹桥国际开放枢纽"一核""南向拓展带"的重要区域，闵行区是虹桥国际开放枢纽建设的主战场和主引擎。闵行区将围绕"提升核心优势、深度产城融合"发展主线，全力实施"南北联动，双核辐射"的空间发展战略。到2025年，基本建成虹桥国际开放枢纽核心功能承载区和创新开放、生态人文的现代化主城区，中央商务区和国际贸易中心新平台功能框架与制度体系全面确立，全球资源配置、开放枢纽门户、高端产业引领、科技创新策源功能效应显著增强，产城深度融合和城市功能品质全面提升，服务长三角和联通国际的桥头堡作用得到充分发挥。

闵行区的行动方案明确了四个主攻方向20项具体举措。一是着力建设国际化中央商务区。加快构筑总部经济集聚区，加快推动专业服务业集聚发展，推动高端服务业发展，完善国际会展配套服务体系，打造"虹桥国际会客厅"，加快国际高端人才集聚。二是着力构建国际贸易中心新平台。打造要素出入境集散地，集聚高能级贸易平台和主体，创新发展新型国际贸易，鼓励发展医疗服务贸易，推动贸易金融便利化，全方位拓宽融资渠道。三是着力建设具有国际影响力的上海南部科创中心。构建开放型创新生态体系，拓宽国际化成果转移转化渠道，提升产业创新合作能力，强化创新载体平台建设。四是着力打造国际化产城融合示范标杆。积极打造两大城市副中心，加快完善城市功能，全面优化人居环境，提升公共服务国际化水平。

对照《总体方案》的"三个一批"，闵行提出了对应的"三个一批"。一是提出一批高含金量政策措施作为推进虹桥国际开放枢纽建设的突破口，如探索在虹桥商务区范围内布局免税购物场所。在推广离境退税商店的基础上，适时在虹桥天地、龙湖天街等大型购物场所开展离境退税"即买即退"试点。在虹桥商务区开展国际人才管理改革试点，为境外高层次专业服务人才来华执业及学术交流合作提供签证、居留、永久居留便利，积极推动虹桥商务区内贸易真实且信誉度高的企业通过自由贸易账户开展新型国际贸易，为外籍医务人员在虹桥国际开放枢纽区域内居留、执业以及患者与陪护人员入境、停留、就诊提供便利，支持虹桥商务区内符合条件的企业开立自由贸易账户及离岸经贸业务。二是建立一批较高水平的功能平台作为推进虹桥国际开放枢纽建设的重要抓手，如加快推动长三角法律服务业发展中心功能平台建设，积极支持境内知名仲裁机构分支机构和仲裁庭以及上海国际民商事调解中心入驻虹桥商务区闵行区域，就国际商事、投资等领域发生的民商事争议开展仲裁和调解业务，在虹桥商务区打造法律服务产业集聚区。推动进博会常年展示交易服务平台建设，完善虹桥进口商品展示交易中心保税货物展示、价格形成、信息发布等功能。三是推动和拟建一批高能级的项目作为推进虹桥国际开放枢纽建设的重要载体，如推进虹桥商务区核心区总部项目、电竞示范基地、虹桥国际会议中心、虹桥进口商品展示交易中心（二期）"大零号湾"、上海泰和诚肿瘤医院和上海协华脑科医院、机场联络线等建设，规划研究虹桥主城前湾公园、虹桥国际艺术文化中心等项目。

（三）嘉定区行动方案

2021年3月25日，根据《总体方案》规划，嘉定区政府发布了《嘉定区全面融入和推动虹桥国际开放枢纽建设行动方案》。嘉定区的行动方案提出：到2025年，嘉定区将基本形成国际化中央商务区核心功能区、国际贸易中心新平台示范区和综合交通枢纽功能拓展区基本框架。并提出4个方面的共12项具体任务。

一是建设高能级的国际化中央商务区核心功能区。推动专业服务业、各类零售主体集聚发展、丰富消费业态，全力建设现代服务业集聚区；聚焦重点区域，推动民营企业总部加快落地，构筑总部经济引领示范新高地；充分利用《总体方案》中的人才政策，加快推动国际化人才集聚；优化基础教育、医疗服务等公共服务资源布局，提升公共服务国际化水平；因地制宜全力做优"五型经济"。

二是构建高水平的国际贸易中心新平台示范区。持续放大中国国际进口博览会的外溢带动效应，推动上海汽车会展中心的品牌化、国际化发展，推动世界智能汽车网联大会和长三角科技成果交易博览会进一步提升辐射力，打造一批在长三角乃至全国有影响力的品牌展会；全面提升嘉定综合保税区能级，充分发挥综保区整车落地保税等功能优势，畅通保税赛车完整业务流程，打造保税赛车服务中心。

三是加快规划建设高质量的综合交通枢纽功能拓展区。构建辐射周边的交通枢纽体系；建设国家智慧交通先导试验区，重点推动"1号高速工程"G2京沪高速上海段和嘉闵高架路段智能化道路建设，积极建设国家智慧交通先导试验区。

四是显著提升服务长三角和联通国际的能力。打造功能复合多元的长三角综合性节点城市，提升嘉昆太协同创新核心圈的能级和影响力，强化服务长三角的功能。

（四）青浦区行动方案

2021年3月12日，依据《总体方案》规划，青浦区政府发布了《青浦区加快推进虹桥国际开放枢纽建设行动方案》和《青浦区推进虹桥国际开放枢纽建设青东联动发展实施意见》。

作为虹桥国际开放枢纽建设的核心主体，青浦区明确了四个主要任务。

一是在建设高标准国际化中央商务区方面，加大招引和培育会展核心产业链企业力度，重点加快西虹桥商务区及周边地区会展服务配套建设，打造长三角消费中心城市建设富有特色的现代服务业集聚区，构筑总部经济集聚升级新高地，加快国际高端人才集聚速度，提升公共服务国际化水平。

二是在构建高端资源配置国际贸易中心新平台方面，塑造具有全球影响力的会展经济典范，做优做强"6+365"常年展示交易平台，放大虹桥国际经济论坛品牌效应，进一步创新发展新型国际贸易，集聚高能级贸易平台和主体，促进金融与贸易深度融合，强化国际贸易产业支撑。

三是在全面提高综合交通枢纽管理水平方面，强化国际航空运输服务功能，完善跨区域轨道交通路网体系，推进上海轨交2号线、13号线、17号线西延伸和轨交25号线建设；加快沪苏湖铁路练塘站建设，积极推进沪苏嘉城际线、嘉青松金线落地；规划在盈港东路–外青松公路交叉口区域设置沪苏嘉城际线、嘉青松金线、轨交17号线三线换乘的青浦新城高能级综合交通枢纽；协同推进与虹桥商务区相连接的铁路建设，协助苏锡常都市快线和沪嘉市域铁路对接上海市域铁路、南通连接上海虹桥、商合杭连接沪苏湖等铁路，加快打造虹桥商务区与长三角主要城市两小时轨道交通圈；协同推进上海市市域铁路嘉青松金线、金山铁路延伸至平湖和海盐、南枫线等线路前期工作，如图4-5所示。

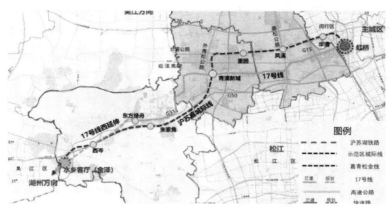

图4-5　青浦区交通枢纽规划

来源：东方网，2021-03-12。

四是在显著提升服务长三角和联通国际的能力方面，服务长三角开展招商引资、人才招聘、广告营销等商业合作，协助长三角其他地区各类主体在青浦区内布局设点；推进普惠金融数字化转型，推进新型基础设施建设，拓展新型基础设施应用场景，推动重点领域智慧化升级，进一步增强服务全国、联通国际的枢纽功能。

（五）金山区行动方案

根据《总体方案》规划，金山全域纳入"南向拓展带"，主要任务是会同南向拓展带的其他城市共同打造具有文化特色和旅游功能的国际商务区、数字贸易创新发展区、江海河空铁联运新平台。2021年6月，金山区政府据此制订了《金山区加快推进虹桥国际开放枢纽建设实施方案》。该实施方案围绕金山在虹桥国际开放枢纽中的功能定位，从强化文化特色和旅游功能、提升国际贸易产业支撑功能、建设长三角公共服务特色功能区、提升沪浙联通综合门户枢纽功能四个方面，涉及滨海国际文旅商务区、杭州湾北岸（金山）高端产业集聚区、华东无人机空港、金山-平湖张江长三角科技城、公共卫生应急资源保障基地、青少年综合素质发展示范区六大功能性平台以及交通基础设施建设等48项工作。

在建设滨海国际文旅商务区方面，提出10项任务以打造成为杭州湾北岸特色显著、功能齐全的高标准滨海专业会展功能带；推进全域旅游资源融合发展，打响"金山如画"文旅品牌；提升重大商务载体平台功能，提升上海湾区科创中心综合竞争力，突出平台聚集功能。

提升国际贸易产业支撑功能方面，提出三类共16项任务。一是构建"1+4+4+4"新型工业化产业体系，即打造1个千亿级高端绿色化工产业集群、4个百亿级产业集群、培育4大特色产业、协同发展4大生产性服务业，建设杭州湾北岸高端产业集聚区（金山）；二是建设华东无人机空港，集聚发展壮大无人机特色产业，不断延伸产业链；三是共推产业协同发展、公共服务和监督管理一体化、体制机制协同创新建设金山–平湖张江长三角科技城，如图4–6所示。

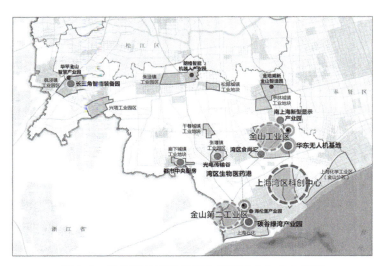

图4–6　杭州湾北岸高端产业集聚区（金山）规划

图片来源：文汇客户端，2021–06–23。

在建设长三角公共服务特色功能区方面，提出三类共13项任务。其一是以上海湾区健康医学城建设为着力点，大力发展生物医药、高端医疗器械制造等相关产业；其二是以青少年劳动教育实践营地（海上红帆）核心项目为重点，打造具有上海水平、全国领先、国际影响的功能完善、课程多元、运行开放、特色鲜明的青少年综合素质发展示范区，为全国青少年综合素质发展提供金山方案和上海平台；其三是导入教育、医疗、文化、体育等各类优质公共服务资源，吸引聚集各类人才，持续打造一流营商环境。

在提升沪浙联通综合门户枢纽功能方面，提出三类共9项任务。主要是轨道交通、南北交通枢纽规划建设，以及重点区域道路建设与内河航道改造升级，如图4–7所示。

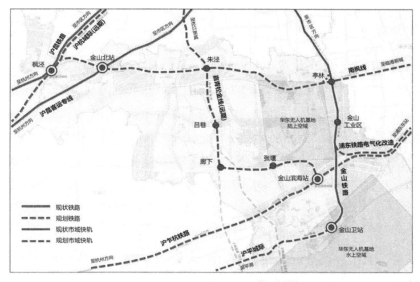

图4-7　金山区轨道交通规划

图片来源：文汇客户端，2021-06-23。

第四节　虹桥国际开放枢纽建设的目标评估

在规划与行动方案等指引下，上海主管部门与涉及的行政区积极推进虹桥国际开放枢纽的建设工作。截至目前，已经取得喜人的成绩。

一、中央商务区建设基础[①]

截至2020年末，商务区全域生产总值和税收总额分别为1196亿元、268亿元。

（一）大交通枢纽功能

四通八达的骨干路网基本形成，集民用航空、高铁、长途客运、轨交、公交于一体的综合交通体系不断完善。依托虹桥国际机场、虹桥高铁站两大功能性项目，商务区与长三角主要城市基本实现一小时通勤。"十三五"期间，虹桥枢纽累计客流达18.4亿人次，年均总客流达3.68亿人次，日均客流量达103.3万人次。

[①] 《虹桥国际开放枢纽中央商务区"十四五"规划》

（二）大商务集聚效应

核心区内重点区域基本建成，349栋楼宇结构封顶，封顶率达99%；竣工面积485万平方米，竣工率达83%。截至2020年末，商务区入驻法人企业4.9万家，集聚国内外具有总部功能的企业357家，其中，内资总部类及上市公司239家，外资总部类企业118家。重点打造虹桥进口商品展示交易中心、长三角电子商务中心、虹桥海外贸易中心等18家具有特色的产业园区，建成长三角会商旅文体联动平台、虹桥品牌（商标）创新创业中心、虹桥绿谷WE-硅谷人工智能（上海）中心等7家特色楼宇。

（三）大会展品牌形象

以进博会为契机，商务区加快构建"大会展"生态圈，引进会展促进机构以及与会展相关的专业服务业企业200多家，云上会展功能成功落地。积极承接进博会溢出效应，搭建以虹桥进口商品展示交易中心为主的"1+N"贸易平台矩阵。

（四）各片区错位发展亮点

南虹桥产业发展空间深度释放，初步形成总部经济集聚、生物医药、国际商贸、现代金融、科技服务齐头并进的良好态势，生活配套功能得到进一步健全。

东虹桥加快推动国家级虹桥临空经济示范区建设，航空经济、互联网经济、总部经济三大高地态势渐显，金融、人工智能、时尚创意等高端服务业活力迸发。

西虹桥依托国家会展中心（上海）、中国北斗产业技术创新西虹桥基地，会展服务产业生态初具规模，产学研一体化的北斗功能平台集群基本形成。

北虹桥研发总部集聚效应加速形成，创新创业功能初步显现，智能服务制造、医疗器械、汽车研发设计、时尚文化旅游等新兴产业发展格局逐步形成。

（五）主城区服务功能

高品质公共服务配套逐步完善，新虹桥国际医学中心一期正式运营，国内外优质教育资源初步集聚，商业集群渐成规模，文化场馆建设推进有序，基本形成"15分钟生活圈"。智慧城市建设格局初显规模，率先实现核心区千兆网络全覆盖，5G网络、人工智能、大数据等信息技术广泛落地应用。绿色低碳、生态环保的花园式商务区形态大致显现，核心区建成三星级以上绿色建筑达204栋，占比达58%，获得全国首个绿色生态城区三星级运行标识证书。舒适宜人的高品质生活空间初见雏形，城市景观、市容环境品质大幅提升。

二、建设目标实现状况

（一）中央商务区枢纽功能已见雏形[①]

政策是实现虹桥国际枢纽建设目标的突破口，政策快速落地必然会促进虹桥国际枢纽的建设。在政策落实方面，上海出台的《虹桥国际开放枢纽中央商务区"十四五"规划》，明确提出要构建以一流的国际化中央商务区为承载主体，通过打造开放共享的国际贸易中心新平台、联通国际国内综合交通新门户、全球高端要素配置新通道、高品质的国际化新城区来引领区域协同发展新引擎。截至目前，《总体方案》明确的29项政策中已有23项落地，其中16条仅在虹桥国际中央商务区适用的政策，落地率达80%。

在政策的引导下，虹桥国际中央商务区枢纽功能日渐成形。商务流、资金流、货物流、技术流在中央商务区枢纽交汇，越来越多企业将总部或管理、营销、贸易、融资等功能性总部设在虹桥国际开放枢纽的"核"——虹桥国际中央商务区。许多跨国公司也将虹桥国际中央商务区选定为长三角地区甚至大中华区的总部。2021年9月24日，总投资近600亿元的一批重大项目、重大工程、功能性平台在虹桥国际中央商务区落地开工；继安踏、报喜鸟、雅戈尔等总部落地虹桥国际中央商务区后，10月28日，又有23家民营企业总部签约落户。截至2021年11月6日，虹桥国际中央商务区已引进罗氏、壳牌、联合利华、永恒力等近400家世界500强、外资地区总部、上市公司和长三角企业总部。企业总部数量比2020年末357家大幅度增加近40家，照此速度，到2025年可以实现总部企业近500家的目标。

高能级国际组织、国家级商会及境外商协会机构也在中央商务区快速集聚。虹桥海外贸易中心吸引了国际商事争端预防与解决组织、中国马来西亚商会、新加坡企业中心、中国瑞士中心等31家代表组织和机构，占上海境外非政府组织和国际贸易促进机构在沪代表处总数的1/6。

国家级进口贸易促进创新示范区在虹桥国际中央商务区的建设如火如荼。依托虹桥保税物流中心（B型），商务区创新试点保税展示交易模式，积极探索跨境电商新模式，打造联动长三角、服务全国、辐射亚太的进出口商品集散地。其中，全球数字贸易港建设率先成势，商务区通过出台实施《虹桥商务区全力推进全球数字贸易港三年行动计划》，培育临空经济示范区、北斗数字基地、北虹桥国家文化数字出版基地等9大平台，规模以上数字企业2200多家，集聚了携程、爱奇艺、科大讯飞、锅圈、壹米滴答等一批数字领域领军和独角兽企业。

[①]　吴卫群.近400家企业总部齐聚虹桥国际中央商务区.解放日报，2021–11–07.

（二）代表性项目初具规模

随着各个区行动方案的发布，各区都在全力推进虹桥国际开放枢纽的建设工作。因为落实的项目比较多，所以我们只遴选了具有代表性的项目，以示建设工作的推进状况。

1. 长宁区国家数字服务出口基地等项目已签约[①]

2021年3月19日，长宁区与上海市商务委、人社局、通信管理局、民航华东管理局和东航投资等5家主体分别就共建国家数字服务出口基地、深化推进海外人才服务、合作共建国际互联网数据专用通道、促进航空要素集聚发展和推动机场东片区城市更新改造等方面进行签约，进一步发挥各方资源优势，共同推进功能性项目和平台落地生效，增强辐射集聚能级。此外，长宁将有超过100万平方米的经济载体推向市场。

2. 新虹桥国际医学中心快速推进[②]

2021年，根据《总体方案》规划，闵行区将新虹桥国际医学园区，如图4-8所示，确定为虹桥国际开放枢纽医疗服务贸易重点功能平台。

图4-8　上海新虹桥国际医学中心

图片来源：今日闵行，2021-09-06。

根据闵行区规划，"十四五"期间，新虹桥国际医学园区将基本建成集聚化、融合化、特色化的生命健康和生物医药产业集聚区，成为引领长三角社会办医高质量发展的桥头堡，虹桥国际开放枢纽医疗服务贸易平台功能框架体系全面确立，产值将达到百亿级规模。"十四五"末，园区10家社会办医医院将全部建成，其中7家实现对外运营。

---

① 屠瑜.推进虹桥国际开放枢纽建设 长宁区将打好这张王牌.新民晚报官方账号，2021-03-19.
② 陈美玲."超级医院"来了！'十四五'期间，新虹桥国际医学园区将建成10家社会办医医院.新民晚报官方账号，2021-09-07.

目前，新虹桥国际医学园区落地了一批高品质医疗机构，除公立的华山医院虹桥院区外，已形成"1+10+X"的多元办医布局，即1家医技中心、10家国际国内高品质医院（涵盖儿童、妇产科、美容、肿瘤、骨科、脑科、康复等领域）、10多家医技/门诊机构。目前，计划床位数约3750张、总投资额超130亿元。园区还已引入了信达生物制药集团全球研发中心、云南白药上海国际中心、威高集团和康宁杰瑞。

位于园区地块的华山医院虹桥院区已于2018年开始运营，定位"大专科、小综合"，对接国家脑科计划，打造国家神经科学临床医学中心、长三角创伤医学中心及大虹桥区域医疗中心。

同时，园区及园区内的医疗机构和美国克利夫兰医学中心、美国MD安德森癌症中心、新加坡百汇医疗集团、美国通用电气（GE）医疗、复旦大学附属儿科医院、复旦大学附属妇产科医院、上海交通大学附属第一人民医院、上海交通大学附属第六人民医院等国内外知名机构开展合作。

未来，园区还将向健康管理、健康保险、医生经纪等领域拓展延伸，大型医疗服务集聚区——Medical Town基本成型，将建设成为一家多主体的"超级医院"。

2021年，星晨儿童医院、慈弘妇产科医院、百汇医院、览海康复医院、绿叶爱丽美医疗美容医院等5家医院全面建成。其中，览海康复医院8月份率先竣工验收。2021年底前，有3家医院分布式运行。

3. 华东无人机基地初具规模[①]

2021年2月，《总体方案》中首次提出华东无人机空港的建设任务。2021年11月26日，华东无人机空港规划设想首次对外发布：华东无人机空港重点建设华东无人机基地、金山水上机场、陆上无人机机场（拟规划建设），建设成为长三角区域具有代表性的航空交通枢纽和物流节点，与虹桥交通枢纽以及长三角其他区域的民航机场、通航机场等形成产业互补、互联、互通。

2021年11月26日，无人机适航审定检测研究中心正式揭牌启用。该中心启用后，可为行业提供适航符合性方法、技术和标准研究等方面的服务，覆盖中大型无人机的气动、结构、飞控、动力等部件及系统检验检测，为无人机的研制提供研发支持，为企业进行无人机的适航取证提供检验检测服务。其中，基于海岛运行场景的专业飞控检测实验室、动力检测实验室为国内首建。金山试验区在海岛间低空智能物流运输商业化验证和无人机适航审定技术研究均取得阶段性重大进展，试验区总体建设任务已

---

① 薄小波. 33亿元项目集中签约，第三届华东无人机基地创新发展论坛在金山开幕. 文汇客户端，2021-11-26.

完成50%。

包括中信海直、上海昰力、苏州同港无人机研究院、羽天航空科技等公司在内，总投资额投资额33亿元的元人机重大产业项目也于2021年11月26日集中签约。其中，由中信海直打造的集行业级无人机生产制造、应用培训、应用运营、应用研发为一体的"软硬一体化"产业基地，总投资3亿美元，投产后预计年产值约22亿元。上海羽天航空科技有限公司将投资建设年产100架AT1200和30架AT8000物流无人机研发制造及运营项目，总投资8亿元，投产后预计年产值约10亿元。

同时，美团城市低空物流运营示范中心启动。美团在城市低空智能配送亟须的真实场景运营、研发集成测试、商业场景挖掘等领域与金山区的合作，合作将从华东无人机基地出发，向金山核心城区扩展，逐步建立起立足上海市、覆盖华东地区的"3公里15分钟达"低空智慧物流网络。预计2022年上半年会在金山区开通面向真实用户场景的常态化试运营配送航线。至此，华东无人机基地已累计引进各类研发制造型、应用服务型、研发测试型无人机企业39家。

经过三年的发展，华东无人机基地已经初具规模，基本形成包括飞行服务中心、检验检测中心、教育培训中心、孵化加速中心、展示交易中心、产学研应用示范中心、研发制造中心的"一基地、七中心"。基地不断做强做优产业生态，成为上海市唯一的无人机特色园区、全国首批民用无人驾驶航空试验区、虹桥国际开放枢纽中的"华东无人机空港"。未来，华东无人机空港将成为长三角地区低空智能物流枢纽中心，如图4-9所示。

图4-9　华东无人机基地

来源：文汇客户端2021-11-26。

第五节　虹桥国际开放枢纽建设存在的问题

虽然虹桥国际开放枢纽建设推进顺利，已经取得较好的成果，但是仍然面临着一些政策与制度性开放的问题。《总体方案》中的政策大部分落在虹桥商务区，因此，只有探索这些政策与制度性开放问题，才能更好地促进国际开放枢纽建设目标的实现。根据《总体方案》的要求，在建设中的政策与制度性开放的瓶颈问题主要体现在如下五个方面。

一、免税购物的瓶颈

按照《总体方案》第五条和《"十四五"时期提升上海国际贸易中心能级规划》第八条的要求，积极打造建设富有特色的现代服务业集聚区，创新高端消费供给方式，提升高端商品和服务集聚能力。加快虹桥机场免税综合体建设，按规定申请扩大虹桥国际机场免税购物场所，推动免税经济发展。

从目前上海市实施免税购物的现状来看，主要存在以下三个发展瓶颈：一是具有免税经营资质的企业少。长期以来，我国免税购物从业企业仅限个别央企，虽然地方企业有意参与市场竞争、做大市场，但被限制准入，免税市场缺乏适度竞争。二是行业政策需要进一步完善。制定免退税行业政策属于国家事权。2014年，国务院明确由财政部牵头，会同商务部、文化和旅游部、海关总署、税务总局等部门研究政策，近年来，政府陆续出台了口岸进出境免税店管理办法，但对目前市内免税店购买对象限境外旅客、居民旅客进境免税限额8000元等政策，在服务对象和额度的提升方面还有待进一步放开。三是免税店销售国产品牌很少。韩国政府规定免税店必须设立不低于20%面积销售国产商品，本土化妆品、旅游食品和保健品销售额占比达41%。而我国免税店进口商品销售品类占95%以上，国产品牌仅限个别烟酒类商品，国产商品进入免税店销售还缺乏面积规定和销售退税等配套政策。

二、离境退税的瓶颈

上海离境退税政策的执行已有三年，随着离境退税业务量不断增加，境外旅客在消费规模、品牌集聚和服务管理实践等方面已打下良好的基础条件，上海的离境退税税额和销售额连续三年蝉联全国第一。2019年1月，在上海市财政局、市税务局等部门的大力支持下，新世界大丸、百联青浦奥特莱斯等7家商店在全国率先开展"即买即退"试点。按照现行规定，只要是符合条件的境外旅客在试点退税商店购物，在获取《离境退税申请单》后，就可先行在试点商店领取相当于退税物品实退增值税款等额的人民币现金。境外旅客在购物后，采用信用卡预授权担保方式，可当场获得退税现金，该试点举措已被国家税务总局采纳并向全国推广。2020年5月，全国首个境外旅客离境退税"即买即退"集中退付点落地南京西路商圈恒隆广场，上海市新增33家"即买即退"试点商店。

目前，离境退税"即买即退"试点也存在着一些瓶颈需要突破。其中，最大的瓶颈就是离境退税服务尚难以形成市场规模。目前，日本、新加坡、韩国等均有5~10家各类金融机构进入退税服务市场，退税商店日均开单在10000单以上。2015年国税总局发布《境外旅客离境退税管理办法（试行）》规定，退税代理机构只能是银行（我市退税代理机构为中国银行上海分行一家，退税商店日均开单约100单），使得国内外非银行机构无法进入国内退税市场，无法形成竞争机制，更无法做大退税市场规模。

三、进博会政策常态化的瓶颈

配套支持政策是进博会越办越好的重要保障措施。进博会的政策支持力度也在逐年加大，从第三届进博会起常态化实施展品留购税收优惠政策。这为参展企业稳定预期、更好地做好展品的参展计划、安排优质展品参展、促进产品供销，更好发挥进博会溢出效应带来更大机遇。

但是该政策的实施仍带有附加条件，进口政策配套与市场要求尚存差距。如《关于中国国际进口博览会展期内销售的进口展品税收优惠政策的通知》中附加的《进口不予免税的重大技术装备和产品目录》，使一些技术含量较高的参展展品不能享受税收优惠政策。同时，《目录》版本的修订和公布时间不固定，增加了参展企业安排大型展品制造、运输的不确定性，影响政策常态化实施效果。

一些商品市场准入条件的开放度远远滞后于经济发展。例如，在第三届进博会时，参展商将一款在欧洲广受欢迎的鼻喷（二类医疗器械）首次带到中国展示，其使用方法便捷，成分安全有效，可阻断流感病毒。但是，目前该类产品并不在跨境电商产品进口目录中，无法按跨境电商政策进口，只能以个人物品快递进口的方式清关，在实际操作中存在时间较长和手续相对复杂的难题。

四、医疗服务业发展的瓶颈

虽然《总体方案》鼓励新虹桥国际医学中心发展医疗服务贸易，但也面临着较多困难。

首先，新虹桥国际医学中心发展医疗服务贸易的发展面临着诸多政策制约，很难复制海南博鳌乐城国际医疗旅游先行区的模式。博鳌乐城国际医疗旅游先行区（先行区）自2013年设立以来，得到了国务院和中央各部委的大力支持。2018年，《中国（海南）自由贸易试验区总体方案》将博鳌乐城国际医疗旅游先行区作为海南发展国际医疗旅游和高端医疗服务的主要载体，为先行区的发展提供了重大发展机遇和契机。2019年9月，国家发展改革委、国家卫生健康委、国家中医药管理局、国家药监局联合印发《关于支持建设博鳌乐城国际医疗旅游先行区的实施方案》，赋予乐城先行区新的特殊政策。

其次，服务贸易的发展必然涉及数据的跨境流动问题，在中国现有法律框架下，数据跨境流动还有一定难度。因此，新虹桥国际医学中心发展医疗服务贸易还面临着数据跨境流动的视频问题。

五、数字贸易的瓶颈

全球数字贸易港的建设也面临着诸多制度性问题，虽然在中央商务区集聚了一些企业，但是对标真正的数字贸易尚有距离。主要瓶颈如下。

跨境数据自由流动。我国实行数据本地化制度。我国《国家安全法》确立了网络信息技术产品和服务的国家安全审查制度，以及关键信息基础设施收集和产生的个人信息和重要数据以境内存储为原则，经安全评估为例外的数据本地化要求。《征信业管理条例》《关于银行业金融机构做好个人金融信息保护工作的通知》《人口健康信息管理办法》《网络预约出租汽车经营服务管理暂行办法》等法律规定也对不同行业的数据本地化作出了要求。

计算设施位置条款。我国要求某些计算设施必须本地化。《网络出版管理规定》《地图管理条例》《电子银行业务管理办法》等法律规定都要求相关服务器和存储设备设在中国境内。

数字产品的非歧视待遇。给予数字产品非歧视待遇可以确保产品在数字化及电子传输的过程中受到同等对待。出于对数字内容的监管考虑，以及云计算服务的市场准入等原因，我国目前很难接受这一条款。

综上所述，为了在真正意义上加快数字贸易重点企业布局，推动长三角电商中心功能升级，建成虹桥全球数字贸易港主要承载区，还需要走在中国制度型开放的前沿。上海自贸试验区临港新片区进一步深化电子商务和数字贸易领域的改革开放，并先行先试成功后在虹桥商务区进行复制和推广。

第六节　虹桥国际开放枢纽建设的对策建议

一、推进进博会期间的展品税收等创新政策常态化

按照国务院《虹桥国际开放枢纽建设总体方案》、上海市人民政府公布《"十四五"时期提升上海国际贸易中心能级规划》、中国财政部和海关总署《关于中国国际进口博览会展期内销售的进口展品税收优惠政策的通知》、海关总署《2020年第三届中国国际进口博览会海关通关须知》和《海关支持2020年第三届中国国际进口博览会便利措施》、国家外汇管理局上海市分局《关于做好中国国际进口博览会涉外收支服务工作的通知》和《关于进一步做好中国进口博览会期间参展境外个人小额外币兑换业务的通知》，以及中国人民银行上海总部《关于做好中国国际进口博览会支付环境建设工作的指导意见》等相关文件和通知，上海市在举办中国进口博览会期间，在展品税收支持、通关监督、资金结算、投资便利、人员入境等方面得到了创新政策的支持。

根据以上政策要求，未来通过虹桥国际开放枢纽建设，将把进博会期间的展品税收支持、通关监督、资金结算、投资便利、人员入境等方面的创新政策依法上升为常态化制度安排。根据这一建设任务，需要在虹桥中央商务区域对展品税收支持、通关监督、资金结算、投资便利、人员入境等方面提供"6+365天"常态化制度支持。

建立常态化政府服务机构。首先，对接上海市委市政府和相关委局，明确分工，组建联席工作机制，强化常态化工作推进体系，构建信息通报和督察考核机制，争取获得政策突破和推动重大项目落地。其次，继续深化"放管服"，在园区内建立以政府部门为主体的常态化服务机构，重点包括税务、海关、银行、出入境管理等部门，汇集海关服务、进博服务、外资服务等综合服务，承接进博会溢出效应，推动园区进境物资申报通关一体化，开展展前备案、加强展中和展后监管，为进口展品提供便利化服务。最后，通过常态化政府服务机构建设，积极联动海内外资源，为入驻的各类境外贸易机构、企业提供梯度式、可衔接、全链条的发展空间，为企业及机构搭建商务咨询的开放平台，为进博商品提供线下展示和线上直播带货的推广服务，为产业发展提供新动能。

推进打造上海国际贸易中心新平台。积极推动常态化机制建设，深化常年展示交易平台建设，扩展"6天+365天"商品展示交易平台功能，做实展示、撮合、交易等服务，做大进口商品集散规模，建设高能级贸易主体集聚地，推动贸易功能向国际交流、平台展示和贸易消费功能升级，承接进博会的溢出效应。特别是高标准建设虹桥

进口商品展示交易中心、绿地全球商品贸易港等常年展示交易服务平台，形成集商品进口、保税仓储、展示销售、售后服务等于一体的完整贸易服务链，助力企业提升平台保税展示交易等功能，拓展平台常年展销业务，实现以展促销、展销结合目标，打造进口品牌服务企业，为创新高端消费供给方式，提升高端商品和服务集聚能力，以及引进海外品牌企业产业链创造有利条件。

扩展税收优惠展品清单。根据2020年中国财政部、海关总署和国家税务总局公布的《关于中国国际进口博览会展期内销售的进口展品税收优惠政策的通知》，从第三届进博会展开始，展期内相关税收优惠政策实现了从一次性支持政策向长期支持政策的转变。同时，明确了对进博会展期内销售的合理数量的进口展品免征进口关税、进口环节增值税和消费税。对享受税收优惠的展品以清单形式给予了统一规定。在此基础上，《总体方案》进一步要求持续放大进口博览会的外溢带动效应，将进口博览会期间的展品税收支持依法上升为常态化制度安排。另外，要推动常年展示交易服务平台的建设。以上政策思路体现了两个重点突破。一是进博会展品设置今后将在主题板块和产品分类上进一步得到拓展。按照目前进博会的设置，主要集中在技术和装备、消费品和智慧生活、食品和农产品、服务和健康等四个主题板块上，而产品分类也主要集中在服务贸易、汽车、消费品、技术装备、医疗器械及医药保健、食品及农产品等6个展区。二是进口博览会期内的主题板块和产品将向常年展示交易转变。因此，未来将在现有基础上，进一步尝试扩展税收优惠展品清单、加大税收优惠力度。因此，以进博会展品规模和结构为主轴，进一步推动常年展示交易平台建设，争取展品取得税收优惠突破，拓展平台的贸易链功能。

积极打造跨境电商企业集聚高地。虹桥商务区是进博会的举办地，也是上海数字贸易港的重要载体和核心区域。以进博会为契机，以多功能性平台建设为抓手，为跨境电商企业创造良好发展环境，积极探索扩大数字贸易增值服务开放度，加快产业集聚和业态创新，为上海国际贸易中心的建设作出新的努力。

按照《总体方案》要求，虹桥商务区承担了建设国际化的中央商务区和国际贸易中心新平台的重要任务，闵行区需要把握机遇，推动构建跨境电商新零售与跨国采购新业态产业链，全力推进虹桥进口商品展示交易中心、长三角电商中心、虹桥保税物流中心（B型）与漕河泾出口加工区开展跨境电子商务业务试点的联动，积极提升和拓展"长三角跨境电商产业园"的平台功能，加快探索落实保税延展加跨境电商、"前店后库"，批发零售结合、平台内外结合、境内境外结合、线上线下结合的新型贸易方式，进一步完善跨境电商零售进口商品清单，推进线上线下融合，实现跨境电商网购保税零售进口商品模式销售，并打造联动长三角、服务全国、辐射亚太的进出口商品集散地，推动实现"买全球、卖全球"的任务。

支持区内符合条件、有实际跨境业务需求的企业通过银行申请开立自由贸易账户。普及推广上海自贸试验区的改革成果，支持区内企业开立自由贸易账户。企业通过开立自由贸易账户，可享受国际结算、贸易融资等跨境金融服务便利，以及开展货物转手买卖、离岸加工贸易、服务转手买卖等离岸经贸业务。在设立资金池、建立白名单、明确企业配额的前提下，支持区内符合条件、有实际跨境业务需求的企业，通过银行申请开立自由贸易账户，开展跨境交易本外币和境外融资业务，在中国人民银行的指导下，让已建立分账核算单元的商业银行为名单内企业通过自由贸易账户开展的结算业务，按国际通行规则提供国际结算、贸易融资等方式在内的跨境金融服务便利。

搭建智能化公共服务平台建设。搭建智能化公共服务平台是加快打造国际开放枢纽、国际贸易中心新平台和国际化中央商务区的重要抓手之一。积极推动区内智慧会展、智慧商务、智慧交通和智慧生活四大功能体系建设，构建智能数据支撑平台、会商旅文综合平台、城市综合运营平台三大特色平台和信息基础设施及智慧标准规范两大支撑体系，搭建核心区域的智能化公共服务平台，推动信息技术管理体制创新，增强管理大数据平台功能，实现公共服务的数字化、智能化、便利化和集约化，继续保持在上海市领先，部分领域达到国际一流水平，将虹桥打造成国家级新型智慧城市"5（G）A（I）"示范区。

建立"一站式"人才服务中心。建立区内涉外人才服务综合体，专设"一站式"服务窗口，承接海外人士来华许可审批业务，设立区级外事服务窗口，推动外籍高层次人才引进工作、居留"单一窗口"操作的便利化发展，实现A类外籍人才在窗口同时提交工作许可和居留许可申请，为引进海外高端人才提供便利化服务。

二、扩大虹桥国际机场免税购物场所

为了实现《总体方案》第五条和《"十四五"时期提升上海国际贸易中心能级规划》第八条提出的目标和要求，需要加快虹桥机场免税综合体建设，重点是推进虹桥商务区内免税综合体建设，积极扩展区内免税功能，引导大型免税商场入驻核心区域，利用销售网点扩大免税购物场所，进一步拓展虹桥品汇商品交易展销平台功能，特别是推动以高端消费品展销为特色，打造多元化商业圈，提升周边高端消费品的服务集聚能力，汇聚一批国际高端消费品牌企业。

大力发展区内免税店。准确把握免税店将成为我国免税业重点业态的发展规律，大力发展区内免税店，支持区内企业自建以免税购物为核心商业文化旅游综合体项目。

支持本地企业申请免税经营资质。2020年7月，上海市政府正式向国务院行文申请给予百联集团和绿地集团下属企业免税品经营资质，国务院批转财政部牵头，会同商务部、海关总署等研究，适度扩大国内免税经营企业规模。因此，上海各区需要把握时机适时支持区内企业获取免税经营资格，引导拥有免税经营资格的大型免税店入驻区内，鼓励免税店增加网点扩大销售。积极争取新设区内免税店，增加免税购物额度。

积极培育本地免税品经营企业，推动国产商品进入退（免）税渠道。在免税店设立一定面积的国产商品销售区，引导相关企业开发专供免税渠道的优质特色国产商品。把全国各地的"名特优"老字号和新品牌汇集到上海市内和口岸免税店，成为国产品牌通过免税店渠道走向国际化的集聚地和出海口。目前，国产品牌占退税商店比例不足15%，主要是以老凤祥黄金饰品、之禾女装、沙娟羊绒、妩围巾、玛戈隆特餐瓷、上下家居、佰草集化妆品等为代表的上海本土品牌，因此，国产品牌汇集免税后店的品种还有进一步提升空间。

三、扩大离境退税"即买即退"试点

按照《总体方案》第五条和《"十四五"时期提升上海国际贸易中心能级规划》的要求，积极开展离境退税"即买即退"试点，推进重点商圈离境退税商店全覆盖，推广"即买即退"。建议重点支持国内外专业机构进入退税服务市场，推动区内离境退税"即买即退"试点发展，扩大商店规模数量，提升便利化服务。

支持国内外专业机构进入退税服务市场。继续向国税总局等中央有关部委建议，放开退税代理机构只能是放宽对准入银行的政策限制，支持中国银联、环球蓝联等国内外非银行机构进入我国退税服务市场成为退税代理机构，并与银行类金融机构共同做大市场规模，推动退税服务国际化和市场化。

推动区内离境退税"即买即退"试点的发展，扩大商店规模数量，提升便利化服务。推动国内外品牌百货类商店落户虹桥商务区，鼓励虹桥商务区内符合条件、有试点意愿的优质商户加入试点服务行列，积极争取园区内百货类商店获批开展离境退税"即买即退"试点。通过离境退税"即买即退"试点，汇聚一批具有海外以及有中国特色的商品和老字号，吸引更多境外旅客加入"上海消费"之列。

四、对外资投资性公司放宽准入限制

《虹桥国际开放枢纽建设总体方案》在"建设高标准的国际化中央商务区"目标中

要求"构筑总部经济集聚升级新高地"，提出"支持对外资投资性公司放宽准入限制，给予金融、人才、通关等方面便利"的要求。

根据国家发改委、商务部颁布的《外商投资准入特别管理措施（负面清单）（2020年版）》和《自由贸易试验区外商投资准入特别管理措施（负面清单）（2020年版）》，"外资投资性公司"均未被列入负面清单，但规定"境外投资者不得作为个体工商户、个人独资企业投资人、农民专业合作社成员，从事投资经营活动"。

为了促进外国投资者来华投资，引进国外先进技术和管理经验，原外经贸部自1995年4月起，先后颁布了《关于外商投资举办投资性公司的暂行规定》《〈关于外商投资举办投资性公司的暂行规定〉有关问题的解释》《〈关于外商投资举办投资性公司的暂行规定〉的补充规定》《〈关于外商投资举办投资性公司的暂行规定〉的补充规定（二）》《关于修改〈关于外商投资举办投资性公司的暂行规定〉及其补充规定的决定》，允许外国投资者根据中国有关外国投资的法律、法规及本规定，在中国设立投资性公司。2003年6月将上述法规合并颁布了《关于外商投资举办投资性公司的规定》。2004年11月17日，商务部修订颁布了《关于外商投资举办投资性公司的规定》。2006年5月，商务部颁布了《关于外商投资举办投资性公司的补充规定》。2015年10月28日，商务部颁布了《关于外商投资举办投资性公司的规定》（修订版），明确"投资性公司系指外国投资者在中国以独资或与中国投资者合资的形式设立的从事直接投资的公司，公司形式为有限责任公司或股份有限公司"。2019年7月25日，上海市政府发布了《上海市鼓励跨国公司设立地区总部的规定》。

（一）将外商地区总部、总部型机构举措转化为支持外资投资性公司

1. 在放宽准入限制方面。具有独立法人资格的外商投资型企业在设立申请前一年母公司的资产总额不低于2亿美元；经母公司授权，承担在一个国家以上区域内的管理决策、资金管理、采购、销售、物流、结算、研发、培训等总部功能；注册资本不低于200万美元；基本符合前述条件，并为所在地区经济发展做出突出贡献的，可酌情考虑认定。

2. 在资金运作与管理方面。如外商投资型企业被认定为地区总部、总部型机构，允许建立统一的内部资金管理体制，对自有资金实行统一管理。涉及外汇资金运作的，应当按照有关外汇管理规定执行。符合条件的地区总部、总部型机构可按有关规定，开展包括经常项目集中收付汇和轧差净额结算、境内外资金集中运营管理、集中结售汇、外债和对外放款额度集中调配等在内的多项跨国公司跨境资金集中运营管理业务。

支持投资性公司可按《企业集团财务公司管理办法》设立财务公司，为其在中国境内的投资企业提供集中财务管理服务。

优化非贸易项下付汇流程手续，加强对外商投资型企业的纳税辅导与服务，为外商投资型企业非贸易项下付汇合同备案、纳税判定提供绿色通道。

允许外商投资型企业在自由贸易账户项下，按可兑换原则，办理本外币跨境收支和境内人民币收支。

3. 在人员出入境方面。允许外商投资型企业符合条件的中国籍人员可以申办亚太经合组织商务旅行卡。对因商务需要赴中国香港、澳门、台湾地区或者国外的，提供出境便利。

外商投资型企业需要多次临时入境的外籍人员可申请办理入境有效期不超过1年、停留期不超过180日的多次签证；需要临时来本市的外籍人员应当在中国驻外使领馆申请入境签证，时间紧迫的，可以按照国家有关规定，向公安出入境管理部门申请口岸签证入境。

外商投资型企业需要在本市长期居留的外籍人员可以申请办理3至5年有效的外国人居留许可。

外商投资型企业法定代表人等高级管理人员可以按照《外国人在中国永久居留审批管理办法》，被优先推荐申办《外国人永久居留证》。

上海海关（出入境检验检疫部门）为外商投资型企业及其高级管理人员办理健康证明提供绿色通道。

4. 在人才引进方面。人力资源社会保障部门和科技部门为外商投资型企业引进的外籍人才在本市工作和申请相关证件提供便利。

外商投资型企业引进国内优秀人才的，符合相关条件的，可以办理本市户籍。

被外商投资型企业聘用的具有本科（学士）及以上学历（学位）或者特殊才能的入外籍的留学人员，持中国国籍并拥有国外永久（长期）居留权且国内无户籍的留学人员和其他专业人才，香港、澳门特别行政区专业人才及台湾地区专业人才可以按照规定，申办《上海市居住证》（B证），以上人员的配偶和未满18周岁或高中在读的子女，可以办理随员证。

虹桥商务区为外商投资型企业引进的人才在子女入学、医疗保障、申请人才公寓等方面提供便利。

5. 在贸易便利方面。对外商投资型企业在虹桥商务区投资的企业，海关以贸易便利化为重点，创新监管制度和监管模式，着力提升通关效率，为其进出口货物提供通关便利。

对外商投资型企业在虹桥商务区设立分拨中心进行物流整合的，海关、外汇等部门对其采取便利化的监管措施。

（二）复制自贸试验区经验，放宽外资投资性公司人员等准入限制

在上述措施基础上，可学习借鉴临港新片区和上海自贸试验区的相关可示范、可复制的经验，进一步动态支持对外资投资性公司放宽准入限制，给予金融、人才、通关等方面便利，包括：

1. 实施市场准入承诺即入制。对外商投资性公司在具有强制性标准的领域简化许可和审批，建立健全备案制度，市场主体承诺符合相关要求并提交相关材料进行备案，即可开展投资经营活动。备案受理机构从收到备案时起，即开始承担审查责任。

2. 创新完善投资自由制度。对外商投资性公司实行以过程监管为重点的投资便利制度。建立以电子证照为主的设立便利、以"有事必应""无事不扰"为主的经营便利、以公告承诺和优化程序为主的注销便利、以尽职履责为主的破产便利等政策制度。

3. 构建多功能自由贸易账户体系。以国内现有本外币账户和自由贸易账户为基础，通过金融账户隔离，建立资金"电子围网"为虹桥商务区内外商投资性公司与境外实现跨境资金的自由便利流动提供基础条件。

4. 便利跨境贸易投资资金流动。进一步推动跨境货物贸易、服务贸易和新型国际贸易结算便利化，实现银行真实性审核从事前审查转为事后核查。在跨境直接投资交易环节，按照准入前"国民待遇加负面清单"模式简化管理，提高兑换环节登记和兑换的便利性，探索适应市场需求新形态的跨境投资管理。在跨境融资领域，探索建立新的外债管理体制，试点合并交易环节外债管理框架，完善企业发行外债备案登记制管理，全面实施全口径跨境融资宏观审慎管理，稳步扩大跨境资产转让范围，提升外债资金的汇兑便利化水平。

5. 人员进出自由便利。针对外商投资性公司的高端经营人才，实行更加开放的人才及其停居留政策，提供出入境通关便利。

五、发展高端国际医疗服务

《总体方案》第八条提出，提升公共服务国际化水平。加强高水平医疗服务供给，研究制定符合条件的外籍医务人员在虹桥国际开放枢纽执业相关管理办法，为外籍医务人员在区域内居留、执业以及患者与陪护人员入境、停留、就诊提供便利。对社会办医疗机构配置乙类大型医用设备实行告知承诺制，自由贸易试验区社会办医疗机

构配置乙类大型医用设备实行备案制，对甲类大型医用设备配置给予支持。《总体方案》第十一条提出：创新发展新型国际贸易、支持虹桥临空经济示范区探索建立国家数字服务出口基地、鼓励新虹桥国际医学中心发展医疗服务贸易、支持虹桥临空经济示范区探索建立国家数字服务出口基地、鼓励新虹桥国际医学中心发展医疗服务贸易。《"十四五"时期提升上海国际贸易中心能级规划》提出：推动服务贸易创新发展，鼓励新虹桥国际医学中心发展医疗服务贸易。

优势互补，放大政策效果，扩大服务半径。申请国家批准与博鳌乐城国际医疗旅游先行区合作。博鳌乐城国际医疗旅游先行区具有政策优势，但是局限于服务能力、人才、地理位置，很难发挥政策优势，而新虹桥医学中心具有华山医院等这样的有国际竞争力医疗服务机构，以及长三角的数量较大的高净值群体，如果两地合作，就可以更大范围地服务人民。

吸取浦东改革开放经验，申请设立医疗特区。邓小平曾经讲过，浦东的开发（虽然）晚了，但起点可以更高。因此，政府主管部门可以申请将新虹桥医学中心园区批为医疗特区，争取实现临床试验和药械领域的政策突破，对新虹桥医学院区范围内的临床急需少量的进口药品、医疗器械，其符合要求的临床使用数据可用在我国国内注册申请相应进口药品和医疗器械。

争取政策平等，降低生物医药企业研发成本。申请生物医药企业（研发机构）进口研发用物品"白名单"制度覆盖新虹桥医学中心。为加快上海打造具有国际影响力的生物医药产业创新高地进程，有序推进生物医药研发用物品进口试点，2021年7月1日发布了《上海市生物医药研发用物品进口试点方案》。生物医药研发用物品的进口试点先在浦东新区和临港新片区开展生物医药研发用的"白名单"物品进口不需办理《进口药品通关单》试点。建议政府主管部门申请该方案能覆盖新虹桥医学中心园区，降低园区内符合"白名单"标准的生物医药研发企业的研发成本，促进企业发展。

搭建安全的数据传输通道，为医疗服务贸易提供信息服务平台。与微软（已经与闵行区达成初步合作协议）合作，建立数据信息传输平台，以最佳实践案例，保证数据安全，争取国家主管部门政策支持，发展远程医疗，扩大新虹桥医学中心的辐射范围。

合作建设医科大学，推动集聚全球医疗资源。与国外合作，建设医科大学，以医学院的发展带动医疗服务发展，从而提升高水平的医疗服务供给。

发展医学高端检查检测服务。通过区块链技术，对进口医疗设备与器械的全过程进行监控，使之仅限在新虹桥商务区内使用，积极争取医疗设备配置达到甲类大型医院水准，提升高水平医疗服务的供给能力。

六、吸引集聚国际经贸仲裁机构、贸易促进协会商会等组织

2021年2月，国务院批复、国家发改委印发的《虹桥国际开放枢纽建设总体方案》中有一些原创性政策措施，如设立跨区域社会组织等，这在全国都是首次提出。还有一些从上海自贸试验区临港新片区、一体化示范区借鉴来的政策。比如，允许在上海自由贸易试验区临港新片区设立的境外知名仲裁及争议解决机构在虹桥商务区设立分支机构，可以就国际商事、投资等领域发生的民商事争议开展仲裁业务等。

因为吸引集聚国际经贸仲裁机构、贸易促进协会商会等组织是从上海自贸试验区临港新片区借鉴来的政策，所以在操作层面需要重点参考临港新片区的做法。2019年10月，上海市司法局发布《境外仲裁机构在中国（上海）自由贸易试验区临港新片区设立业务机构管理办法》（以下简称《管理办法》）。《管理办法》明确规定：符合规定条件的，在外国和香港、澳门特别行政区，台湾地区依照当地法规成立的，不以盈利为目的的仲裁机构，以及我国加入的国际组织设立的开展仲裁业务的机构，均可以向上海司法局申请在临港新片区设立业务机构。业务机构可以受理国际商事、海事、投资等领域发生的民商事争议，开展涉外争议的庭审、听证、裁决、案件管理和服务，以及业务咨询、管理、培训、研讨等仲裁业务。目前，临港新片区还是全国唯一一个境外仲裁机构可以设立业务机构的区域。通过借鉴临港新片区的经验，建议在商务区也采取如下相应的配套措施。

1. 奖励政策方面。对在商务区设立业务机构的国际商事海事仲裁、调解等争议解决机构和设立公证、司法鉴定、域外法律查明等其他法律服务机构给予奖励。对设立在临港新片区的律师事务所，根据律师事务所的知名度，按照其在商务区设立总部、分所、代表机构或联营，分别给予不同额度的奖励；对中央国家机关在商务区设立的机构，给予奖励；落户商务区，对商务区法律服务业国际化具有特别重大意义的机构和组织，可以按照"一事一议"原则，给予专项奖励。

2. 办公用房补贴方面。建议对在商务区租赁自用办公用房的法律服务机构、非营利性法律服务机构、建设法律服务集聚区的开发主体等，给予一定的租金或运营补贴。

3. 其他服务与保障方面。对国际经贸仲裁机构、贸易促进协会商会等组织的入驻，提供人才保障、直接给予经济贡献奖励和人才出入境及停居留的相关便利。对高端法律服务，提供包括经济贡献奖励、专业服务奖励和举办活动奖励。鼓励各类法律服务机构为商务区招商引资，提供高质量专业法律服务。

七、加快全球数字贸易港建设

《总体方案》提出重点打造具有文化特色和旅游功能的国际商务区、数字贸易创新发展区、江海河空铁联运新平台。《"十四五"时期提升上海国际贸易中心能级规划》（以下简称《"十四五"规划》）提出打造全球数字贸易港，加快形成联通全球的数字贸易枢纽。《"十四五"规划》提出的中第四个任务是建设数字贸易国际枢纽港。探索推进数字贸易规则制度建设。加快建设高质量基础设施。推动虹桥商务区等特定功能区域建设国际互联网数据专用通道、数据枢纽平台。探索建立服务于跨境贸易的大型云基础设施，培育一批国际化、有潜力的数字贸易品牌。强化数字化转型政策支持，吸引国际数字企业地区总部、研发中心、交付中心和重要平台落地。推动建设一批重要承载区。认定一批国家数字服务出口基地。

基于目前的制度约束，为了在真正意义上加快数字贸易重点企业布局，推动长三角电商中心功能升级，建成虹桥全球数字贸易港主要承载区，还需要走在中国制度型开放前沿的上海自贸试验区临港新片区进一步深化电子商务和数字贸易领域的改革开放，并先行先试成功后在虹桥商务区进行复制和推广。

上海虹桥商务区目前所要做的是利用电商平台具有开放性、共享性，让长三角乃至全国各类电商企业都能共享商务区的资源、优势和发展成果，从而带动商务区电商企业实现快速集聚并形成规模效应，加速各类经济要素的流动，助力内循环，在客观上和一定程度上推动长三角电商中心功能升级。

八、加强虹桥商务区保税物流中心（B型）建设

《总体方案》在"构建高端资源配置国际贸易中心新平台"目标中要求"办好中国国际进口博览会"，提出加强虹桥商务区保税物流中心（B型）建设；要求"集聚高能级贸易平台和主体"，提出"加强海关特殊监管区域建设，推动综合保税区与长三角区域内自由贸易试验区协同发展"。建议采取下列步骤在推动与各类海关特殊监管区域的协同发展：

一是通过异质性优势互补，推进虹桥B型保税物流中心与漕河泾综保区的协同发展；

二是通过异质性优势互补，推进漕河泾综保区与洋山特殊综保区、外高桥保税区和奉贤综保区的协同发展；

三是通过异质性优势互补，推进与上海自贸试验区临港新片区及其他5个片区、江

苏自贸试验区3个片区、浙江自贸试验区4个片区和安徽自贸试验区3个片区的协同发展。

加强海关特殊监管区域建设，推动综合保税区与长三角区域内自由贸易试验区协同发展，建议选择下列措施：

完善漕河泾综保区的特殊商贸政策和特殊监管制度。建议将海南自由贸易港实行的"一线放开、二线管住、区内自由"的海关监管制度移植到漕河泾综保区。目前，国家对海关特殊监管区域普遍实施的海关监管制度形成于20世纪90年代，突出贸易安全和税收安全。虽然多年来海关监管制度不断改革，但受制于海关监管水平和能力的制约，在便捷和高效方面仍有进一步提升的空间。与此前的20年相比，中国海关不断推进监管理念和监管模式现代化，监管水平不断提高、监管能力不断增强，还拥有了互联网、物联网、大数据甚至区块链等监管技术手段，可以考虑在安全可控的前提下，把"一线放开、二线管住、区内自由"的海关监管制度逐步推广到所有的海关特殊监管区域。

运用成熟经验和先进技术，支持在漕河泾综保区内探索实施数据更加自由、高效、有序地流转。运用减免税监管、离区免税监管、保税监管等成熟的海关监管经验，探索运用数字赋码管理模式，对企业和商品进行统一身份认证，对保税或"零关税"货物、物品在自贸试验区内加工增值、中转集拼、保税仓储实施低干预、高效能的精准监管。

依托智慧集成管控，在"二线"探索更加精准的监管。配置新技术、新应用方式，加快5G、无人机、机器人、北斗卫星等成熟适用的先进技术装备，探索运用生物识别、物联网等最新技术成果，全面提升监管设施设备智慧化水平，实现程序自动化、监管智能化、通关无感化，大幅度改善物流贸易供应链管理、加工制造再出口监管等方面，全面提高贸易环节便利化水平。探索建立进出岛货物数据集成管控体系，借助无感式数据采集、无感式通关、非侵入式专业检查等信息化手段，实现出入综保区商品物畅其流，保证综保区与境外之间货物、物品的自由进出。

打造透明、可预期的贸易环境，强化贸易流程和结果信息公开。对涉及管理对象的可公开信息做到公开及时、权威有效，提升信息公开信息化水平，推动打造"一网通办""一网通查"，研究定期发布自贸试验区放行时间报告，加强高标准贸易便利化措施对通关时效影响的成效分析，及时查找存在的问题，及时采取改进措施，不断提升监管和服务水平。

高效联动海关的执法与口岸管理。推动建立政府主管、海关监管、社会共管机制，实现海关与地方政府、口岸查验单位协同的综合管控体系。推动海关监管平台与地方政府大数据中心、进出区物流监管平台的数据共享，借助雷达、AIS、光电等感知技术手段，实现各管理部门对综保区全流程动态态势掌控。进一步构建"双随机、一公开"全覆盖和对重点领域进行重点监管的衔接机制，构建"海关日常监管和随机抽查相结合、海关监管和联合执法相结合、信用监管和平台监管相结合"三结合的立体式海关监管体系。

深入推进实施保税货物跨区流转的便利化措施。加强长三角综合保税区在原产地全链条管理、转口证明和未再加工证明的开具、完善海关归类申报争议协调解决机制等方面的合作，积极探索推动对长三角综合保税区物流监管、查验标准和保税监管一体化，促进长三角综合保税区协同联动发展。

推进与长三角区域内自由贸易试验区实现异质性协同发展。自贸试验区制度创新的目的是为了在新发展阶段实施新发展理念、构建新发展格局。上海是国际首位度非常高的区域，制度创新的一个重要内容是发展开放型产业集群，集聚推进内外双循环互相促进的先进产业，生成产业集群。漕河泾综保区要积极引入竞争政策，以市场作为要素配置主动力，推进与长三角区域内自由贸易试验区实现异质性协同发展。

第五章　平潭自贸片区加快高质量建设研究①

适逢世界经济增长低迷、中美经贸摩擦持续升级之际，一场突如其来的新冠肺炎疫情席卷全球，使得全球经济雪上加霜。在这种多重压力交互叠加的情势下，习近平总书记号召全党全社会要"在危机中育新机、于变局中开新局"，集中民智、勠力同心、携手奋进，以新的历史观、格局观和角色观把握国内外新情况、新问题、新趋势，"加快形成以国内大循环为主体、国内国际双循环相互促进的新发展格局"。

福建自贸试验区平潭片区（以下简称平潭自贸区）是国家自贸试验区战略的重要组成部分。平潭如何科学制订规划，统筹国内国际大势、结合区内区外资源、找准关键问题、谋划整体发展、实现完美破局，成为区域国民经济与社会发展的紧迫课题。

第一节　平潭自贸片区高质量建设的指导思想

以党的十九大和十九届五中全会有关"十四五"及2035年远景目标建议的会议精神为指导，统筹疫情防控及经济社会发展、落实"六稳六保"的决策部署，以及对基础设施进行升级换代研究。

---

① 本章内容由"平潭自贸片区'十四五'规划专项"联合课题组协作完成，成员包括黄建忠、蒙英华、车春鹏、文娟、赵玲与福建自贸试验区平潭片区部分工作人员。

一、"新基建"与城市扩容型产城融合

（一）"新基建"的机遇与平潭新基建发展状况

1.机遇

2020年国务院常务会议首次明确提出，"新基建"是立足于高新科技的基础设施建设，主要包括5G基站建设、特高压、城际高速铁路和城市轨道交通、新能源汽车充电桩、大数据中心、人工智能、工业互联网七大领域。只要能够发掘出基建领域的新增长点，就能够被纳入"新基建"的范畴，对此，政府密集出台了系列文件，见表5-1所示。

表5-1　2020年新基建相关会议

时间	会议或文件	相关内容
1月3日	国务院常务会议	大力发展先进制造业，出台信息网络等新型基础设施投资支持政策，推进智能、绿色制造
2月14日	中央全面深化改革委员会第十二次会议	基础设施是经济社会发展的重要支撑，要以整体优化、协同融合为导向，统筹存量和增量、传统和新型基础设施发展，打造集约高效、经济适用、智能绿色、安全可靠的现代化基础设施体系
2月21日	中央政治局会议	加大试剂、药品、疫苗研发支持力度，推动生物医药、医疗设备、5G网络、工业互联网等加快发展
2月23日	新冠肺炎疫情防控和经济社会发展工作部署会议	用好中央预算内投资、专项债券资金和政策性金融，优化投向结构。一些传统行业受冲击较大，而智能制造、无人配送、在线消费、医疗健康等新兴产业展现出强大成长潜力。要以此为契机，改造提升传统产业，培育壮大新兴产业
3月4日	中央政治局常务委员会会议	要加大对公共卫生服务、应急物资保障领域的投入力度，加快5G网络、数据中心等新型基础设施的建设进度。要注重调动民间投资的积极性

数据来源：作者根据政府文件整理。

作为全国唯一一个独具"综合实验区＋自贸试验区＋国际旅游岛"叠加优势的自贸试验区，平潭自贸片区在享受未来"新基建"发展带来优惠的同时，同样应该积极响应国家政策，把握难得一遇的机会，积极建设和引进符合园区实际情况的新型基础设施，借此推动园区内信息化、智慧型贸易物流体系建设，建立国际化、便利化投资制度政策保障，并搭配高质量的会展、金融与社会配套服务。

截至2020年3月，全国共有13个省份相继公布2020年新基建投资计划，投资金额已高达34万亿元，相当于2019年全国GDP的1/3，且这一数字依然在增加中。从投资规模来看，新基建比当年的四万亿元更可观[①]；从投资方向来看，新基建会更多聚焦科技相关产业。

福建省提出，到2022年，力争让新型基础设施建设规模、发展水平、创新能级处于全国先进行列，全省建成5G基站8万个以上，互联网省际出口带宽达到40Tbps，打造千万级社会治理神经元感知节点，物联网终端用户数突破5000万户，新增工业互联网标识注册量1亿以上，在用数据中心机架总规模达到10万架以上，算力达到P级以上，形成"1+10"的"政务云"服务体系，建成50个以上物联网创新应用示范平台、10个以上省级工业互联网示范平台、100个以上人工智能深度应用示范项目、100个以上区块链典型创新应用[②]。

从平潭的产业基础来看，大数据、5G、人工智能、工业互联网等领域都有着巨大的市场机会。平潭自贸片区应积极寻找引进相关研发设计机构、企业销售总部、芯片生产封装、工业互联网平台服务等企业争取在区内落地，这不仅可以促进自贸试验区的经济发展，而且可以通过各项高新技术解决园区面临的分散化、低效率等问题，如果运用得当，就可以全方位提升园区能级。

2. 发展现状：已经有一定的产业基础

平潭自贸片区积聚了为信息传输、软件和信息技术服务企业的736家，占登记企业总数9.78%。68家外资企业中有61家台资企业，占据外商投资企业的主导地位；在2020年新增的外商投资企业中，台资企业占86%，处于主导地位。

"人才少""企业少""政策少""载体少""资金少"是平潭自贸片区发展与新基建有关产业面临的挑战。数字经济园区建设发展比较缓慢。虽然已经印发了《福建省新型基础设施建设三年行动计划（2020—2022年）》（闽政办〔2020〕32号，以下简称《行动计划》），针对泛在网、大数据、云计算、区块链方面做了部署，但是整体的基础建设仍处于前期阶段，项目建设短板依旧明显。

（二）以"新基建"为契机，寓城市设施改善于产业发展中

1. 引进大数据中心服务公司，提升服务效率

2019年，中国IDC（Internet Data Center，互联网络数据中心）业务的总体营收已达到1132.4亿元。未来，受益于5G技术的日益成熟与普及、互联网行业的持续高速发展等，国内IDC行业仍将保持30%以上的年复合增长率，IDC是一个高增速的千亿级市场。

---

① 从"34亿新基建"展望"十四五"新能源规划！21世纪经济报道. 2020. 3.
② 《福建省新型基础设施建设三年行动计划（2020—2022年）》

云计算常被比作信息产业的基础，而数据中心又是云计算的基础。因此，在整个信息产业中，数据中心位于极为上游的位置，为各种互联网服务提供基础支撑，平潭自贸片区无论是海关、交通局还是海事局，都在推行"互联网＋"的发展模式，IDC对提高政府工作效率和质量的重要性不言而喻。

根据工信部公布的数据，截至2017年年底，我国在用数据中心的机架总规模达到了166万架，超大型数据中心的机架规模达到28.3万架；2019年，我国数据中心机架总规模达到了244万架。另外，北上广深一线城市的数据中心处于相对饱和状态，售卖率整体在85%以上，而上架率整体在70%以上，加之能耗指标等限制，数据中心的需求难以得到满足①。因此，目前数据中心逐渐从一线城市向周边地区以及能耗指标更充足的地区外溢，这对平潭而言是一次难得的机会，平潭应积极引进意图向非一线城市布局大数据中心服务公司，在此基础上进行数据中心机架基础设施建设，满足IDC的要求，以此带动经济发展。

借鉴贵州经验，平潭自贸片区应出台大数据应用落地的相关政策，降低企业获得信贷的难度，并利用15%企业所得税的优势，促进大数据企业在自贸试验区积聚。

除此之外，平潭自贸片区还可以进行更加积极的尝试，探索数据应用和数据整合工作有效的激励方式和机制，提升政府部门和公务系统在数据整合和应用部门工作人员的积极性和创新动力，积极推动数据市场化，使其服务于各行各业需求，提升企业对市场信息的掌握程度，减少信息的不对称。通过先行先试，勇开先河，在日益激烈的资源竞争中占据优势，实现弯道超车。

2. 以5G为契机，提升信息化基础设施水平

自2018年3月30日中国第一批5G应用示范城市之一的天津建立的首个5G基站起到2020年5月17日，在短短两年时间内，我国总共建立起20万个5G基站。而2021—2023年更是5G网络的主要投资期，根据前瞻产业研究院的报告，测算在未来10年国内5G宏基站数量约为4G基站的1～1.2倍，合计约500万～600万个，根据4G网络建设规模进行推算，预计在2021—2023年期间，中国移动、中国电信和中国联通三大运营商逐年建设量约为80万个、110万个、85万个。另外，中国工程院院士邬贺铨预计，到2020年年底，我国5G基站数可能达到65万个，5G套餐用户可能达到2亿人，实现全国所有地级市室外的5G连续覆盖、县城及乡镇重点覆盖、重点场景室内覆盖。5G技术正以极快的速度进入人们的日常生活，作为5G基站在全国各地快速布局的阶段，平潭自贸片区当然不能错过这个机会。

根据中国信息通讯研究院发布的数据，预计2020年5G将会带动共计约4840亿元

---

① 2020年中国数据中心行业发展洞察报告.艾瑞咨询.2020.3.

的直接产出，2025年、2030年直接产生将分别增长到3.3亿元和6.3亿元，并保持30%的年复合增长率。除此之外，2020年5G还会通过设备制造等途径为社会带来54万个相关就业机会，该数字在2030年将会达到800万人。无论是对经济发展还是对促进就业，5G都体现了其巨大的能力，平潭自贸片区应把握这次机会，进一步提升自贸片区的信息化基础设施水平，发展5G通信技术、基于5G技术架构的解决方案、内容服务和软件产品等5G产业。平潭自贸片区应推进"5G+车联网"建设，推动高速光纤宽带、5G、窄带物联网（NB-loT）、IPv6（互联网协议第6版）等新一代信息基础设施共建共享，建设5G独立组网（SA），实现重点场所"双千兆"网络全覆盖，提升全市出口带宽。充分发挥海峡海底光缆作用，提升闽台信息联通水平。

政策方面，建议出台降低5G用电成本的相关政策，如专项资金、峰谷分时段不同价格等，从而支持5G建设与应用。

除了促经济，保就业，5G还可以在政务处理过程中得以实际应用。平潭自贸片区公安部门等面临的缺乏统一业务平台、切换系统产生冲突、卡顿等一系列问题，都可以通过5G+IDC互联网数据中心IDC的形式加以解决。

3. 发挥已有人工智能（AI）的企业引领作用，打造AI旅游示范区

2019年1月18日，全球领先的新经济行业数据挖掘和分析机构iiMedia Research（艾媒咨询）权威发布《艾某报告|2018中国人工智能产业研究报告——商业应用篇》。目前，中国的人工智能行业已经进入产业化阶段。根据中国国务院规划，2020年中国的人工智能核心产业规模将达到1500亿元，并且此后十年将继续保持高速发展。根据艾瑞咨询的数据，2020年全球人工智能市场规模约1190亿人民币，未来10年，人工智能将会是一个2000亿美元的市场，发展空间很大。

将AI技术应用于金融、安防、建筑、医疗、教育、零售/电商、视频/娱乐/社交等领域，或传统行业通过研发AI技术赋能自身业务以实现降本增效、提升用户体验目标。

平潭自贸片区已经有1家智能家居领域的AI技术及解决方案提供商进驻，并将打造一家智慧酒店。以此为始，在区域内鼓励建设机器人餐厅、小型机器人超市、开发建设VR（虚拟现实，VR）主题乐园、VR科普场馆等。在自贸片区打造一个以AI技术为主要服务手段、自由自在的旅游区，吸引儿童及年轻人来享受体验式的旅游服务。以此为示范，吸引生物特征识别、新型人机交互、智能网联汽车软件、智能医疗软件开发等企业进驻自贸片区。推动智慧交通、智慧楼宇、智慧医疗、智能网联汽车等行业的研发试验和产业化。至少建成5个人工智能深度应用示范项目。

4. 发展平台经济，扩大服务辐射面

"发展平台经济"已连续两年被写入中国政府工作报告，平台经济发展的大势不

可逆转。2019年8月，国务院办公厅印发《关于促进平台经济规范健康发展的指导意见》，从优化和完善市场准入条件、创新监管理念和方式、鼓励发展平台经济、优化平台经济发展环境、切实保护平台经济参与者合法权益五个方面，提出了在未来一个时期内我国促进平台经济规范发展的18条指导意见。

平潭自贸片区已经积聚了G7、石秀才、化纤交易等平台型企业。继续引进基于互联网的交通运输、人力资源撮合、教育培训、文化旅游、医疗健康等平台企业进驻平潭自贸片区，积极探索监管理念和方式创新，在税收、市场监管等方面实行包容、审慎的监管模式，营造公平竞争的平台经济市场环境。

5. 城际高速铁路，提升区域交通网络能级

平潭自贸片区有着良好的港口资源，尤其是在对台方面，从2015年4月21日至2019年12月31日，对台客运航线共开航2506个单航次，运送旅客62.8万人次，货物吞吐量达2.9万吨。目前"台北快轮"每周运营3个航班（周二、四、日），截至2020年5月31日，共运营532个单航次，进出口集装箱3.6万标准箱，货物吞吐量13.5万吨。因为地理环境等因素，平潭地区陆路交通并不发达，所以这会在一定程度上限制平潭自贸区与福州市等地区的联系，不利于自贸片区的人才引进与货物运输。

作为连接相邻城市或城市群内部各个城市之间的高速铁路，从长远来看，将成为城市圈的"血脉"，各种要素通过它自由流动，效率远高于其他交通方式，这对平潭自贸区发展意义重大。科技研发、商业服务等需要人员之间的交流，平潭自贸片区现在很多领域的发展都受制于人才不足，而想要吸引人才，不仅要靠美好的前景展望和政府政策给予的优惠，还需要便利的交通将城市和区县紧密联结起来，利用相邻近地区优质的人才和自然资源，打破地域的限制，也打破发展的瓶颈。平潭地区目前有福州至长乐机场的城际铁路在建，建议以此为核心区，适度加强与莆田等区域的联系，打通脉络，全速发展。

二、打造智慧口岸，建设智慧贸易物流体系

在把握"新基建"带来机遇的同时，平潭自贸片区应结合园区自身特点和已经取得的发展成果，利用"新基建"和信息化改革带来的红利有针对性地推动信息化、智慧型贸易物流体系的发展。

平潭自贸片区应打造智慧口岸。运用AI技术和大数据平台，在保证口岸通关效率不变情况下，提升在关口对重点人员的预警水平。对数据以及业务进行整合，能够更好地通过历史数据以及数据模型实现对人和货物的预警目标以此来提升报关效率、控

制通过风险。

平潭自贸片区聚焦物流贸易产业发展的"关、线、仓、配、管、商、补、业"的关键堵点，在全国首创跨境电子商务高效、便捷的监管模式。目前，平潭自贸片区物流贸易产业链条初步形成。2019年进出口总额首次突破100亿元，同比增长70.3%，成为平潭第二个百亿元产业。同时，平潭地区构建了"平潭－台湾－全球"海陆空联运通道，2019年保税进口入区货值、出区货值分别增长37%、63%，进出口海运快件件数同比增长52%，对台湾地区农渔产品进口增长570%，物流产业已成为平潭最具活力和潜力的重点发展产业。

智慧物流将物联网、传感网与现有的互联网整合起来，通过以精细、动态、科学的管理来实现物流的自动化、可视化、可控化、智能化、网络化，从而提高资源的利用率和生产力水平。这与"新基建"的发展大方向不谋而合，无论是工业互联网、大数据中心还是5G，在建设智慧物流体系的过程中都大有可为。平潭自贸片区应积极推动物联网、5G和大数据等新一代信息技术与物流体系结合，将物流人员、装备设施以及货物全面接入互联网，形成全覆盖、广连接的物流互联网。通过自动化设备、智能设备和智能终端将整个物流体系连接起来，通过自动化立体库、自动分拣机与传输带等设备，实现存取、拣选、搬运和分拣等环节的自动化；通过自主控制技术，进行智能、自主导航等操作，使整个物流作业系统具有高度的柔性和扩展性。

第二节　构建高水平政府服务体系

一、继续推进行政管理体制改革

目前，平潭自贸片区正将创新体制机制带来的优势逐步转化为政府治理能力的提升。通过一系列的措施使平潭自贸片区在提升现代化治理能力、构建现代化治理体系的过程中取得了显著成效。在今后的工作中，平潭自贸片区应继续推进行政管理体制改革，在制订方案时可以参考现在相对成熟的上海临港新片区、海南自由贸易港等区域经验，从"互联网＋政务"和优化职能部门协同性等方面入手推动改革，推进"放管服"改革，构建现代化政府治理能力与治理体系。

（一）"互联网＋政务"，"提速降错"，增强交互

互联网技术的发展促得信息化发展的进程不断推进，"新基建"倡导的大数据中心、

5G等技术在不断给信息化、数据化添加新活力的同时，也让"互联网＋政务"模式更加成熟。

完善行政审批平台建设和办事大厅规范化管理。利用大数据应用和互联网技术搭建政府电子平台可以提升政府工作效率、降低在工作过程中的错误率，从而增强和居民、企业的交互性，并对政府工作的结果获取及时的反馈。大数据时代意味着政府有条件依靠技术进行电子一体化的政务建设，优化政府审批、办公等流程，逐步构建现代化治理体系。

通过信息化手段实现办事指南无纸化、审批服务标准化以及审查工作规范化。着力升级审批事项流转平台，完善受理行政许可流转规则。通过推进对企业的在线申请、网上预审、受理分工及资源整合来持续提升公共服务的供给质量和效率。

推进"证照分离"全覆盖，增加涉企行政审批事项内容，建立以公开和信用为核心的监管体制，加强事中、事后监督。积极引入大数据、区块链等技术，行政机关之间、行政机关与金融机构之间、金融机构与仲裁机构、法院之间要建立信息共享制度。

（二）推进政府职能部门协调联动

现代化的政府治理体系需要协调联动、共同合作，而非各自为营、互不相通。平潭自贸片区可以通过在管理层面尝试建立领导协调、协商机制和领导办公室小组来协调自贸片区在投融资、贸易合作、对台事务、发展规划等方面的问题，统筹有关部门实施自贸片区改革试点任务。另外，在政府职能部门间同样可以推进电子化政务平台发展，加强部门间的信息共享，增强协作，减少权责交叉。

（三）推进公共服务多领域融合

对高质量公共服务体系的建设不仅要考虑将单个领域打造好，而且要统筹兼顾，实现文化、体育、旅游等领域的跨界融合，形成1+1>2的效果。在托幼托育、健康养老、家政助残、文体旅游等非基本公共服务领域要放宽行业准入条件，通过市场化、社会化的方式建立多层次多样化的公共服务供给体系。

一是平潭政府给予区内银行、企业、社会等第三方力量一定的政策优惠，鼓励其共享共建公共项目，共担责任，这样既能减少政府的开支，又可以满足区内人员多方位的生活需求。同时，在现有公共场所周边鼓励诸如医疗护理、社区照料等生活性服务业的开展，以满足园区内居民需求，建立高质量的公共服务共享网络。

二是政府部门在发展公共服务的同时，要加强以对高质量公共服务的综合监管，培育和发展医疗、养老、教育、文化、体育等领域的行业协会，探索将监管权力审慎地授予行业协会机构，由其来制定交易规则、行业标准并实施自我管理、自我约束，鼓励行业协会主动完善和提升行业服务标准。政府要对公共服务产业的新形态、新业态加强监管，以控制在市场化过程中存在的寻租、垄断、服务质量下降和信息安全等风险。

三是政府对公共服务和设施可以采取更加市场化的管理方式，尝试采用公建民营、民办公助等形式激发市场活力。

二、完善贸易与投资便利化措施

（一）投资便利化

全面落实外商投资准入前国民待遇加负面清单管理制度，探索实行"非禁即入"制度，除非有强制性的标准和法律的禁止，原则上政府取消许可和审批，对企业的经营许可实行备案制、承诺制，承诺其只要符合条件就可以开展业务。政府的备案受理机构通过事中、事后监管来履行监管义务，对外商投资实行准入前国民待遇加自贸港专用的负面清单管理制度。（海南省）支持在自贸内注册的境内企业可以通过境外发行股票的方式进行融资，从事新基建类等企业属于平潭自贸片区鼓励进驻的，其在境外直接投资的收益可以免征企业所得税。

（二）贸易便利化

一是简化一线申报流程　在风险可控前提下，自贸试验区与境外企业之间进出的货物除需要口岸检疫检验或必须验核许可证件的货物，包括履行国际公约、条约、协定，或者涉及安全准入管理的货物外，企业无需向海关申报，海关径予放行，最大限度地放宽一线进入门槛。

二是突出区内自由特征。强化区内企业主体责任，实行企业自律管理。区内企业的经营活动无须办理海关手续，货物在保税港区内不设存储期限。海关取消账册管理，企业免于办理海关核销等常规监管手续。海关将充分运用大数据平台，实现对风险的甄别和智能研判，实施重点的稽核与查验措施，实行高效精准的管理。

三是落地落实"一线放宽、二线管住、人货分离、分类管理"原则。依据福建省人民政府与海关总署签订的《合作备忘录》，发挥劝导电子监管功能，支持平潭自贸区适用综合保税区政策和监管方式。争取海关总署支持，运用综合保税区政策，实施低干预、高效能的精准监管措施，对企业进口自用生产设备，进口用于交通运输、旅游业的船舶、航空器等营运用交通工具及游艇，进口用于生产自用或以不易"两头在外"

模式进行生产加工活动（或服务贸易过程中）所消耗的原辅料等实施"零关税"清单管理。争取国家支持，充分发挥劝导电子监管功能，落地落实"一线放宽、二线管住、人货分离、分类管理"原则，促进货物贸易从便利向自由转化。

四是争取对在平潭自贸片区内登记的国际船舶企业予以退税。对境内制造船舶在中国平潭自贸区内登记从事国际运输的，视同出口，给予出口退税，促进企业采购境内制造船舶、推动登记为外籍的平潭船舶回归、吸引其他地区船舶到平潭自贸片区内登记。

五是争取赋予离岛免税政策。离岛免税是建设国际旅游岛，吸引国内外游客的重要政策。一是进一步争取国家支持，赋予离岛免税政策，免税商品种类和购物额度比照海南省。二是积极争取放宽平潭自贸区对台小额商品交易市场免税商品范围，在现有粮油、食品等六大类商品的基础上，增加电子产品、奢侈品等，提高每人每日6000元的免税额度，争取来平潭的台湾地区旅客可享受对台小额商品交易市场免税商品线上购物政策。

（三）借鉴海南省经验，在平潭自贸片区探索金融服务业的扩大开放政策

探索金融服务在跨境贸易和投融资中的自由化便利化。提升货物贸易、服务贸易资金汇兑便利化，增强对商业银行的真实性审核，从事前审查转向事后核查。完善离岸贸易、转口贸易跨境收支的管理政策。建设便利跨国公司全球结算中心运行的政策环境。

申请深化平潭自贸片区资本项目限额可兑换措施。允许自贸片区内的台资企业在1000万美元限额内自主开展跨境投融资活动，限额内企业实行自由结售汇政策。

构建对跨境资本流动的监测预警和评估体系、宏观审慎管理体系，建立对反洗钱、反恐怖融资、反逃税的审查机制。构建同比海南自由贸易港建设的金融监管协调机制。

加强围网管理，强化卡口的作用，对保税港区内企业及进出保税港区的车辆（包括行政车辆）、货物、物品、人员，海关依法实施查验监管措施。

三、推进两岸共同家园建设

针对平潭自贸片区面临的园区，在对台先行先试措施缺乏法律法规的支撑与推进对台产业发展过程中的载体和流量不足等方面的问题，平潭政府一方面可以根据诉求积极与相关部门联系，在与部委相关政策的衔接性、建设对台先行先试法规等方面提出诉求；另一方面，园区可以借鉴福州自贸片区的经验，创新两岸合作机制，在推动两岸货物、服务、资金、人员等各类要素自由流动方面先行先试。建立台企资本项下

便利化的"白名单"制度，在职称采认、教师聘用等方面率先落实台胞同等待遇，对标世行标准，持续优化营商环境，扶持重点平台做强做优，推进自贸片区扩区发展，深化对外开放和国际合作，推动自贸片区新一轮改革开放和高质量发展。

公安部门应不断再完善服务体系，拓宽服务载体，创新服务模式，建设"家门口、手掌上"的审批服务中心，为台胞台企提供更多的"免跑"业务、"订单式"服务，营造优质高效的自贸服务环境。

四、夯实法治基础，加强信用分类监管

法律制度是园区一切活动的基础，在进行各类发展的同时应注意配套制定配套法律法规，夯实法治基础，建立社会信用信息体系，加强信用分类监管。

一方面，横向整合监管信息，构建政府大数据信息综合平台，建立政务信息对接共享机制。通过各部门、监管系统信息互通共享，实现跨部门守信激励、失信联合惩戒机制，强化市场主体责任，提高企业违法成本，形成一处违法、处处受限的局面，营造不敢违法、不愿违法的氛围，进而减少违法违规行为，减轻政府监管压力。

另一方面，政府应积极推行信用分类监管模式的建设，明确在充分掌握信用信息、综合研判信用状况的基础上，以公共信用综合评价结果、行业信用评价结果等为依据，对监管对象进行分级分类，根据信用等级高低采取差异化的监管措施。同时，将"双随机、一公开"监管模式与信用等级相结合，对信用较好、风险较低的市场主体，可合理降低对其的抽查比例和频次，减少对其正常生产经营的影响；对信用、风险一般的市场主体，按常规比例和频次抽查；对违法失信、风险较高的市场主体，适当提高对其的抽查比例和频次，并依法依规对其进行严管和惩戒。在监管方式方面，与时俱进，采用"互联网+"、大数据等手段，有效整合各类信用信息，建立风险预判预警机制，及早发现防范苗头性和跨行业、跨区域风险，为监管部门开展精准监管奠定坚实基础。充分发挥公共信用综合评价、行业信用评价等各类信用评价的作用，通过对市场主体的信用状况进行精准刻画，为监管部门开展差异化监管提供依据。

第三节　平潭自贸片区建设的风险压力测试

国际先进自贸区（港）的鲜明特征是包括贸易、投资等经济活动拥有相对较高的自由度，并拥有国际一流的营商环境，迪拜、新加坡和中国香港等往往被誉为最易开公司

的地方。政府开办一些特殊简易程序授权区内企业的商务活动，通过仅检查经营者合规和清偿能力的记录来最大可能避免政府干预企业正常的商务活动，例如，引入"轻触"机制，或者创立"监管沙盒"机制。自由区（港）的"境内关外"地位，确保区内企业可以最大限度地进行自由贸易。自贸区（港）吸引产业资本和外国企业取决于其战略定位或者政策目标，如对外资企业不设股比要求，也没有外汇汇兑、利润汇回等资本项目的限制。国际通行的自贸区（港）的管理规则或惯例均体现出"5+1+2"的监管体制。其中，"5大自由"除货物、服务、金融、人员自由流动外，还包含了信息自由流动，"1"是指有效监管下的数据移动自由，"2"是指实施国家安全管理与信用分级管理。

2020年6月1日，中共中央、国务院印发了《海南自由贸易港建设总体方案》（以下简称《总体方案》），一方面，《总体方案》通过贸易自由便利、投资自由便利、跨境资金流动自由便利、人员进出自由便利、运输来往自由便利和数据安全有序流动六大领域形成高水平的开放政策体系；另一方面，加强对重大风险的识别和系统性风险的防范，建立健全风险防控配套措施，有针对性防范化解贸易、投资、金融、数据流动、生态和公共卫生六大领域的重大风险。这体现了"放得开"与"管得住"的结合，为提高海南自贸港的治理能力与治理体系现代化水平奠定了很好的制度基础，也守住了安全底线与生态红线，体现了确保海南自贸港建设正确方向的中国特色。《总体方案》中涉及的六大领域的重大风险原则，为平潭自贸片区建设提供了很好的基本原则，平潭自贸区是中国特色社会主义制度的自贸片区，走中国特色社会主义道路是坚定不移的。要坚持中国共产党的领导，坚持走中国特色社会主义道路，有几个不允许，即不允许危害国家安全、不允许在意识形态方面破坏社会主义制度、不允许通过货物贸易走私、不允许搞黄赌毒、不允许破坏平潭良好的生态环境、不允许在平潭自贸片区建设过程中产生腐败、发生不廉洁的行为，对上述原则性的问题，都需要制定相应的管控措施。

平潭自贸片区除了"一岛"的建设目标，还涉及了"两窗"的建设任务。同时也面临着很多与海南自由贸易港和其他自由贸易区不同的建设目标。具体而言，推进平潭自贸片区开放型经济风险的压力测试主要面临着以下风险。

一、扩充平潭自贸片区的对外联系，避免产生"孤岛效应"

从整体上看，平潭自贸片区的腹地较为有限，经济总量不高，产业结构不完整，自身的产业升级也缺乏足够的支撑和动力。因此，平潭自贸片区如果只依赖自身资源规划一个封闭型的发展，就容易造成各类要素在流动上缺乏辐射能力和集聚能力，从而产生"孤岛效应"。如果平潭自贸片区能将周边各种有利的资源，包括劳动力，资本等加以整合，将有效地补充平潭自贸片区在人员和货流方面的不足。与泉州港和厦门港相比，平潭港的海岸线资源得天独厚，去台北地区的游客与货流从平潭港出发距离更近。平潭海峡大桥通车后，对台贸易更为快捷便利。平潭港、泉州港及厦门港可以形成差别化定位，以及形成相互补充的协同发展。在平潭自贸片区的建设过程中，随着对台贸易往来的密切和热络，泉州港和厦门港可以有效地补充平潭港基础设施的不足，形成功能上的错位和互补。

目前，相比上海和新加坡等国际著名港口，平潭港口由于货运量不足，导致装运、港口作业成本过高，因此要通过增加平潭港的货运来源和货运量来降低相应成本。第一，要充分发挥厦漳泉（闽南金三角）一体化的优势，把"两窗"的建设建立在厦漳泉制造业原有生产基础上，不仅要进口台湾小商品，而且要通过对台的制度优势、资源优势，把中国制造的产品销售到台湾地区。第二，要增加外贸货源，从平潭以外吸收一些新的商贸物流的流量进来，特别是福建的莆田和泉州、浙江义乌和广东东莞等生产的一些具有中国特色的小商品，将周边和腹地外贸进出口的渠道逐步转移到平潭，创造新的增量。第三，考虑货物通过台湾地区中转到澳大利亚的可行性。第四，考虑与台签订加工协议，进口台湾地区中间制成品来平潭加工，再出口到东盟国家，以利用中国－东盟自由贸易协定的关税优惠政策。

二、完成"两窗"建设要求，进一步促进平潭自贸片区促进对外开放，规避两岸政治风险

习近平总书记提出的"两窗"建设要求，一方面，是要把平潭建设成为对台开放的窗口，这意味着，当两岸关系正常化时，可把平潭定义为对台的先行先试政策的窗口；当两岸关系非正常化时，平潭可以定义成为对台政策的缓冲地带。因此，不应把两岸关系当作是约束平潭对外开放的因素。另一方面，按照"两窗"建设要求，平潭不仅要建设成为对台开放的窗口，而且要成为中国对外开放的窗口。实现"两窗"的建设目标，一是可以规避因两岸政治不确定性带来的经济风险。平潭除了建设对台的海、陆、空运，将来还要设计至日本（大阪、博多、门司、关东、关西等）、韩国、新加坡、中国香港、东南亚等地区港口的集装箱班轮航线和航空线路，新航线的开辟也可以有效缓解当两岸关系非正常化对平潭经济造成的直接冲击；二是要针对日、韩及东南亚等国家，通过平潭把上、下游产业供应链连接起来；三是考虑通过台湾地区的桃园机场和新竹港，把东南亚的供应链、货源及人员相连接起来，例如，在这次疫情期间，防疫物资就是通过台湾地区和平潭的快速海上航线通道进入国内的；四是2010

年东盟与中国签订了自由贸易协定（CAFTA），为避免台湾地区被边缘化、出口产品竞争力下降，因此，台湾地区和中国签订了《海峡两岸经济合作框架协议》（Economic Cooperation Framework Agreement，简称ECFA），ECFA自2011年生效后，台湾地区向大陆出品的农产品逐年增加，并于2013年由逆差转为顺差，足见ECFA不仅使台湾地区的工业产品受益，而且对其农产品的出口也有很大益处。这推动了部分台资企业到东盟成员中设厂。台湾地区并没有和东盟国家签订自由贸易协议，而且在将来，台湾地区也难以加入《区域全面经济伙伴关系协定》（RCEP），而RCEP的15个成员的贸易额占台湾地区对外贸易额约60%、对外投资额的60%以上。RCEP成员之间享受贸易零关税及资金、技术、人员、资信互通，生产供应链的专业分工等红利，台湾地区却无缘参与。为了享有RCEP带来的利益，台商可能被迫将生产基地外移到RCEP成员中。

因此，福建在探索与尚未加入自贸区的中国台湾地区分享自贸区的优惠政策方面，是大有文章可做的。例如，通过制定相关政策（从台湾地区进口的中间制成品先进入平潭进行加工，在平潭进行原产地认证），更好地为台商在平潭构筑进入东盟自贸区的加工出口基地提供便利。台商通过在平潭建立合作基地，出口东盟各国的产品将同样有机会享受东盟自贸区的各项优惠政策。平潭可争取中央批准其对台领域进行先行先试，提升平潭在海峡两岸经济建设中的地位，突出闽台合作优势。

三、两岸市场差异所导致的经济合作风险及问题

一方面，因为两岸市场规模差距极大且政治体制有别，所以是否和大陆采取更紧密的经济合作安排，在台湾内部形成了不同的声音。部分台湾人认为，和大陆在服务业和服务贸易方面的合作会严重冲击台湾地区的经济，甚至片面存在中国大陆企业将取代台湾地区服务业的担心，特别是资本额较小的美容美发业、仓储、汽车租赁与汽车维修、印刷出版、餐饮、洗衣、旅游等服务产业。同时，如果合法居住在台湾地区的大陆企业管理人员不必承担公民义务就可享受各种公共服务和基础设施，尤其是没有经过六个月的等待期即可加保的全民健康保险，会给台湾地区造成增大社会成本的担忧。虽然两岸服务贸易协议为台湾地区服务业发展带来了新的机会，提供了一个良好的发展前景，对吸引世界高端人才提供了机遇，因为上述担心加上台湾地区岛内的政治倾向，所以导致《海峡两岸服务贸易协议》未能实施。

另一方面，中国幅员辽阔，风土民情与地方规范存在差异，中国大陆市场庞大、市场信息复杂且各地政策不够统一和透明，台湾服务业者以中小企业居多，如果要向中国

大陆投资，就必须要对当地市场的布局信息进行充分了解。因此，对台招商引资应进一步通过网络、行业协会、台商个人关系等渠道传递平潭优良的投资营商环境，以促使平潭与台湾地区的新竹或其他城市建立良好关系，从而增加台商对岚投资的信心。

四、建立对台贸易和资本的黄灯、红灯预警制度以降低资本和贸易流动风险

当前，平潭对台贸易和资本存在着明显依赖特征（贸易占比、资本占比），因此，在风险防控上，如何降低当两岸关系非正常化时对平潭造成的负面影响，可能是平潭自贸片区需要重视的问题。在两岸关系正常化时，两岸跨境资本流动相对平稳。但如果两岸关系出现危机时，在平潭的台资可能会出现外流现象（并不一定是台资外流，也有可能是外国资本），或出现不执行契约投资金额的情况，即可能会出现异常的、大量的跨境资本流出。另外，平潭出台的政策也会导致短期套利资本的大量流入，例如，为了建设两岸共同家园，如果平潭放开对台湾地区客户的购房限制和养老政策（参考横琴对澳门地区人员的相应政策），可能就会导致台资的大量流入，但如果流入的是短期流动资本，如何管控这部分资金和其带来的潜在风险是政府需要认真考虑的问题。由于两岸关系出现危机会可能出现金融封锁及产生人民币汇兑使用问题，从而会对平潭对台货物进出口贸易、双边人员流动造成影响。

为了应对两岸关系异常化而导致出现的资本外流现象，平潭市可以考虑是否采取加税或者其他风险防控政策。例如，设置黄灯、红灯预警制度，如果在一段时间内当资本外流超过平时的两倍时要亮"黄灯"，当超过平时三倍时要亮"红灯"，同时要征收一定的跨境资本税。平潭对台进、出口贸易的风险防控，除了因政策原因可能完全禁运，为了降低贸易商的贸易风险亦可以设置黄灯、红灯制度及相应的税收和补贴政策，以维持对台进、出口贸易的稳定。如果要进一步推进两岸的电子商务，就应该要尽快落实相应的网上支付平台及汇兑结算等配套服务和政策，另外，对台的人民币资本账户开放存在着一定的风险，亦可以设置一个防火墙。

五、金融风险防控政策

平潭自贸片区如果要继续推进金融与服务自由化，金融风险防控政策就应以不发生系统性金融风险为底线。在金融行业试行的"沙盒监管"模式和相对宽松的"虚拟沙盒"和"沙盒保护伞"管理，向一般性贸易业务扩大"FT账户"（自由贸易账户）额度和针对重点

服务贸易下增设"FTS账户"（自由服务贸易账户）管理等方向领域迈出改革开放的步伐。

在离岸金融业务方面，要防范系统性的金融风险，而对单个金融产品的开放，对单一产品的离岸业务，大宗商品期货、各种金融衍生品的开放，不要将其看成金融风险，而要当成避险工具，看作金融市场发育和发展的工具体系中的基本环节。单一产品的离岸业务要一个接一个去摸索推进，其风险是可控的。同时，对入驻自贸片区的企业而言，政府对金融风险防控的政策也是他们在开展各种业务时非常重要的对冲风险工具和避险工具。

六、人员流动风险

提升旅客通关便利化水平，推行"自主通关、智能分类、风险选查"的智能化旅检通关模式，提高通关效率。

七、数据与信息安全

应当继续推进事中、事后监管改革，全面实现"信息披露监督"和"信用分类监管"。要在维护国家安全与意识形态、道德安全的前提下，推进数据与信息的自由化跨境流动。

八、对犯罪等非法行为的监控

国际先进自贸区（港）风险考量主要针对国土安全和洗钱、逃税、避税等非法商业活动，因此这些活动大多数被围网隔离。在一流营商环境和阻止风险之间进行平衡，其结果是减少事前监管和严厉事后处罚。同时，政府要加大对海关商检、口岸、税务、银行、市场监管部门的行政统一协调权限；引进多样化的商事仲裁和民事纠纷争端解决机制，完善知识产权、金融犯罪、商事民事法规体系。

九、知识产权海外预警服务

为服务贸易企业拓展国际市场提供知识产权海外预警服务，根据企业申请需求，提供海外知识产权预警分析服务。

十、平潭自贸片区港口与福州、厦门港定位功能一样，将会产生冲突

从福建自贸试验区各片区的定位功能来看，厦门港、马尾港、泉州港等重要港口与平潭港口在发展国际港口的定位上高度重合，因此，在实际发展过程中不可避免地会产生争资源、争客户等冲突。

第四节　探索打造平潭"服务贸易示范区"与"服务贸易综合保税区"

一、积极推进平潭对服务业的招商引资工作

建立起平潭的城市文化与品牌效应，城市品牌跟城市的经济、产业、文化、传统、空间等有着密不可分的联系，鲜明的个性化城市品牌对吸引投资、吸引游客、吸引人才将起到巨大的促进作用，对城市未来的发展具有深远影响。可以借平潭的基础设施升级改造和产业升级来提升整个城市的品牌效应。利用经济转型升级，建立城市新的品牌，国外城市有很多成功的经验。例如，日本东京就是通过产业转型形成了现代服务业的领先地位，除了吸引大量的服务业总部，还吸引了包括波音公司在内的制造业管理、研发总部，形成了总部集群。平潭可以建立打造台湾－闽南文化街、创意街。

探索打造"服务贸易示范区"与"服务贸易综合保税区"，打造"平潭服务"品牌，这对完善平潭的商业业态、促进平潭产业结构升级和发挥出"后发优势"至关重要。当前，平潭的商业业态并不完善，打造"服务贸易示范区"需要进一步在服务业的招商引资工作上加大力度，可参照贵州依托国家大数据中心和"天眼"科技优势，面向台湾地区、日本与东南亚开展保税数字化服务贸易；参照北京市面向高科技服务业实施高级人才薪酬纳入企业增值税进项抵扣税制的"北京经验"等吸引外资、台资入岚；支持台资企业参与平潭自贸片区建设，全面落实境外投资者以分配利润直接投资暂不征收预提所得税政策规定，支持台资企业以分配利润进行再投资。有力支持台资中小企业发展，为台资中小企业提供政策、技术、管理等方面服务，积极帮助台资中小企业解决雇佣合同、劳动关系等法律问题。

同时，招商引资相关政策需要结合服务业的特点进行设计，如餐饮、旅游、购物等传统服务业需要人气的积聚，因此往往需要在市中心建设大型购物中心等配套设施。

而服务外包、云计算等高端服务业的营业场所并不需要设在市中心，且业务服务对象也不局限于平潭当地。因此"打造服务贸易示范区"的招商引资政策，应针对不同服务业进行区别对待，例如，在吸引独角兽服务企业或高端服务业入驻园区时，可以实施在税率、水电费、租金等方面更为优惠的政策，这对平潭产业结构升级、发展人工智能、芯片制造、大数据等新型服务业至关重要。同时，由于平潭老城区和新城区发展水平差异较大，在招商引资时要根据老城区和新城区的具体优劣势（土地利用、人才资源、税收政策、生活配套等），结合自贸片区规划，考虑服务业和制造业的招商引资项目的不同特点，对项目开展的具体地点实施差别性对待政策，使服务业和制造业有效联动。同时，按照平潭自贸片区规划，考虑"服务贸易示范区"是否需要新设片区，还是在原有基础上进行扩容。

平潭招商引资要突出特色，要分门别类进行招商。对于平台经济、跨境电商、文化创意等这些平潭的重点特色产业，应积极开展专题性招商引资和集中定向的政策扶持，力争在较短的时间内求得突破，形成结构升级基础与规模扩张特色。针对服务业分门别类地设置招商引资政策门槛，其中，对现代高技术服务业招商引资采取低门槛，对传统服务业招商引资实施高门槛，由此形成分类指导、结构优化的政策体系。

平潭在招商引资的同时，要注重对外贸平台企业、供应链与综合服务商，以及第三方渠道的网络合作。目前，平潭只有为数不多的几家平台企业，不足以支撑平潭服务贸易与服务外包的可持续增长。因为平潭对外出口贸易的货源主要来自腹地而非本地产品，大多是依靠外贸平台企业来整合完成外贸业务，所以多一个平台就多一个渠道。在当前中美贸易摩擦不断升级的影响下，我国出口贸易经由越南、韩国、中国台湾、墨西哥、法国等地实现第三方出口，是可资倚重的突破途径与手段。今年上半年，中国台湾地区、越南等地对美贸易额快速增长。因此，拓展第三方贸易渠道，如将台湾企业作为第三方合作对象，使受限的贸易份额通过转道第三方继续得到维持、扩大北美市场，具有十分重要的商业意义。另外，政府也要沿着产业链扩大上下游企业招商引资。对平潭的服务贸易与服务外包企业而言，产业链中不完整的地方可以通过招商引资进行"补链"，也可以通过现有企业规模的扩大延展产业链；对于处于起步状态甚至规划状态的行业，如健康养老服务贸易等，可以通过规划招商，引进多元化战略投资主体进行组团"造链"，形成黏性价值链。

平潭扶持服务外包的第一项政策就是鼓励招商引资。目前，招商引资几乎成为政府有关领导的主要工作，这样做既不专业，也不利于提高工作效率。我们建议将招商引资工作委托给专业公司，由专业公司寻找潜在的投资公司，并对其各种专业性资质进行核实，提高招商引资质量与效率，进而加快平潭服务外包的发展。同时，组团招商是一种值得尝试的业务方式。建议平潭自贸片区管委会通过规划产值、就业、税收和环保等指标要求，划出特定保税区域以商引商，以吸引国（境）内外龙头服务商为主完成全生态的服务贸易、服务外包企业组团入驻，形成整体配套体系。

目前，国家已经允许台资企业参与大陆第五代移动通信（5G）的技术研发、标准制定、产品测试和网络建设，因此平潭不仅要对国内的数字企业进行招商引资（如腾讯、阿里等），而且要采取优惠政策搭建平台吸引台资企业参与投资。同时，支持台资企业以多种形式参与大陆5G、工业互联网、人工智能、物联网等新型基础设施的研发、生产和建设。对台资企业和台湾地区高端人才从事新型基础设施相关的集成电路、工业软件、信息系统等领域，政府可研究出台减免物业租金、降低生产要素成本、加大企业职工的技能培训补贴力度等优惠政策。

二、建立两岸"服务贸易示范区"合作平台，推进对台在数字经济、服务贸易等领域合作

党的十九大报告提出，赋予自贸试验区更大改革自主权。习近平总书记在第二届"进博会"期间视察上海自贸试验区临港新片区的重要讲话提出了开展"差异化试验"和"五个重要"的指示。中国自贸试验区的建设正在进入全面冲刺、提速增效的新阶段。

平潭自贸片区应当抓住难得的历史机遇，创新运用"特殊经济功能区"与"特殊综合保税区"的体制构架模式，通过利用原有电子围网的优势，结合"十四五"规划制订工作推出自贸片区"扩片"的计划，打造设立两岸"服务贸易示范区"。

（一）设立服务贸易创新发展引导基金

明确平潭自贸片区服务贸易发展的主要方向，设立服务贸易创新发展的引导基金，落实技术先进型服务企业的所得税优惠政策，并对重点服务企业进行资金奖励和支持，如技术服务、教育服务、医疗服务、文化服务、金融服务、服务外包等重点领域。组建国企+民企+外资的"三合一"混改式专业基金，形成发展服务贸易与外包的大型"旗舰基金"；引进和培养服务贸易与外包产业发展需要的"种子基金""天使基金""风险基金"，形成对接服务贸易与外包发展需要的战略投资合作群；借鉴上海的"玉兰花绽放行动计划"，通过财政投入实施服务贸易与外包新兴主体孵化的专项资金池。

（二）设立"平潭自贸试验区教育专属区"，深化两岸教育服务合作

鼓励中国大陆的大学、研究院、职业教育、中小学、学前教育和台湾地区的教育

机构及研究院合作，在两岸教育服务合作方面进行先行先试。为了打造两岸共同家园，吸引更多的台湾商人到平潭投资，相应的子女教育、养老服务等配套服务必须及时跟上，例如，设立大陆著名高校的附属中学和小学，成人教育可参考浙江城市学院针对家族企业传承的"少帅班"培养方式。另外，中小学除了要实现国际化，还可邀请台湾地区著名教师来平潭任教，特别是在国学方面造诣较深的教师。

（三）鼓励（台资）企业与岚合作发展跨境电商

通过对台湾电商平台的招商引资，以及把台商企业和国内电商的牵线搭桥，同时通过设立跨境电商产业园区、"两岸服务贸易示范区"、人才培训等方式，尽快把平潭的跨境电商产业做起来，在网上建立对台销售平台、网上展示中心（O2O、O2C、C2C等）、直播带货等销售模式，进一步扩大平潭跨境电商针对销售本地企业产品的优势，同时支持台资企业适应大陆"互联网+"发展和消费升级趋势，借助大陆电商平台开展线上市场营销推广，拓宽对接内需市场的渠道，充分挖掘大陆市场潜力。

在原来保税仓库基础上建立海洋产品集散基地或对台小商品保税仓库。争取对台销售小商品产品在平潭形成集散中心，通过电商平台销售到台湾地区。

通过大陆跨境电商、台湾电商的物流和销售平台，与连锁企业全家、大型超市沃尔玛等进行合作，把台湾的著名商品、海洋产品、小商品通过平潭的保税仓库发往中国大陆。另外，要把台湾传统著名产品，如"一条根"等中医药产品在天猫形成台湾商品销售旗舰店。

（四）实施服务贸易金融创新政策

（1）搭建服务贸易发展金融支持平台。在依法合规前提下，由地方政府相关主管部门建立综合金融服务平台，集成政府、企业和金融机构各类信息并实现为企业提供综合金融服务。依托综合金融服务平台，金融机构根据自身特点建立企业自主创新金融服务中心或专业团队，为平台企业量身定制金融产品，提高金融机构服务中小微企业自主创新的精准性和专业性。

（2）引导商业银行创新服务贸易金融支持方式。鼓励金融机构创新适合服务贸易发展特点的金融产品和服务，大力发展供应链融资、海外并购融资、应收账款质押贷款、仓单质押贷款、融资租赁等业务。探索推出国际物流运输服务贸易贷款、文化产品和服务出口信贷、境外投资贷款、高新技术产品进出口信贷等产品，综合采取多种方式，提供多样化融资支持。

（3）创新服务贸易融资政策。由地方政府相关主管部门设立信用保证基金，基金与银行、担保公司（保险公司）按一定比例共担风险。基金与银行、保险公司等金融机构共同为有成长性、有发展前景的服务贸易企业提供"投资+信贷""投资+保证保险"等金融组合产品。由地方政府建立"首贷"激励机制，鼓励银行机构创新信用融资，扩大"首贷"范围。

（4）针对中小服务贸易企业开展知识产权质押融资。支持银行业金融机构在依法合规、风险可控、商业活动可持续发展的前提下开展知识产权质押融资业务，研发适合服务贸易企业需求的融资产品。

（五）打造国际人才流动自由港

开设专门服务窗口及开通相关App咨询服务，为台籍（外籍）人才提供签证、工作许可、永久居留申请快捷通道。设立专门的人才招揽机构，加大海内外高层次人才引进力度。福建跨境通电子商务有限公司已经开发出"台陆通"App，不仅承载了一部分中国官方咨询对台传播的功能，而且在疫情期间，通过给台湾企业招聘提供网上面试服务，解决了台湾企业主管亲自到大陆后被强制性要求隔离十四天的问题。虽然福建跨境通电子商务有限公司在两岸信息和人员交流等工作方面取得了一定成绩，但离平潭要打造成为国际人才流动自由港的目标还尚远，将来还需要在两岸电信信息往来方面进一步开辟新的渠道，以便于两岸人员的自由流动、促进两岸数字商业信息的传输、建立两岸支付小额电子结算平台（如在支付宝或其他应用开辟新的功能）、建立两岸高级商务人员网上咨询服务平台等。

（六）促进对台人员在平潭的民生服务工作，进一步打造两岸共同家园示范区

参考山东荣成适用韩国人的住宅小区管理模式，以及横琴自贸片区适用澳门人员在横琴的养老政策管理模式，建立台胞社区，实现对社区的共管共治。

（七）参考海南自贸试验区适用于全球其他地区设立的负面清单，研究出台平潭对台的负面清单

（八）大力发展服务贸易与外包商业中介服务，探索新兴服务贸易领域的发展模式

（1）与中国出口信保和各大商业银行合作建立服务贸易与外包"综合商业信用保险"机构，或开发新的专业险种，支持开展区域服务贸易与外包开展跨国（境）业务；

引进和培育、帮助区域内中介机构开展服务贸易与外包对应的会计审计、项目评估、法律咨询、资产证券化等业务。

（2）在培育有资质、有牌照的专业信用（征信）评价企业的同时，与各银行和金融机构探索开展供应链服务融资业务，建立新型的服务贸易与外包全产业链、全生态链金融服务平台。

（3）研究并大力发展自贸试验区数字贸易、人工智能、生物医药、中医药、会展、商务旅游、养老（医养结合、养老旅游结合）、体育+健康产业、特色金融等服务业及服务外包等政策和行业；研究自贸试验区融资租赁公司开展境内外租赁服务的业务类型及促进政策；研究自贸试验区开展境内外高技术、高附加值的维修、保养、再制造业务的政策。

（九）支持服务贸易企业对外进行产业合作，支持服务贸易企业开拓国际市场

探索建立一批服务贸易境外促进中心，深化对外合作，为服务贸易企业开拓国际市场创造有利条件，推动建立各类特色服务出口基地，支持培育中国自己的综合服务提供商。鼓励服务贸易企业通过新设、并购、合作等方式开展境外投资合作，创建国际化营销网络和知名品牌；支持企业参与投资、建设、管理境外经贸合作区，积极构建跨境产业链，带动货物、服务、技术、劳务出口；支持企业赴海外拓展咨询、会计、法律、金融等业务，为本地企业"走出去"提供保障。

（十）创新服务贸易监管政策

1.将服务贸易相关事项纳入国际贸易"单一窗口"，对进出境研发用产品、特殊物品等监管模式进行创新，对游轮旅游、国际会展等新型服务的出口便利化进行创新。同时，在贸易便利化的制度与政策创新方面，升级"单一窗口"。换言之，从自贸试验区港口内关检、口岸、银行、税务、市场监管的代码共享和"单一窗口"的管理起步，向实现本国重要港口之间、本港口与国外经贸联系密切的港口之间、双边和区域FTA框架协议下的港口之间和WTO成员的重要港口之间的"单一窗口"连接管理的目标迈进。

2.探索对服务出口实行免税政策，符合条件的实行零税率政策等。

3.在金融与服务自由化方面，试行金融行业的"沙盒监管"模式和相对宽松的"虚拟沙盒""沙盒保护伞"管理模式，针对重点服务业增设"FTS账户（服务自由贸易账户）"管理模式。

4.创新国际会展通关便利化举措，对展品简化强制性认证免办手续，全面启动无纸化申报系统、移动查验平台。

三、推进平潭"国际旅游岛"建设

城市旅游品牌的建立，应该避免千篇一律的对其山水景色的宣传，每一个城市都是独特的，应该根据自身特点设立具有城市独特风格的旅游项目。只有为游客提供良好的体验，才可以称为其城市旅游品牌具有真正的价值。从商贸旅游的角度分析，现有的平潭旅游项目缺乏大型商家参与，商家之间以及政府和商家之间并没有形成良好的互动关系和合作，项目布局也都偏于单体、零散，且数量稀少，还处于没有成型的状态，因此导致平潭综合的旅游集散能力不强。同时，平潭的旅游业过度依赖自然资源，没有和人文、文化主题相结合，旅游项目的创意不够，缺乏旅游项目策划，因此容易造成明显的旺季和淡季差异现象。平潭可以与周边城市合作设计文化深度游项目，例如，福建民俗文化游（如惠安＋小嶝岛＋妈祖庙等）、船舶文化（如制船＋博物馆＋马尾船政学堂＋泉州港口等）、福建美食游等。同时，对台旅游项目也应同时设计新概念，如台北故宫博物院深度讲解游、台湾地区民俗文化游等。另外，也应促进对台团体旅游项目的制度化发展，避免受双边外交关系的影响。

（1）平潭可在已有福建文化及自然旅游资源基础上，与多个俱乐部、赛事委员会、康体器材生产企业、台湾地区旅游局、会展单位、影视文化公司、交通运输、民宿等多家单位进行协商，围绕滨海旅游、商务旅游、赛事旅游和文化影视旅游等项目进行延伸性、纵深化发展。例如，就中国大陆和台湾共同的文化，积极设置和开展各类型的两岸大型赛事，如围棋、马拉松、航模、自行车、高尔夫、帆船赛、冲浪节、体育服装设计等，举办音乐、书法、茶艺、插花、打猎、垂钓等交流活动，在旅游淡季增加旺盛的人气，以达到"逆袭造市"的效果。

（2）设立"两岸文化创意产业示范区"，打造"平潭文化"。首先，与大陆、国外及台湾地区的著名教育机构及相关培训企业、茶园、陶艺基地、寺庙等进行合作，就台湾地区文化、闽南文化、茶道文化、海港文化、陶艺文化、禅学文化等领域设立研学机构和实习基地，定期吸引两岸学生、企业主管、进修人员到各地进行培训学习和参观，建立和打造"平潭文化"。其次，吸引两岸中小企业创意公司入驻自贸试验区，利用跨境电商平台的优势按照客户需求进行定制销售创意商品。

（3）作为自然条件得天独厚的国际旅游岛，平潭应做大、做好、做足"海洋文章"，争取多方位开发海洋产业体验游，可分类如下：①游览观赏类——海岛观海、空中览海、海上游览、海岛游览等；②体验感受类——如随渔船出海捕鱼、海滩拾贝、涉水采集等；娱乐康体类——如海上游钓、岛屿垂钓、游泳、潜海、驾船划艇、沙滩日光浴、沙滩运动等；③休闲养生类——如滨海度假、渔村度假等；④文化学习类——如制作渔网，沙雕，观看海洋祭祀活动，参观海底世界、海洋生物馆、海洋科技馆、海洋博物馆、海洋历史遗迹、渔业博物院，逛海洋图书馆、海洋书市等；⑤购物餐饮类——游渔人码头、购买海洋旅游纪念品、海洋水产品、品尝海鲜等。

（4）考虑与台湾地区的某个城市建立友好城市关系，为促进双方文化交流及旅游项目的发展提供支持。同时，就台湾旅客到大陆深度游还存在着障碍的问题，可在平潭打造大陆不同风土人情的体验场馆，打造"大陆特色商品聚集地"，提高"吃、喝、玩、乐、游、购、娱"等各个项目的综合效益。

（5）建议平潭以业态集聚地的形式打造一个成形的商圈。例如，可以规划一条由台湾人设计、由台湾人投资建造、由台湾人管理、由台湾人运营的"台湾街"或"台湾城"。平潭目前有不少常住的台湾人，可以在他们那里进行招商，鼓励他们参与平潭的旅游服务项目的建设，在旅游经营过程中，以使项目的设立更符合台湾地区游客的需要。同时，可以邀请台商到平潭投资建设主题乐园，并给予一定的优惠政策。

（6）在旅游服务方面，优化由台湾地区入境的旅游团进入福建地区停留的6天免办居留证政策，并扩大停留区域。这个措施将有助于平潭旅游业的开发，更多针对游客的"一程多站"旅游产品，吸引更多国外游客，争取和台湾地区的旅行社、酒店建立顺畅的沟通渠道，两地相互介绍团队，推进两岸旅游企业开展实质性的深入合作。

（7）推动旅游跨区域合作，与厦门、泉州、福州等城市共同签订旅游合作计划，发展成为"福建旅游共同体"。同时，批准设立旅游专业委员会和会展专业委员会，建立专业的营销平台实现对旅游项目的推销，委托专业机构深入开展调研，设计具有鲜明区域特色和国际吸引力的整体形象，打造权威的官方网站及微信公众号等平台，及时更新发布旅游产品信息，包括商务、居住、文化等内容。同时，策划和组织"会展产业交易会"，促进商务合作平台的建立，最终实现旅游产品一体化、品牌一体化、政策一体化，以及旅游业的整体协同发展。

（8）推动实现台湾地区及来岚游客购物离境退税政策落地，招商建设大型奢侈品购物中心等配套设施，让平潭成为真正的"国际旅游岛"。

（9）通过"中国国际服务贸易交易会""京交会""广交会""进博会"等平台宣传平潭文化和平潭旅游项目。

（10）与厦门、泉州、惠安、福州及台湾地区的一些城市等加强合作，在携程、驴妈妈、穷游等旅游平台上宣传、销售平潭沿线旅游产品。

四、探讨并推动大宗农产品期货交易市场在平潭落地

金融投资市场中的大宗商品是同质的、可交易的，它们具有商品属性，可以进入流通领域，可用于工农业生产和消费的大规模贸易中，特点包括价格波动大、供需大、易于分类和标准化、易于存储和运输等。一般来说，大宗商品可以分为三大类：能源化工、金属以及农产品。其中，农产品以大豆、玉米、小麦、棉花等为主。

目前，中国已成为全球第一大宗商品的进口国和消费国。除原油外，其他类大宗商品的消费量，中国几乎是位居全球第一的位置，但中国在大宗商品的定价上没有与之相当的话语权。目前，全球三大类大宗商品的定价中心均在国外——分别是以纽约商业交易所（NYMEX）、美国市场西德州轻质原油（WTI）和伦敦洲际交易所（ICE）此海布伦特（Brent）原油期货为首的能源商品、以伦敦金属交易所（LME）为首的有色金属商品和芝加哥商品交易所集团（CBOT）为首的农产品商品定价中心，它们对世界上主要大宗商品的交易价格有决定性作用。尽管近两年中国对大宗商品定价的话语权有所上升，还没有成为真王意义上的定价中心。

中国一直高度重视农产品的自给自足，因此除大豆外，其他农产品的自给率都很高。为了争夺大宗商品的定价权，以及给实体企业提供更好的套期保值的工具，国内近些年来也在大力发展大宗商品期货市场。目前，国内的商品期货交易所主要有三个：郑州商交所、大连商交所和上海期交所。

在农产品方面，来宝集团（Noble Group）是一家农产品和能源产品全球供应链公司，其主营的农产品包括大豆、粮油、糖、棉花、谷物及咖啡等。中国的大宗商品供应链公司，国有央企——中粮集团仍然在海外积极探索农产品的控制权。由于我国国有央企多偏重对上游农产品产地的控制，对下游中小企业缺乏专业的服务能力，而这些成千上万的中小企业是以大宗商品为输入量的，因此在全球大宗商品价格波动面前，这些企业会普遍出现缺乏专业能力、无法判断上游价格走势、缺乏采购话语权、难以获得稳定的供应问题。另外，雪松控股是目前中国最大的民营大宗商品供应链公司，它的子公司雪松大宗已经完全覆盖了有色金属、黑色金属、化工、能源、农产品和其他品种，并联通了所有供应链链接。利用金融衍生品控制市场变化风险的方式，雪松大宗旗下的铁矿石事业部给下游钢厂客户提供原料商品和服务，因此其具有很强的价格竞争力。基于对供应链环节的充分把控，雪松大宗可以通过关注全国各大主要港口铁矿石现货市场交易价格来发现地区价差以及品种价差，在不同市场之间获利，同时可以及时为客户提供所需的原材料产品。

平潭可以利用金井口岸所拥有的"四合一"指定监管场所及条件，探讨在平潭建

立大宗农产品期货交易市场（如牛、生猪、鱼类等）的可行性。每年通过从国外进口一定数量的牛、猪等禽类及渔业产品，建立大宗农产品价格的景气指数，同时，建立相应的大宗农产品期货产品交易平台。

五、大力发展平台经济

平潭在进行招商引资时，要利用基础设施升级改造的机遇，强化跨国公司在平潭"研发中心"集聚地的地位。依托大数据、移动互联网、云计算、区块链等新技术，推动一批平台企业形成产业集聚。

平台经济在平潭发展迅速，例如，本地企业"化纤邦"业务范围涉及化纤交易、金融、物流、数据服务、化纤周边等多个领域，产品不但涵盖能化、化纤、织造、纺化等多个产业链品类，而且企业通过整合上下游企业交易信息，建立起"全国化纤产业交易景气（平潭）指数"，旗下产品包括建立第一个化纤纺织电商App平台——化纤邦，发布化纤资讯，建立移动智能SaaS智能管理系统——邦帮订，提供化纤纺织行业专属供应链金融服务——邦帮金服，建立第四方物流平台——邦帮物流等。此外，平台型总部企业——"石秀才"实现了供应链集采集购平台的打造和业务拓展功能，"司机宝"初步形成了无车承运平台，"Gworld"提供移动电商平台，"易同"提供个体户灵活用工平台等，通过这些企业的带动，平潭牵引带动了总部经济产业总营收接近200亿元，成为平潭第一个"百亿产业"。

同时，促进平台的上、下游支持产业的发展，推动数字内容服务、"互联网+中医药"服务贸易、跨境电商服务、社交网站服务、搜索引擎服务等业务的发展，同时，优化大数据交易制度环境，支持在云端交付的数据服务平台和计算平台服务发展（如阿里的云众包平台等）。总之，平潭应强化对平台经济相关企业的招商引资管理，采取"组团招商、以商招商"的形式，进一步完善平台经济在平潭的产业生态。

六、实施引进和培育相结合的人才政策

目前，平潭只有一所高校，高校培养的人才远不能满足本地服务贸易与外包产业发展的需求，平潭应引育结合培养更多人才，目前的吸引人才政策主要集中在供给侧，而需求侧的政策并不多见。因此应从需求侧设计政策，从而降低创新、创业的准入条件和服务业营商成本。

1.人才的社保基金补贴。建议借鉴英国文化创业产业的人才需求侧政策，对用人

单位的社保基金进行补贴，以降低企业用人成本。鼓励企业聘请高端人才。对于企业聘用人才应缴纳的社保基金，政府可以予以一定比例的补贴，比如50%。直接补给个人可能刺激人才供给增加，补贴企业用人的社保基金不但可以刺激人才的需求，而且可以更好地鼓励企业大胆用人。

2.高端人才薪资纳入企业"进项"予以增值税抵扣。北京是我国服务贸易与外包产业的重镇，其政策创新的经验值得平潭借鉴。例如，在北京服务贸易交易展（"京交会"）升格为中国服务贸易博览交易会之际，借助"减税降费"推出服务创新型企业招聘高端人才薪资纳入企业"进项"予以增值税抵扣的政策，大大降低了该类企业的创新、创业及营运成本，成为优化营商环境和招商引资、吸引高端人才的有效举措。

第五节　"平潭自由贸易港"制度框架设计与政策创新

2017年3月，中央批复《全面深化中国（上海）自由贸易试验区改革开放方案》（以下简称《方案》），《方案》首次提出建设"自由贸易港区"。党的十九大报告明确提出，海南逐步"探索建设自由贸易港"。2019年8月6日，国务院同意设立中国（上海）自由贸易试验区临港片区，并在《中国（上海）自由贸易试验区临港片区总体方案》中提出将临港打造成为特殊经济功能区和实行"特殊综合保税区"政策。2019年11月初，习近平总书记在第二届"进博会"前考察上海自贸试验区临港片区时进一步明确指出，新片区要"差异化试验"、实现"五个重要"目标。2020年6月1日，中共中央、国务院印发《海南自由贸易港建设总体方案》，标志着这一重大战略进入全面实施阶段。平潭与海南在资源禀赋等方面有许多相似之处，且已经建成覆盖全岛的电子监控集成系统，又具备"船小好调头"、对台开放前沿等独特优势。前期相关研究结果表明，平潭已具备建成自贸港的基础条件，可积极探讨并大胆推进自贸港的制度创新与政策创新，走出一条具有平潭特色的自贸港发展之路。

一、平潭自贸港制度框架设计

（一）自贸港的经济属性和制度核心内涵

自由港是设在一国（地区）境内关外，货物、资金、人员进出自由，绝大多数商品免征关税的特定区域，是全球开放水平最高的特殊经济功能区。截至目前，这是对自贸港最权威的定义，表明了自贸港固有的"境内关外""四大自由""最高开放水平"等经济属性。自贸港的核心内涵主要体现为"四大自由"和"五不"机制。

第一，"四大自由"。货物、服务、金融、人员自由流动是自由贸易港的本质特征。换言之，自贸港应当是"开放程度最高"的实现模式，是体现要素报酬最大化的经济区域与制度形态。作为"经济飞地"的自贸港应同时具备自由贸易、自由投资、自由金融和自由运输这四大功能。

第二，"五不"机制。一是转关货物不报关；二是转口货物不报检；三是转口货物价值量不统计，但物理量和吞吐量要统计；四是"不税"，即作为境内关外，自由贸易港实施同国内其他地区不同的竞争性的税收与制度安排，包括免征关税及进口环节增值税，区内的法人进行交易时免征增值税；五是"不核销"，即不设外汇管制。

事实上，世界主要自由贸易港是服务本国/地区经济发展的"公共品"，并非绝对遵循"五不"机制，因而各自表现出差异化发展的特点。例如，所谓转关货物不报关，是指货物"转口""转运"部分免予报关，而对经过自由贸易港内加工、利用本地包括境内、关内原材料、半成品生产的货物，仍然必须报关。在香港特别行政区，即便是转口、转运部分，也要求货主必须提前备案具体货物性质，以免货物最终目的地对转口、转运货物涉及犯罪而造成对转口、转运港商业名誉的损害。所谓转口货物不统计，是指监管部门免予统计，而统计部门仍然需要统计备案当年的转口货物量和价值。所谓不报检，是相对烟酒、甲醇、枪支弹药之外的货品而言。所谓不课税，包括了香港特别行政区曾经课征特定货品（如化妆品）的消费税、新加坡扣除一定免征数额（30万元）后必须缴纳的企业与个人所得税等。因此，不同的自由贸易港对所谓的"五个不"都有不同品类、不同程度的差别处理规定。

（二）平潭自贸港制度框架设计的前提

第一，以习近平新时代中国特色社会主义思想为指导，全面贯彻党的十九大和十九届二中、三中、四中全会精神，深入贯彻落实习近平总书记关于平潭片区发展的重要指示精神，统筹推进"五位一体"总体布局和协调推进"四个全面"战略布局，坚持新发展理念，坚持稳中求进工作总基调，坚持推动高质量发展。

第二，紧紧围绕"一岛两窗三区"战略定位，发挥"综合实验区＋自由贸易试验区＋国际旅游岛"三区叠加政策优势，在建设国际旅游岛中拓展发展空间，在打造闽台合作窗口、国家对外开放窗口中担当重大使命，在建设新兴产业区、高端服务区、宜居生活区中实现高质量发展，率先探索促进两岸交流合作、深化两岸融合发展、保障台湾同胞福祉的制度创新和政策措施，切实将平潭建设成为台胞台企登陆的第一家园先行区，为推进祖国和平统一进程、实现中华民族伟大复兴中国梦作出"平潭贡献"。

第三，以平潭"离岛"特点为基础，以贸易自由化为核心，以对台开放为基调，对标香港特别行政区及新加坡自由港贸易投资变化标准，重点借鉴上海自贸试验区临港新片区、海南自由贸易港的发展经验，探索实行"一线放开、二线管住、区内自由、人货分离、分类管理"的监管模式，实行高水平的贸易和投资自由化便利化政策。培育发展离岸金融、离岸贸易等业态，推动在贸易、金融、税收、对台等领域探索先行先试某些自由港政策，分步骤、分阶段建立具有平潭特色的自由贸易港政策和制度体系。

（三）平潭自贸港制度框架的内容

第一，高标准贸易自由化便利化的制度体系。借鉴上海自贸区临港新片区、海南自贸港等发展经验，构建全新的海关监管机制。对标洋山港特殊综保区，推进平潭保税区/仓的升级发展，至少建设一个对台综合保税区，实施特殊的申报模式、特殊的贸易管制模式、特殊的区内管理模式、特殊的统计制度、特殊的信息化管理模式、特殊的协同管理模式。

第二，接轨国际通行的投资自由化便利化制度，创设一流的营商环境。优化繁复的贸易监管、许可流程，全面推行"最多跑一次"和无纸化操作模式。全面推行市场准入的承诺即入制，不断放宽对注册资本、投资方式等的限制，完善产权保护制度。实行商事主体登记确认制，对申请人提交的文件实行形式审查。通过实施特殊的税收政策来降低企业税负。在出入境、技术移民、永久居留等方面实施自由便利的人员管理政策，形成人员流动自由的制度体系、集聚海内外人才的开放格局。

第三，跨境金融服务便利化。借鉴国际通行的金融监管规则，简化优质企业跨境人民币业务的办理流程。允许企业从境外募集的资金、符合条件的金融机构从境外募集的资金及其通过跨境服务取得的收入，自主用于境内外的经营投资活动。支持符合条件的金融机构开展跨境证券投资、跨境保险资产管理等业务。

第四，全球数字经济交流合作。开展国际合作规则试点，加大对专利、版权、企业商业秘密等权利及数据的保护力度。打造安全便利的国际互联网数据专用通道，探索对外网络金融及区块链应用。开展数据跨境流动的安全评估，建立数据保护能力认证、数据流通备份审查、跨境数据流通和交易风险评估等数据安全管理机制。

第五，高度开放的运输自由制度体系，完善航运资源集聚配置功能。充分利用和发挥港口资源优势，提升拓展港口功能，探索国际转运集拼、国际邮轮、国际货物沿海捎带等业务。实施高度开放的国际运输管理，推行国际船舶登记制度，开放国际航权等，提高对国际航线、货物资源的集聚和配置能力。推动海运、空运、铁路运输信息共享，提高多式联运的运行效率。

第六，全面风险管理制度体系，确保"一线高效放开，二线有效管住"。自贸港本质上属于"海关特殊监管区"。平潭整体大致可分为"自贸区"与"自贸港区"两个部分，其中，前者可理解为"自由经济区"或自由贸易港区延伸区（监管缓冲区），后者则为核心区或称之为自由贸易港区（境内关外）。

二、平潭自贸港的产业与功能规划

平潭自贸港产业与功能规划应与平潭综合试验区统一规划保持一致。结合《平潭综合实验区总体发展规划（2021—2035）》以及《平潭综合实验区国民经济和社会发展第十四个五年规划和二〇三五年远景目标纲要》的有关内容，我们对平潭自贸港产业与功能规划及空间布局描述如下。

（一）产业规划

第一，吸引培育实体型和平台型总部企业。聚焦电子信息、海洋经济、软件和信息服务、文化创意、商务会展、科技研发、电子商务、商贸物流等重点领域，主动承接台湾地区和全球现代服务业转移，吸引一批符合平潭产业定位、发展需求的区域总部或分支机构落户平潭。

推动平台经济业态多样化发展。把握数字经济、互联网经济、5G和人工智能等新一代信息技术变革机遇，大力发展社交平台、O2O平台、共享平台、互联网医疗平台等平台经济新业态，拓展本地化应用场景。

加快吸引积聚高能级金融机构。创造条件吸引全国性、区域性金融机构及外资金融机构在平潭设立区域总部、分支机构和功能性服务中心。组建本土化的金融控股集团，鼓励符合条件的小额贷款公司增资扩股。推动设立本地法人证券公司、投资基金公司和中介服务机构，培育以政策性担保为主体、商业性担保为补充、互助担保为延伸网络发展的融资担保格局。

第二，做优高端服务经济。建设对接台湾地区、辐射海西国家物流枢纽。大力推进金井、澳前等海港枢纽、口岸枢纽，加快平潭国家级产业物流园建设，打造两岸冷链物流产业合作城市典范。推动发展国际采购、国际中转、国际分拨以及国际配送业务，建设区域性国际物流枢纽和国际供应链服务外包基地，打造国际贸易区域集采中心。

推动跨境电子商务发展。重点培育一批国家级和省级电子商务示范企业，加强与国内著名电子交易平台合作，建设集信息、交易、物流、定价于一体的B2B专业电子商务运营中心，积极创建国家级电子商务示范基地和国家跨境电子商务综合实验区。推动设立跨境电商O2O体验中心和市内免税店，打造"国际名品无假货购物岛"。

打造区域性时尚消费中心。完善免税消费政策，增加免税购买额度和范围。着力引进国际知名品牌，提升商贸服务业发展层次。完善城乡商贸网络体系，优化提升岚城、金井、澳前、流水四大商圈品质，培育发展一批规模大、档次高、竞争力强的商贸综合体，发展连锁经营、电子商务等新兴业态，吸引更多消费者赴岚购物。

大力培育现代商务服务业。坚持专业化、规模化、品牌化和国际化导向，发展人力资源、法律会计、管理咨询、营销策划、专利代理等商务服务业，整合商务会展资源，打造区域性商务服务中心。积极承接信息技术、知识流程、业务流程外包，鼓励政府机构和事业单位购买专业化服务，引导社会资本积极拓展服务外包业务。

加快发展康养健康产业。推动出台更加灵活开放的台湾地区特色药品、医疗器械使用政策，设立具有独立性的医学检验实验室和医学影像诊断中心，建立一批功能互补、服务多元、规划标准的养老服务机构，发展高端医疗、中医药特色、康复疗养、休闲养生等康养健康产业，探索"医养结合"新模式，打造集休闲、度假、养生、康复、疗养、运动于一体的健康小镇。

提升会展业影响力和辐射力。以服务海峡两岸现代服务业发展为基点，紧抓"一带一路"建设机遇，培育一批定期定址的周期性会议会展项目，提升平潭会展业的国际影响力。借鉴上海进博会免税进口商品展销经验，探索平潭实验区在台湾商品免税进口及国际商品经由台湾地区进口展销业态和简化台湾商品参加展销的认证许可等便利政策。

第三，培育发展向海经济。大力发展精致农业。积极引进台湾地区农业的先进技术、经验和管理模式，加快平潭水仙花卉栽培园、海峡渔业科技交流园的建设，发展设施农业、休闲观光农业和海洋渔业。推进台湾地区农渔产品交易市场建设，打造台湾地区农渔产品进口的主通道。培育并发展农家乐、渔家乐、采摘体验、海钓等乡村休闲旅游新业态，促进农旅深度融合。

持续推动海产品加工。以流水食品加工园为重点，引进台湾地区先进的加工技术，加强两岸海产品深加工、冷冻保鲜技术的合作研发，发展海产品的精深加工及关联产业，建设成为辐射大陆市场的台湾地区海产品加工基地和中转集散中心。

研发海洋药物与生物制品。加强海洋生物技术研究、技术储备和海洋药物的研发中心及药理检测平台建设，推动海洋生物技术的产业化，打造海峡西岸海洋生物技术中心。重点开发一批具有自主知识产权的新兴海洋产品，培育一批具有竞争力的龙头企业，打造具有特色的海洋生物产业基地。

合作开发海洋新能源。根据海域地质和资源条件，重点在大练岛、屿头、长江澳及草屿岛海域建设海上风电项目。与福州新区等地合作推进海上风机的研发生产、风机水冷系统研发制造和海上风电施工运维"三大基地"建设，构建具有较强竞争力的海上风电产业链。积极争取国家海洋可再生能源专项资金，有序开展海洋能的开发应用工作。

有序开展实施海洋土木工程。围绕离岛开发、海岸防护与修复、海上风电建造维护、岛礁维护、岛礁地下空间开发、围填海工程等发展需求，重点突破水下地基加固处理、大面积吹填地基真空预压加固、超软弱地基浅表层快速加固处理等技术的研发和工程技术开发，提升对外输出技术、工程建设和运营管理服务水平。

拓展海水的淡化与综合利用。加强与以色列等国家的技术合作，开展海水淡化及综合利用示范试点工作，提高海水化学资源开发利用效率，推进海水综合利用技术产业化。推广海水源热泵技术，逐步扩大海水直接在化验、脱硫、除灰、除渣等领域的运用，拓展海水淡化技术在水资源再利用和特种分离领域的推广应用。

第四，发展影视与创意经济，打造"全时全域"影视岛。以影视创作与制作、数字传播、数字文化、创新设计等领域为重点，加快虚拟现实、增强现实、全息成像、裸眼3D、交互娱乐引擎开发、文化资源数字化处理、互动影视等核心技术的创新发展，逐步吸引与影视关联的时装业、传播业、出版业、广告业等上下游文化产业集聚入岚。

做强数字创意产业。依托地方特色文化，鼓励对海丝沉船、南岛语族文化等文物和非物质文化遗产等文化资源进行数字化转化和开发。加快信息产业园的载体建设，引进和培育具有自主品牌、自主知识产权和较强竞争力的软件龙头企业，聚焦产业链、创新链高端环节和关键领域，构建合作紧密、专业分工、价值分享的数字创意产业生态。

强化新一代信息技术合作。以新兴产业园区为载体，加快引进智能制造、大健康医疗检测仪器等领域行业领先企业或高技术组配式企业。完善行业应用、测试、检验、数据中心等平台，重点发展人工智能、5G、芯片和集成电路、大数据、无人驾驶汽车等新一代信息技术产业，推动在重点行业和领域的应用试点示范，支撑"智慧平潭"建设。

（二）功能规划

第一，国际知名的旅游休闲度假海岛。充分发挥区位和资源优势，进一步完善旅游基础设施和公共服务体系，推行国际通行的旅游服务标准，树立旅游文化品牌，打造"旅游+"产品体系，注重保护海岛田园风光和山水原生态，传承民俗文化、历史文化和海洋文化，打造一流的生态旅游示范区，建设国际知名旅游目的地和国家级旅游度假区。

第二，深度融合的闽台合作窗口。更好发挥对台合作区位优势，秉持"两岸一家亲"理念，先行先试推动对台经济全面对接、文化深度交流、社会融合发展，推动两岸人员往来便利化，深化"一岛两标"工作，加强基层一线合作，扩大青年一代交流，努力建成台胞台企登陆的第一家园先行区，打造对台交往交流交融的示范引领区。

第三，规则引领的对外开放窗口。深度融入"一带一路"建设，打造福建21世纪海上丝绸之路核心区海上合作战略支点，发挥自贸试验区开放平台作用，做好"小岛屿"大文章，深化规则引领和改革创新，率先推动由商品和要素流动型开放向规则等制度型开放转变，探索建设中国特色自由贸易港，打造新时代对外开放新高地。

第四，高质量、高标准、高品质的新兴产业区、高端服务区、宜居生活区。立足海岛资源禀赋，深化新兴产业培育攻坚发展，加快打造特色鲜明的新兴产业体系，促进金融、跨境贸易、健康医养、文创等现代服务业集聚融合发展。全面提升基础设施、人居环境和软环境品质，解决好事关人民群众切身利益的教育、医疗、养老及就业等问题，打造美丽、和谐、幸福的两岸同胞共同家园。

（三）空间布局

完善各级城乡空间功能，划定城乡功能规划分区，严格落实土地用途管控制度，引导合理建设用地，优化产业空间布局，推进现有产业片区功能提升和设施完善，有序引导高端服务业和创新产业空间集聚。具体有以下几点。

第一，海坛片区以潭城组团、岚城组团为重点。依托老城发展商业、旅游服务等功能；重点布局国际旅游服务中心、两岸合作中心、服务贸易中心等"一岛两窗三区"核心服务功能，包括行政办公、国际贸易、特色金融、国际会议、高端酒店等产业。

第二，金井片区以金井组团为重点。以综合管理、商贸职能、港口物流和智能制造等产业为主，布局总部经济、商务服务、文化展览、信息服务等功能。加快构建业态丰富、结构合理的现代金融组织体系，打造区域金融中心，促进各类金融机构、资源和人才集聚。

第三，君山片区以中楼组团、芦洋组团为主。中楼组团依托高速铁路和高铁场站优势，积极发展商务办公、两岸会展、保税购物等产业，培育商务、商贸、会展等功能；芦洋组团以创新产业功能为主，重点布局两岸创新合作功能，汇聚创新资源、培育创新产业核心。同时，完善居住和公共服务配套设施，实现组团内职住平衡。

第四，苏平片区以苏澳、平原、白青为主。注重生态保护与特色化发展，引导人口适度集聚，重点加强对周边城乡居民的综合公共服务能力，结合乡村旅游资源，完善各项旅游服务设施，形成服务居民和游客的微中心。

三、平潭自贸港建设的推进策略

平潭作为福建省自贸试验区的一个片区，是一个"境内关外"、大部分制度和政策创新成果为可为其余自贸试验区复制、推广的海关特殊监管区，也是介于自贸港与内陆其他地区之间的制度和政策缓冲区。相对于平潭自贸片区而言，平潭自贸港也是一种海关特殊监管区域，却具有"境内关外"地位，可以实施更加开放经济政策、更加特殊的海关监管安排，其政策措施不一定能够在全国可复制、推广。

第一，明确"境内关外"地位。只有明确了"境内关外"地位，平潭自贸片区才能够进一步缓解海关监管和税负较高的问题，最大限度提升贸易投资便利化水平，释放贸易自由、投资自由、资金自由、运输自由、人员流动自由等方面潜力。一是争取全岛参照综合保税区管理，实施低干预、高效能的精准监管，对企业进口自用的生产设备，进口用于交通运输、旅游业的船舶、航空器等营运用交通工具及游艇，进口用于生产自用或以"两头在外"模式进行生产加工活动（或服务贸易过程中）所消耗的原辅料等实施"零关税"清单管理。二是充分发挥全岛电子监管功能，落地实施"一线放开、二线管住、人货分离、分类管理"的模式，促进货物贸易从便利向自由转化。

第二，扩大自由贸易的形式和范围。贸易有多种形式，离岸贸易和转口贸易是其中的两种。平潭片区的自由贸易不应局限于一般贸易、加工贸易这样的直接贸易形式，也应允许其发展自由离岸贸易和转口贸易，以充分发挥平潭优良港口条件和地处多条国际航运线路中的位置优势，下放国际航行船舶保税加油许可权，由资质企业为停靠锚地的过往国际航船提供燃料油、淡水、食物等其他物供服务，建设海上补给基地，发展沿海捎带业务和国际邮轮业务。

第三，创新海关监管制度，进一步提升贸易便利化水平，部分商品和企业可以免予海关监管。海关监管制度可以考虑以下创新点。一是在自贸片区内不设置海关机构，只保留简易的报关通关程序。二是弱化海关与自贸片区之间的监管和被监管关系，转为强调服务和合作关系。三是减少监管的数量，不但可以将"监管货物"改为"监管企业仓库（可以是虚拟仓库）"，而且设置一定的比例进行抽查并在监管中引入新技术和促进数据共享。四是对进入自贸片区而未进入国内其他地区消费市场的进口商品，允许"零关税""零壁垒"，暂免"原产地证书"和许可证要求，暂免配额限制，可以先行存放在自贸片区。五是实行货物贸易7×24小时通关保障制度。

第四，逐步实施特殊的税收政策，不断降低税负成本。一是进一步争取国家支持，赋予离岛免税政策，免税商品种类和购物额度比照海南省。二是积极争取放宽平潭对台小额商品交易市场免税商品范围，在现有粮油食品、纺织服装、土产畜产、轻工业品、工艺品、医药品等六六类商品的基础上，增加大陆居民比较欢迎的电子产品、奢侈品等，提高每人每日6000元的免税额度限制，争取来岚旅客可享受对台小额商品交易市场免税商品线上购物政策。三是对境内制造船舶在"中国平潭"登记从事国际运输的，视同出口，给予出口退税，促进企业采购在境内制造的船舶，推动登记为外籍的平潭船舶回归，吸引其他地区船舶到平潭登记。四是免征台湾地区农渔产品的进口环节增值税。五是比照海南自由贸易港政策，允许进口台湾地区料件在平潭加工增值超过30%的货物进入大陆免征进口关税。

第五，创新金融开放。一是争取对台单边限额资本项目可兑换，企业在每个自然年度跨境收入限额内，自主开展跨境融资投资活动和实行自由结售汇，办理限额内可兑换相关业务。二是充分利用国内外资本市场筹措资金，支持企业在境外发行股票，通过境外发行债券融资。争取国家支持，将企业发行外债备案登记管理下放至平潭，企业境外上市外汇登记直接到银行办理，试点本外币账户一体化政策。三是推动银行真实性审核从事前审查转为事后核查，为企业提供更便利的跨境贸易投资资金流动。四是开展对台合格境内投资者的境外投资的政策试点，并给予QDIE额度支持，推动台资金融机构在岚设立分支机构，完善向台商台胞发放"麒麟卡""金融信用证书"等金融支持举措，积极培育区域离岸金融市场，做大做强海峡股权交易中心台资板块。

第六，加快平潭基础设施建设，构建完善对台开放大通道。一是支持平潭加大对台航线资源培育，通过台湾北高两地机场空运航线及国际海运航线运力，打造对台海空联运、对接全球市场的物流链。二是争取台车入闽按交通工具监管，免交保证金，允许台湾地区货运经营者在福建地区从事起讫地一端在台湾地区的道路普通货物运输，支持在平潭工作生活的台胞拥有的机动车一年内多次往返台湾地区，允许获得临时车牌的入境台车可在福建全省范围自由行驶。三是争取将"海峡一号"光缆延伸入平潭与国际通信通道连接，建设"海峡离岸大数据中心"，设立国际通信出入口局，允许台湾地区以及国际其他区域的数据通过国际通信出入口局互相转接，国际客户的团队可以常驻平潭。四是建设八方物流海上快线，推动周边省市的出口货物、跨境电商商品、邮包快件等，通过"海上巴士"快轮运输到福州、平潭、泉州、厦门、台北、高雄、香港特别行政区、澳门特别行政区等口岸，推进中转贸易发展。

第七，按照"系统改革、集成创新"的原则，对标新加坡和上海营商环境指标和建设经验，继续优化平潭营商环境。一是贯彻习近平同志对海南自由贸易港建设作出的重要指示，要把制度创新摆在突出位置，解放思想、大胆创新，成熟一项推出一项，行稳致远，久久为功。二是进一步加大自主改革国度，在"证照分离"基础上，深化多行业准入、即准营"一企一证"改革，逐步扩大改革范围，争取覆盖全行业。三是积极探索实施市场准入承诺即入制，建立以电子证照为主的设立便利。四是强化各部门的数据归集和共享，建立健全信用评级和分类监管制度，以过程监管为重点，发挥大数据在事中、事后监管过程中的作用，从而激发市场主体活力。

四、平潭自贸港建设的综合保障措施

第一，强化组织领导。成立由主要领导挂帅的平潭自贸港建设领导小组，研究决定涉及重大事项、制定重大政策，统筹推进重大项目建设。其中，涉及国家权限的重大事项决策、重大规划制定和调整报党中央、国务院、福建省审定。落实主体责任，压实各部门责任，确保目标任务如期完成。

第二，加大财税支持。全面落实省级财税支持政策。对基础设施项目争取省级财政支持。设立财政专项资金，对涉及自贸港建设的重大事项、重要平台、重点项目予以专项激励。

第三，加大金融支持。申请复制 FT 账户，接入人民银行 FT 账户分账核算业务系统，建设平潭 FT 账户监管制度政策，实现经常项下的资本进出自由，适时开通个人账户，逐步实现资本项下的资本进出自由。依托并做强做大海峡股权交易中心，支持大陆企业和台资以参股或定向增发形式投资重大项目，建立健全多层次资本市场，鼓励台资企业到大陆以及大陆企业到台湾资本市场挂牌上市，支持企业扩大债券融资。

第四，加大人才培养力度。一是实行更加开放便利的境外人才引进和出入境管理制度。争取做到：对在平潭工作的台湾地区居民和国内外高端人才、紧缺人才，个人所得税实际税负超过15%的部分，予以免征；允许符合条件的境外人员（包括台湾专才）担任平潭事业单位、国有企业、社会团体、协会等机构法定代表人；深化台湾地区职业资格采信，鼓励具有职业资格的台湾地区专业人才在平潭注册执业，支持符合条件的台胞参加大陆专业技术人员职称评审。二是制定鼓励平潭高等教育事业发展的政策。推动福建省内高职院校搬迁到平潭或在平潭设立分校。进一步推进平潭海洋大学的筹建工作。争取允许福建信息职业技术学院开展本科层次职业教育试点。

第五，做好压力测试，加强风险监管。在贸易通关、投资便利、税制改革等多元领域持续开展压力测试。加快形成全面风险管理制度框架体系，协同监管、联动监管、智慧监管机制逐步建立。借鉴上海自贸试验区临港新片区成功经验，按照"共建共享共用、一企一户一码、全过程全要素"原则，建设启用平潭片区一体化信息管理服务平台，为部门间信息互联共享、执法互助、结果互鉴互认提供支撑。综合运用人工智能、大数据、区块链等先进技术，构建"制度＋技术"的风险监测和防范体系。

参考文献

［1］ 艾瑞咨询.2020 年中国数据中心行业发展洞察报告.2020, 3.

［2］ 薄小波.33 亿元项目集中签约,第三届华东无人机基地创新发展论坛在金山开幕.文汇客户端.2021, 1,26.

［3］ 陈美玲."超级医院"来了!"十四五"期间,新虹桥国际医学园区将建成10家社会办医医院.新民晚报.2021,9,7.

［4］ 陈淑梅.基于区块链技术构建全球治理视角的高质量自贸区网络[J].国际贸易,2020(12).

［5］ 第一财经.长三角多地敲定生物医药产业新目标,带动企业新增量近乎翻倍.www.yicai.com/news/100958393.html

［6］ 樊佩茹,李俊,王冲华,张雪莹,郝志强.工业互联网供应链安全发展路径研究[J].中国工程科学.2021.23(02):56-64.

［7］ 方元欣.数字贸易成提振经济的重要抓手[J].网络传播,2020,(10):30-31

［8］ 福建省人民政府办公厅.福建省新型基础设施建设三年行动计划(2020-2022年),闽政办〔2020〕32号.Https://www.fujian.gov.cn/zwgk/zfxxgk/szfwj/jgzz/fzggwjzc/202008/t20200814_5354442.htm

［9］ 葛琛,葛顺奇,陈汇滢.变情事件:从跨国公司全球价值链效率转向国家供应链安全[J].国际经济评论.2020(04):67-83+6.

［10］ 广发证券.全球视角之三 细胞和基因治疗 CDMO,下一个快速增长的新赛道.新浪财经.https://finance.sina.com.cn/stock/hyyj/2020-06-23/doc-iirczymk8540131.shtml

［11］ 国家发展改革委、商务部令第48号公布.自由贸易试验区外商投资准入特别管理措施(负面清单)(2021 版).https://zfxxgk.ndrc.gov.cn/web/iteminfo.jsp?id=18590

［12］ 国务院办公厅.国务院办公厅关于促进平台经济规范健康发展的指导意见,国办发〔2019〕38号.http://www.gov.cn/zhengce/content/2019-08/08/content_5419761.htm

［13］ 国务院.国务院关于印发进一步深化中国(上海)自由贸易试验区改革开放方案的通知,国发〔2015〕21号.http://www.gov.cn/zhengce/content/2015-04/20/

content_9631.htm

［14］国务院.国务院关于印发全面深化中国（上海）自由贸易试验区改革开放方案的通知，国发〔2017〕23号.http://www.gov.cn/zhengce/content/2017–03/31/content_5182392.htm

［15］何楷,何金阳,陈金鹰.6G移动通信技术发展与应用前景预测分析[J].通信与信息技术，2019(2):3.

［16］华为技术有限公司、上海智慧城市发展研究院.城市数字化转型白皮书.2021.

［17］黄扬,孙嘉,张磊.生物医药产业发展现状与趋势探析[J].现代金融.2021(07):33–37+32.

［18］焦勇.数字经济赋能制造业转型：从价值重塑到价值创造[J].经济学家.2020(06):87–94.

［19］康瑾,陈凯华.数字创新发展经济体系：框架、演化与增值效应[J].科研管理.2021,42(04): 1–10

［20］刘传.中国数字经济发展现状及问题研究[J].科技与经济.2020,33(05):81–85.

［21］澎湃新闻.长三角生物医药产业人力资源融合发展论坛召开.https://m.thepaper.cn/newsDetail_forward_10216674

［22］前瞻产业研究院.2021年中国集成电路行业市场现状及发展趋势分析"十四五"将形成集群化发展趋势.https://bg.qianzhan.com/trends/detail/506/211027–e5c07c76.html

［23］前瞻产业研究院.2021年上海市人工智能行业市场现状及发展趋势分析 加快人工智能产业集聚.https://bg.qianzhan.com/report/detail/300/211021–90a214af.html

［24］前瞻产业研究院.2021年中国光电子器件行业市场供需现状及发展前景分析"宅"经济促进行业需求.https://www.qianzhan.com/analyst/detail/220/210629–a2f0626c.html

［25］上海市长宁区.长宁区推进虹桥国际开放枢纽建设行动方案.http://zwgk.shcn.gov.cn/

［26］上海市嘉定区.嘉定区全面融入和推动虹桥国际开放枢纽建设行动方案.http://www.jiading.gov.cn/

［27］上海市金山区.金山区加快推进虹桥国际开放枢纽建设实施方案.https://www.jinshan.gov.cn/

［28］上海市闵行区.闵行区加快推进虹桥国际开放枢纽建设行动方案.http://www.shmh.gov.cn/

［29］上海市青浦区.青浦区加快推进虹桥国际开放枢纽建设行动方案.https://www.shqp.gov.cn/

［30］上海市青浦区.青浦区推进虹桥国际开放枢纽建设青东联动发展实施意见.http://shtb.mofcom.gov.cn/

［31］上海市统计局、国家统计局上海调查总队.2019年上海市国民经济和社会发展统计公报.

［32］上海市委市政府.关于加快虹桥商务区建设打造国际开放枢纽的实施方案.https://www.shanghai.gov.cn/nw12344/20200813/0001-12344_62981.html

［33］上海市人民政府.虹桥国际开放枢纽中央商务区"十四五"规划.https://fgw.sh.gov.cn/sswghgy_zxghwb/20210910/d1879f00162f45919d62422e859cae5d.html

［34］盛朝迅.新发展格局下推动产业链供应链安全稳定发展的思路与策略[J].改革.2021(02):1-13.

［35］史璇,熊玫,赵卓琳.FDI竞争力评价指标体系研究[J].商业经济研究.2018(22):127-129.

［36］屠瑜.推进虹桥国际开放枢纽建设 长宁区将打好这张王牌.新民晚报.2021,3,19.

［37］汪旭晖.新时代的'新零售':数字经济浪潮下的电商转型升级趋势[J].北京工商大学学报(社会科学版).2020,35(05):38-45.

［38］王银银.海洋经济高质量发展指标体系构建及综合评价[J].统计与决策.2021(21):5.

［39］吴卫群.近400家企业总部齐聚虹桥国际中央商务区.解放日报.2021,11,7.

［40］吴晓怡,张雅静.中国数字经济发展现状及国际竞争力[J].科研管理.2020,41(05):250-253.

［41］熊世伟,爨谦.提升上海产业链现代化水平,强化高端产业引领功能[J].科学发展.2021(10):14-23.

［42］熊世伟,俞彦,爨谦.以高端产业集群引领上海产业链现代化的路径研究[J].现代管理科学.2021(06):3-11.

［43］许旭.推进城市数字化转型应把握五大关键[N].通信产业报.2021(05)

［44］杨秋怡,马海情.上海推进经济增长动能转换的战略性新兴产业发展研究——以新型生产要素的视角[J].科学发展.2021(01):11-20.

［45］杨梦溪,姚洋,史雪姗.金融创新助力雄安自贸区的路径研究[J].投资与合作.2021(04)

［46］严若森,钱向阳.数字经济时代下中国运营商数字化转型的战略分析[J].中国软科

学.2018(04):172–182.

［47］ 张于喆.数字经济驱动产业结构向中高端迈进的发展思路与主要任务 [J].经济纵横.2018(09):85–91.

［48］ 新华网.长三角一体化示范区推进外国高端人才跨省互认.http://www.xinhuanet.com/2020–09/02/c_1126443051.htm

［49］ 新华网.卡瑞利珠单抗实现我国晚期肝癌免疫治疗新突破.http://www.hrs.com.cn/main_newshow/show–6339.html

［50］ 张小飞,徐大专.6G 移动通信系统:需求,挑战和关键技术 [J]. 新疆师范大学学报：哲学社会科学版, 2020, 41(2):13.

［51］ 中国国家发展改革委.虹桥国际开放枢纽建设总体方案.https://www.ndrc.gov.cn/xxgk/zcfb/tz/202102/t20210224_1267780_ext.html

［52］ 中共中央、国务院.海南自由贸易港建设总体方案.http://www.gov.cn/zhengce/2020–06/01/content_5516608.htm

［53］ 中国信通院.国内增值电信业务许可情况报告.2022

［54］ 中国信通院.上海"双千兆宽带城市"发展白皮书.2020,11

［55］ 中国信息通信研究院.全球数字经济白皮书.2021,8.

［56］ 中国信息通信研究院.人工智能核心技术产业白皮书——深度学习技术驱动下的人工智能时代.2021(04)

［57］ 中国网 – 中国商务.上海集成电路产业，强化基础研发，实现产业飞跃.http://business.china.com.cn/2021–07/16/content_41618305.html

［58］ 中国数字科技馆《张江科技评论》.类脑智能的发展趋势与重点方向.www.cdstm.cn/gallery/media/mkjx/qcyjswx_6431/202106/t20210604_1049095.html

［59］ 21 世纪经济报道.从"34 亿新基建"展望"十四五"新能源规划！ 2020, 3.